U0644668

全球粮食危机

人口大国如何应对

魏礼群 主编

人民东方出版传媒
People's Oriental Publishing & Media

东方出版社
The Oriental Press

序

魏礼群

（国务院研究室原主任，原国家行政学院党委书记）

"悠悠万事，吃饭为大。"

"食为政首，粮安天下。"

粮食安全是"国之大者"，保障粮食安全，须臾松懈不得，更不能有半点马虎。

一

马克思主义认为，人们为了继续创造历史，首先必须吃、喝、住、穿，然后才能从事政治、科学、艺术、宗教等。吃饭，是维持人们生命和健康的第一需要。解决好吃饭问题，始终是治国理政的头等大事。只有吃饭问题解决了，整个国家经济社会发展和安全稳定大局才会有基础性、根本性保障。

中国是人口众多的大国，粮食需求大，解决吃饭问题的任务更加繁重。新中国成立以来，党和国家始终高度重视解决全国人民吃饭问题，把粮食生产作为发展农业的首要任务。特别是改革开放以来，我国农业和粮食生产取得了举世瞩目的伟大成就，成功解决了中国人民的吃饭问题，为全面建成小康社会提供了坚实的基础，也对国际社会解决粮食问题作出了宝贵的贡献。更为重要的是，党的十八大以来，以习近平同志为核心的党中央把粮食安全作为治国理政的头等大事，提出了"确保谷物基本自给、口粮绝对安全"的新粮食安全观，确立了"以我为主、立足国内、确保产能、适度进口、科技支撑"的国家粮食安全战略，走出了一条中国特色粮食安全之路。这是统筹国内国际两个大局作出的重大战略决策，是完全正确的。

二

统观当今世界，综合分析各种因素，可以清楚地看到，保障我国粮食安全问题，面临新的形势，任务更加艰巨，必须始终绷紧粮食安全这根弦。从国际看，百年大变局和世纪大疫情交织叠加，再加上一系列地缘政治因素，世界进入了动荡变革期，各种不确定因素明显增多，全球经济持续低迷，许多国家由于劳动力短缺、食品供应紧张以及交通运输成本上升等因素，粮食安全日趋严峻。特别是2022年2月发生的俄乌冲突，对全球粮食供应体系造成较大冲击，国际粮价出现大幅波动。伴随着石油、天然气等原材料以及化肥农资价格的上涨，种粮成本明显增加。防止出现粮食危机，保障粮食安全问题更加受到各国的普遍重视，有识之士更为关注。

从国内看，尽管多年来粮食安全保障工作取得重要进展，但是保障粮食安全压力不断扩大。14亿多人口的巨大消费需求和持续推进的现代化建设对粮食需求也不断增加，必须提供稳定的粮食供给。而粮食生产能力受到各种因素制约，包括资源环境支撑能力下降，种粮动力和科技创新能力不足，粮食规模经营主体现代化水平不高。因此，我国今后一个相当长时期粮食供求都会处于"紧平衡"状态。历史经验警示我们，像中国这样的大国，粮食供给不可能指望依靠国际市场来解决。我们一定要居安思危，防患于未然。正如习近平总书记所指出的，"中国人的饭碗任何时候都要牢牢端在自己手中，饭碗主要装中国粮"，"决不能在吃饭这一基本生存问题上让别人卡住我们的脖子"。确保粮食安全，是实现经济持续发展、保持社会和谐稳定、维护国家安全运行的重要基础，是新发展阶段全面建设社会主义现代化国家的有力保障。我们必须把保障粮食安全作为一个永恒的课题和十分重大的任务。

三

构筑坚固的粮食安全保障，必须从多方面努力。对于保障我国粮食安全，习近平总书记作出过一系列重要论述和重要指示。其中包括：把确保重要农产品特别是粮食供给作为首要任务，把提高农业综合生产能力放在更加突出的位置。保障粮食安全，关键在于落实"藏粮于地、藏粮于技"战略，要害是种子和耕地。要把种源安全提升到关系国家安全的战略高度，实现种源自主可控，加强种质资源保护和利用，加强种子库建设，有序推进生物育种产业化应用，开展种源"卡脖子"技术攻关。要优化和稳定粮食生产格局，牢牢守住18亿亩耕地红线，要规范耕地占补平衡，坚决遏制耕地"非农化"、防止"非粮化"，确保18亿亩耕地实至名归。要建设国家粮食安全产业带，加强高标准农田建设，加强农田水利建设，实施国家黑土地保护工程，加强农业面源污染治理。要提高和保护农民种粮积极性，发展适度规模经营，让农民能够获利、多得利。要节约粮食，推动建设节约型社会。要树立大食物观，在确保粮食供给的同时，保障各类食物有效供给。这些重要论述内容丰富，思想深刻，针对性和指导性都很强，应深入学习领会、认真贯彻落实。

正是在以习近平同志为核心的党中央正确领导下，新冠肺炎疫情发生两年多以来，我国粮食供给保障体系经受住了巨大考验，特殊之年的大国粮仓基础更加牢固。同时，也要看到我国粮食安全的内部矛盾和外部风险相互交织，国内外环境条件正发生着深刻变化，这对未来保障国家粮食安全提出了更高的要求。

为了全面认识我国粮食安全保障所面临的新形势，深入研究保障粮食安全的有效之策，特选编《全球粮食危机：人口大国如何应对》一书。本书以"百年变局与疫情震荡交织下的世界粮食危机""影响我国中长期粮食安全的新趋势与新问题""内外统筹以我为主，走中国特色粮食安全之路""以'大食物观'构建更高层次国家粮食安全保障体系"四个专题，精选权威学者相关重要文章。这些文章围绕学习领会习近平总书记有关粮食安全的讲话精神，对我国粮食安全面临的问题、形成原因与防范风险、路径和对策等，作了深入分析和阐述，给人以思考启示。

本书编选时间仓促，所选文章可能挂一漏万。在此，谨向所有提供文章的作者表示感谢。期望本书对关注和研究粮食安全问题的理论工作者和实际工作者有所裨益。

2022 年 6 月

目 录

contents

百年变局与
疫情震荡交织下的
世界粮食危机

民以食为天。粮食问题一直是困扰世界的一大难题。自 2020 年新冠肺炎疫情在全球蔓延以来，国际粮食市场出现较大波动，加之受国际油价上涨、蝗灾、极端天气特别是 2022 年 2 月以来俄乌冲突等因素影响，全球粮食安全及短缺问题更加严峻。2022 年 5 月联合国粮农组织（FAO）发布的《2022 全球粮食危机报告》显示，2021 年有 53 个国家和地区约 1.93 亿人经历了粮食危机或粮食不安全程度进一步恶化，比 2020 年增加近 4000 万人，创历史新高。本辑主要从新冠肺炎疫情以及俄乌冲突的背景来看百年变局中的世界粮食危机。本辑文章认为，俄乌冲突不仅给正在从新冠肺炎疫情中艰难复苏的世界经济投下巨大阴影，也为全球粮食安全拉响了警报。俄乌冲突，短期看会影响全球小麦市场的稳定，扰乱天然气和化肥市场，长期看将影响下一个种植季节的农业生产。这会进一步推高目前已经高企的粮食价格，并可能对收入水平不高的粮食净进口国造成严重后果，甚至会成为社会动荡的根源之一。

《2022 全球粮食危机报告》：
严重粮食不安全达到新高

越来越多的人面临严重粮食不安全，人数继续以惊人的速度增长，他们朝不保夕，急需粮食援助和生计支持，解决导致粮食危机的根源也因此空前紧迫，而不仅仅是在危机发生后才作出反应。这是近日发布的《2022 全球粮食危机报告》传达的关键信息。报告由全球应对粮食危机网络发布，该网络是由联合国、欧盟、政府和非政府组织组建，致力于共同应对粮食危机。

报告聚焦于发生了大规模严重粮食危机的国家和地区，当地仅凭自身的资源和能力无法应对，因此必须动员国际社会。

关键数据

报告显示，2021 年，53 个国家和地区的约 1.93 亿人经历了危机级别或更严重的粮食不安全（IPC/CH 第 3—5 阶段），与 2020 年创纪录的人数相比，又增加了近 4000 万人。其中，位于埃塞俄比亚、马达加斯加南部、南苏丹和也门的 57 万人的处境尤为严重，粮食不安全达到灾难级别（IPC/CH 第 5 阶段），国际社会需要采取紧急行动，以避免大范围的生计崩溃、饥饿和死亡。

有 39 个国家和地区每年都会出现在报告中，当地面临危机级别或更严重的粮食不安全（IPC/CH 第 3 阶段或以上）的人数在 2016 年至 2021 年间几乎翻了一番，而且自 2018 年以来每年都有增无减。

粮食危机的根源

这些令人不安的趋势是多种因素相互作用的结果，包括冲突、环境和气候危机以及贫困和不平等引发的经济危机和健康危机。

冲突仍然是造成粮食不安全的主要原因。虽然报告的分析工作在俄乌战事之前已经完成，但仍然指出这场战事暴露了全球粮食体系的相互关联性和脆弱性，全球粮食和营养安全将会受到严重影响。报告指出，受东欧战事影响最大的是那些已经面临严重饥饿的国家，主要是因为这些国家高度依赖粮食和农业生产资料的进口，一旦全球粮食价格上涨，将首当其冲。

导致粮食不安全在 2021 年愈演愈烈的主要原因包括：

（1）冲突（使 24 个国家 / 地区 1.39 亿人陷入严重粮食不安全的主要原因，2020 年约为 23 个国家 / 地区 9900 万人）；

（2）极端天气（8 个国家 / 地区超过 2300 万人，2020 年为 15 个国家 / 地区 1570 万人）；

（3）经济危机（21 个国家 / 地区超过 3000 万人，2020 年为 17 个国家 / 地区 4000 万人，主要原因是新冠肺炎疫情的影响）。

负责国际伙伴关系的欧盟委员朱塔·乌尔皮莱宁表示："国际社会必须行动起来，避免历史上最大的粮食危机以及随之而来的社会、经济和政治动荡。欧盟致力于解决造成粮食不安全的所有原因：冲突、气候变化、贫困和不平等。为了拯救生命和防止饥荒，我们必须立即提供援助，但我们也必须继续帮助伙伴国家充分利用'欧洲绿色新政'和'全球门户'计划进行转型，建设有可持续性的农业粮食体系和有韧性的供应链。"

负责危机管理的欧盟委员雅奈兹·莱纳尔契奇说："21 世纪不应有饥饿。然而，我们看到太多的人被推离通往繁荣的道路。今天，一个明确的信息引起了共鸣：如果想防止一场重大的全球粮食危机，我们需要现在就采取行动，我们需要共同努力。我认为，国际社会有能力完成这项任务。通过集体行动和集中资源，全球团结将更为有力，影响也更为深远。欧盟以身作则提供援助资金，并将其与人道主义－发展－和平工作结合起来共同发力。欧盟仍将致力于与国际社会一起努力，以解决这场粮食和营养危机。"

联合国粮农组织总干事屈冬玉表示："冲突和粮食不安全之间的悲剧性联系再次突显，令人警觉。虽然国际社会勇敢地响应呼吁，采取紧急行动预防和缓解饥荒，但调动的资源仍难以满足日益增长的需求，无法有效解决造成粮食危机的根本原因，包括新冠肺炎疫情、气候变化、全球热点地区的动荡和乌克兰战事等各种因素。2022 年的全球报告进一步表明，需要在人道主义、发展与和平的背景下，在全球层面共同应对严重粮食不安全。"

联合国世界粮食计划署（WFP）执行干事戴维·比斯利表示："严重饥饿正在飙升至前所未有的水平，全球形势正在持续恶化。冲突、气候危机、新冠肺炎疫情和飙升的食品与燃料价格已经酝酿了一场完美风暴，而后来爆发的乌克兰战争更是雪上加霜。几十个国家的数亿人被逼到饥饿深渊的边缘。我们迫切需要紧急资金来把他们拉回来，扭转这场全球危机，否则就太晚了。"

转变范式

欧盟、联合国粮农组织和世界粮食计划署作为全球网络的创始成员，联合美国国际开发署和世界银行，在将于本周发布的一份共同声明中指出："当前局势要求采取大规模的行动，转向综合预防、预测和更有针对性方法，以可持续方式解决粮食危机的根源，包括结构性的农村贫困、边缘化、人口增长和脆弱的粮食体系。"

　　报告结论表明，需要更加重视小农农业生产，在救济渠道不通畅的情况下将其作为一线人道主义应对措施，而且从长远来看，这有助于扭转长期负面趋势。此外，外部援助资金的分配方式应进行结构性改革，以便通过投资长期的经济发展逐步减少对人道主义援助的依赖，从根本上解决饥饿。与此同时，我们需要群策群力，使人道主义援助工作更有效和更可持续。

　　同样，加强人道主义、发展和维持和平工作的协调和统筹，使之相辅相成，并确保相关工作不会意外导致冲突进一步加剧，这也有助于韧性的建设和恢复。

（摘编自中国常驻联合国粮农机构代表处网站 2022 年 5 月 10 日）

前有疫情后有战火，危机下的全球粮食系统亟待转型

乔茨娜·普瑞，联合国国际农业发展基金战略和知识管理部助理副总裁

全球粮食系统亟须重大变革。目前，全球约 1/10 的人口，也就是近 8 亿人处于饥饿之中；还有约 1/3 的人口面临粮食安全问题；同时，肥胖及营养不良问题也在加速恶化。

全球粮食系统存在不公平、不充分以及效率低下等问题。我们所吃的食物，大部分是由处在粮食不安全或饥饿状态的农民生产的。许多农民都是拥有耕地面积不足两公顷的小农，他们辛苦劳作，用不到 11% 的全球农田面积供给了全球食物热量总消耗的 1/3。此外，粮食系统产生的碳排放量超全球总量的 1/3。

世界上相当一部分粮食由小农、农业工人和农业企业负责生产、加工和分配，但他们中的许多人无法过上体面的生活，也吃不上、买不起有营养的食物。根据最新估计，由于贫困和收入不均，全世界有多达 30 亿人无法获得充足、健康的食物。

尽管全球经济实现了前所未有的增长，但是，包括食品的生产、加工、零售、配送和消费等环节在内的粮食系统不能完全保证让生产者收入增加，让消费者营养健康，也不能保证让世界免受经济动荡或危机事件的影响。

事实上，正如我们所见，粮食系统可能正受到全球新冠肺炎疫情或地缘政治的深刻影响。

新冠肺炎疫情打破了区域和国际贸易的正常秩序，不同程度地打

击了所有经济部门的供应链和需求市场。尽管事实证明，在新冠肺炎疫情面前，农业部门比其他经济部门的韧性更强，但发展中国家的粮食系统还是遭受了重大打击。

地缘政治，如俄乌冲突，也极大影响着全球粮食系统的运行。国际粮食政策研究所（IFPRI）的数据显示，俄罗斯和乌克兰出口的粮食所含热量占全球总量的12%。因此，对于粮食依赖进口的国家来说，粮食系统危机可能会比新冠肺炎疫情的影响来得更早，或随乌克兰冲突不断升级而加剧。粮食危机的影响已经在东欧和北非部分地区出现，并正向非洲之角等世界上最脆弱的地区蔓延。

中国长期保持着相对较高的粮食自给和储备水平，但也很难完全不受这场粮食危机影响。乌克兰和俄罗斯都是中国重要的农产品和农资进口来源国，中国大约30%的进口玉米和60%的进口葵花籽油来自乌克兰，2021年中国进口的钾肥中大约有30%来自俄罗斯。

对于全人类发展而言，经济、营养和环境目标是相互关联的，我们要保证粮食系统中的生产者能过上体面的生活，所有人都能吃上健康的食物，还要保证在"地球边界"，即人类能够在地球上安全生存和可持续发展的临界值内生产粮食。同时，需保证粮食系统能够抵御极端天气、病虫害、气候变化和市场波动等带来的冲击。这就需要推动粮食系统转型。

粮食系统转型需要扩大投资，应用数字技术创新，为占大多数的小农创造更多发展机会，建立反映真实生产成本的农产品定价体系，克服市场不足，建立互助合作的伙伴关系，还要重点落实保障小农和贫困人口等弱势群体的政策。

作为联合国系统内专门向发展中成员国提供粮食和农业发展贷款的金融机构，国际农业发展基金（IFAD）在其发布的《2021年农村发展报告》中提出了三种方法，帮助农村人口从粮食系统转型中获益。

第一，投资本地中游食品企业，创造新的就业机会。地方中小型企业可以为农民提供农产品进入市场的途径和非农就业机会，同时为消费者供应更健康的食品。中小企业的经营者利用包括青年尤其是女性与当地小农户的联系，推动粮食体系的变革，使其更包容、更公平。近期国际农业发展基金在中国云南省和湖南省开展的合作项目就是以此作为重点工作方向的。

第二，通过加大农业系统整体投资，帮助小农场提高劳动生产率和利润率。需要对小规模粮食生产者，特别是那些与中小型企业建立协同关系的粮食生产者进行投资，强化基本社会服务以及市场渠道，并为他们提供多元化的非农就业机会。

第三，加大农业融资，推动粮食系统变革，纠正权力失衡。经合组织数据显示，自 2014 年以来，农业援助份额在各成员国官方发展援助总额中的占比一直在下降。2018 年，这一比重仅为 5.2%，是 2008 年以来的最低值。

2020 年 11 月，联合国国际农业发展基金和气候政策倡议委员会（CPI）发布的联合报告显示，发展中国家的小农在气候变化带来的负面影响面前显得格外脆弱，而流向这些农户的气候融资却仅占全球总额的 1.7%，相对于其实际需求只是杯水车薪。融资是促进变革、激励变革的关键，然而由于近期俄乌冲突爆发，各国将大部分预算用于国家安全和人道主义援助，而官方发展援助的金额恐将进一步压缩。

我们还需注重社会保障措施，建立有针对性的社会安全网，让小农们能够作出更佳的营养决策，获得更高的收入，拥有更多的选择权和自主权，以改善健康状况，促进繁荣发展，提高生活质量。

（摘编自中国日报网 2022 年 4 月 18 日，原标题为 "A Sustaining Transformation"）

俄乌局势对主要农产品国际市场与贸易的影响

彭超、柳苏芸、仇焕广、刘博、翟雪玲、李婷、刘晓雪、张学彪、张秀青、程广燕，
均为农业农村部农业贸易预警救济专家委员会成员

俄乌局势对国际农产品市场与贸易的干扰冲击持续外溢，影响程度不断加深。从近两个月国际市场走势看，按照受冲击程度分析，可将大宗农产品分为三类：一是已受严重冲击的品种，主要为小麦、玉米、食用植物油，突出表现为全球供给刚性减少、国际价格攀升、市场可及性下降。二是受较大间接影响的品种，主要为稻米、大豆、食糖、棉花，突出表现为能源和关联产品价格波动横向传导加剧。三是受直接影响有限，但后期影响逐渐显化的品种，主要为猪肉、牛羊肉、乳制品等畜产品，目前国际价格运行总体温和，但上游饲料价格上涨效应正逐步显现，推升后期国际价格。

一、已受直接冲击的品种：小麦、玉米、食用植物油

（一）小麦

俄乌局势对当前全球小麦供求产生重大影响，国际小麦价格创历史新高，发生区域性粮食危机的可能性上升。一是全球紧缺态势加剧。俄乌小麦市场地位举足轻重，两国产量合计 1.1 亿吨，占全球小麦产量的 15%；出口量 5500 万吨，占全球小麦出口量近 1/3，50 多个国家和地区自其进口小麦。乌克兰在田冬小麦预计 20% 无法收获，俄罗斯大幅提高小麦出口关税，两国小麦出口实质性减少。加之 2021 年度美国、加拿大、俄罗斯小麦因旱减产、库存处于低位，欧盟主产国对出口小

麦更趋谨慎，国际市场小麦供求趋紧。二是国际价格创历史新高。俄乌冲突爆发前，小麦芝加哥期货市场（CBOT）月均收盘价每吨 300 美元上下。2 月 24 日至 3 月 7 日两周内骤涨至每吨 492 美元的历史新高，日均涨幅达 7.0%。3 月小麦期货均价每吨 421 美元，环比涨 37%、同比涨 74%。三是区域性粮食短缺压力加大。小麦是中东、北非国家主要口粮。埃及 70%、黎巴嫩 75%、利比亚 60%、突尼斯近 40%、也门近 45% 的小麦自俄乌两国进口。3 月以来，部分国家采取措施限制小麦出口，一些净进口国进口供应压力加大。

全球供应紧缺态势短期难以缓解，国际贸易格局面临重塑。一是供应紧缺短期难以缓解。乌克兰农情仍是重大变数，据乌克兰农业部信息，2022 年春小麦、春大麦等春播作物预计播种 9000 万亩，比 2021 年减少 22%。北美产区局部干旱持续，小麦产量面临不确定性。摩洛哥、阿尔及利亚和突尼斯等国干旱导致 2022 年收成减少，可能寻求更多国际市场进口。全球小麦供求紧张局面预计贯穿 2022/2023 年度。二是供求失配或改变小麦贸易格局。俄乌小麦出口受阻，部分传统主销区寻找新的进口采购来源，但面临大幅抬升的进口采购成本，原有贸易格局面临变化。

（二）玉米

俄乌局势给全球玉米供求带来较大影响，玉米可供贸易量减少，国际玉米价格高位运行。一是主产国产量大幅下降。俄乌是全球主要玉米生产国和出口国，两国产量合计占全球产量的 4.0%，出口量占全球出口的 15%。乌克兰农业部预计 2022 年乌克兰玉米播种面积 4950 万亩，比 2021 年减少 40%，产量由 2021 年的 4190 万吨下降至 1900 万吨，降幅达 55%。化肥价格飙升导致美国农户玉米种植意愿下滑，2022/2023 年度播种面积同比下降 4%，可能影响下半年全球玉米供应。二是全球出口能力显著下滑。俄乌局势导致黑海沿岸港口关闭，玉米经海运出口中断。乌克兰常年3月出口玉米300万吨以上。据乌克兰农业部信息，3月玉米等粮食出口仅80万吨，靠铁路、公路运输，运输量远不及港口吞吐量。据估算，运输成本将增加10%—15%。三是国际价格维持高位。2月国际市场玉米期货价格涨至每吨270美元以上，冲突以来价格强势上涨，3月均价环比上涨15%、同比涨37%。4月以来，国际价格高位攀升，4月20日涨至每吨319美元，创2012年9月以来新高。

供求两端均面临压力，支撑玉米国际价格持续高位运行。主要有四方面因素影响国际市场走势。一是乌克兰、美国等主产国新季播种受到干扰。乌克兰玉米产区与冲突区域重合度高，春季播种面临肥料、人力、农机和燃油短缺等困难；美国中西部作物带天气湿冷，北方平原和南方局地天气干燥，玉米种植进度较2021年同期偏慢。二是化肥供应受阻导致玉米生产成本升高。玉米耗肥量相对较高，国际化肥价格高位运行，种植投入增加，农户可能减少化肥投入或改种其他作物，不利于产量稳定。三是出口限制造成全球出口减少。部分国家为确保本国供应和价格稳定，限制玉米等粮食出口，预计2022年全球玉米贸易量比2021年减少1.4%。四是原油价格上涨拉升玉米能源化需求。国际原油价格高企导致玉米能源化消费扩张，近日，美国政府宣布扩大乙醇混合汽油使用量以平抑燃料价格，可能加剧玉米供求紧张。

（三）食用植物油

俄乌局势导致全球食用植物油供求紧张加剧，主产国出口受限，国际价格创历史新高。一是国际市场供应紧张状况加剧。葵花籽油是全球出口量第三大食用油脂，仅次于棕榈油、大豆油，在全球贸易量中常年占比15%左右，不同油种之间具备替代性，价格联动性较强。俄、乌是葵花籽和葵花籽油主要生产国和出口国，其中葵花籽油年出口量近1000万吨，占全球出口量的70%—80%。港口停运导致黑海地区每月损失 100 万吨以上的食用植物油出口。棕榈油、豆油和菜籽油等品种供应也面临出口限制、油籽减产、劳动力不足等压力，短期难以弥补葵花籽油缺口。近日，印度尼西亚政府计划自 4 月 28 日起进一步限制棕榈油出口，后续对国际市场的影响有待进一步观察。加之过去 3 年全球食用植物油库存消费比处于低位，国际市场供求更趋紧张。二是黑海地区油脂油料对外出口几近中断。每年上半年是俄乌葵花籽油经由黑海港口输出的旺季，目前，乌克兰港口仍处于关闭状态；同时，俄罗斯自 4 月 15 日至 8 月 31 日实行 150 万吨葵花籽油出口配额管理，自 4 月 1 日起禁止葵花籽出口。三是国际价格创历史新高。棕榈油、豆油和菜籽油 3 月均价环比上涨 16%—25%，同比涨 48%—75%。4 月 22 日，国际豆油期货价格涨至创纪录的每吨 1770 美元。此前，葵花籽油供应相对充裕、有价格优势，对其他食用植物油价格有一定抑制作用，但冲突导致葵花籽油国际价格飙涨，助推其他油种联动上涨。

全球供求紧张的基本面将支撑国际价格高位运行，预计价格高位波动态势可能延续至二季度。主要有三方面因素影响国际市场走势。一是乌克兰新季油籽播种可能受到干扰。乌克兰 4 月—5 月进入葵花等油籽播种期。综合评估，冲突可能导致乌葵花种植面积比 2021 年下降 20%—30%，加之动力燃料和农资供应不足，预估产量比 2021 年减少 30%—40%。二是部分主产国生物能源政策导向。印度尼西亚、欧盟生物柴油产业每年消耗大量棕榈油和菜籽油，美国也消费大量豆油。目前，主产国对扩张油籽能源化利用抑或调整生物柴油生产目标举棋不定，国际食用植物油供应不确定性加大。三是缺肥可能影响新季油籽产量。国际化肥供应紧张进一步推高油籽生产成本。部分国家为节省化肥支出由玉米改种大豆，但缺肥、肥贵可能造成生产者施肥不足，影响作物产量形成。

二、受较大间接影响的品种：稻米、大豆、食糖、棉花

（一）稻米

俄乌局势对全球稻米供求直接影响有限，多数主产国预期增产，国际价格保持低位。一是国际市场供应总体宽裕。俄乌不是稻谷主产国，两国稻谷合计产量和出口量占全球的比重均不足 1%。稻米主产国生产受冲突直接影响不大。联合国粮农组织预测，2021/2022 年度全球大米产量 5.2 亿吨、同比增 0.7%，消费量 5.2 亿吨、同比增 1.8%，库存消费比 36.7%，与 2021 年同期基本持平，整体处于高位。二是国际大米价格低位波动。受俄乌冲突影响，国际资本避险倾向增强，带动美元汇率升值，导致以美元标价的大米价格短期内有所下降。泰国、越南新米陆续上市，美联储加息等因素导致国际米价阶段性下跌。3 月国际大米现货均价（曼谷离岸价，25% 含碎率）每吨 417 美元，环比降 2%、同比降 20%。

后期国际大米价格总体将低位运行，受品种间价格波动横向传导、种植成本上升、美联储加息等影响，可能出现阶段性波动。主要有三方面因素影响国际市场走势：一是小麦等关联品种价格传导带动米价上行。俄乌冲突局势下国际小麦价格易涨难跌，横向传导作用还将持续，引发国际大米价格联动上涨。据测算，在其他因素不变的情况下，小麦国际价格每上涨 1%，带动大米价格上涨 0.2% 左右。二是农资价格上涨抬升种植成本。稻米主产国面临不同程度的缺肥、肥贵情况，加之俄罗斯、白俄罗斯等化肥主产国出口受阻，2022 年化肥将成为推升稻谷种植成本的重要因素。三是金融市场变化加剧后期价格波动。后期看，在美联储加息、国际资本避险等因素持续作用下，国际大米价格低位波动可能加剧。

（二）大豆

俄乌局势尚未实质性影响本季大豆生产，全球供应链不确定不稳定性凸显，国际价格高位攀升。一是全球供求紧平衡态势持续。全球大豆80%以上的产量、90%以上的出口量集中于巴西、美国和阿根廷。俄乌都不是大豆主产国，两国合计产量和出口量均占全球的2%左右，两国冲突并未影响本季产量预期。南美大豆收获接近尾声，综合各方面预估，预计减产2000万吨左右。据联合国粮农组织4月预测，全球大豆产量3.49亿吨，同比减少5.3%，消费量3.67亿吨，比2021年持平略降，库存消费比11.1%。二是俄乌局势接棒南美干旱推涨国际豆价。俄乌冲突爆发以来，全球能源市场大幅震荡传导、粮食供应紧张情绪蔓延，加上南美大豆减产、豆农惜售，国际大豆期货价格3月23日涨至每吨635美元，比年初涨26.9%，逼近2012年的历史最高点，此后保持高位运行。三是供应链"贵""断"问题凸显。国际能源价格大涨导致海运费居高不下，巴西大豆和北美大豆3月运费环比涨15%、同比涨20%。为抗议油费飙升，阿根廷卡车司机联盟近期举行全国性罢工，大豆供应链受到冲击。

全球大豆供求紧张态势短期难以缓解，国际价格高位震荡可能加剧。当前主要有三方面因素影响国际市场：一是俄乌局势给新季生产增添不确定性。北半球春播陆续进入高峰，化肥价格翻倍使肥料节约型的大豆更受青睐，美国大豆播种面积和产量预计创历史新高，但由于局部旱情持续，未来生产情况尚难定论；若俄乌冲突和限制措施延续至下半年，巴西化肥紧缺和价格飙升问题将更加凸显，备耕增产难度加大。二是美联储加息和进口需求减弱使豆价承压。一方面，超常规量化宽松政策是2020年下半年以来大宗商品涨价的重要原因，2022年美联储开启加息步伐，预计将加剧大豆价格波动。另一方面，主销国消费需求有所下降，预计全年大豆进口需求疲软。综合考虑，国际豆价震荡可能加剧。三是贸易流向可能加速调整。巴西大豆出口节奏放缓，出口量可能不及 2021 年，美国大豆销售快于预期，贸易采购可能更多转向北美。

（三）棉花

俄乌局势对全球棉花供求基本面影响不大，供求保持双增态势，原油及涤纶短纤价格高企带动国际棉价上涨。一是全球棉花供求关系收紧。全球棉花种植和纺织服装生产主要集中在亚洲，俄乌两国都不是棉花和纺织品服装主产国，国际棉花供应链所受直接冲击有限。国际机构预测，2021/2022 年度全球棉花产量 2617 万吨、同比增 6.9%，消费量 2701 万吨、同比增 4.2%，库存消费比 67.2%、同比降 4.4 个百分点。二是国际价格上涨近两成。冲突导致国际原油、涤纶短纤价格大涨，推动国际棉花市场价格走高。洲际交易所 5 月棉花期货价格从 3 月 1 日的每磅 119.12 美分上涨至 3 月 31 日的 139.84 美分，涨幅达 17.4%；国际棉花现货价格 Cotlook A 指数每磅从 135.05 美分涨至 156.55 美分，上涨 15.9%。4 月 14 日涨至每磅 159.9 美分，创 2011 年 7 月以来新高。

国际棉花价格高位震荡态势可能加剧，后期回调风险加大。一是全球经济增速下滑制约棉花消费。国际货币基金组织近期再次将 2022 年全球经济增长预期下调 0.8 个百分点至 3.6%，部分国家面临经济衰退风险，将削弱纺织品及上游棉花消费。二是高棉价刺激新年度播种面积增加。据国际机构预测，2022/2023 年度美国棉花意向种植面积达 7430 万亩，同比增 9%，印度意向种植面积增 2%。三是美联储加息和美国主产区干旱加剧棉价波动。全球通胀压力不减，市场预计美联储加息幅度可能超预期；同时，美国棉花主产州得克萨斯州面临干旱，若旱情持续、程度加深，可能影响产量预期，加剧国际棉价波动。

（四）食糖

俄乌局势下全球食糖呈现产不足需态势，市场价格高位震荡，出口限制措施频出加剧短期供应紧张情绪。一是原油价格上涨可能改变糖醇比，导致巴西食糖产量比俄乌冲突前下调。俄乌不是食糖主要生产国和出口国，两国产量合计不足全球的5%，进出口量占全球比重不足2%，冲突未影响全球食糖生产大局。甘蔗主要用作制糖和生产乙醇，4月是巴西甘蔗开榨时间，国际原油价格上涨拉升燃料乙醇价格，更多甘蔗将用于乙醇生产，导致甘蔗制糖比例调减1到3个百分点，巴西食糖预计调减70万—210万吨。二是国际糖价高位震荡加剧。产不足需基本面、原油价格大幅上涨和市场紧张情绪叠加作用，国际原糖价格大幅走高，巴西雷亚尔兑美元持续走强为国际糖价回升提供额外支撑。联合国粮农组织食糖价格指数3月涨至117.9点，环比涨6.7%、同比涨20%以上。4月1日—14日，国际原糖均价每磅19.9美分，环比涨4.7%、同比涨31%。三是出口限制措施阻碍全球贸易。为稳定本国供应，乌克兰、俄罗斯、阿尔及利亚、摩尔多瓦限制食糖出口，前期出口提速的印度也拟出台食糖最大出口量限制或研究出口征税方案，短期可能加剧供给紧张态势。

预计国际糖价二季度在每磅19—22美分区间震荡，长期走势待俄乌局势或巴西生产进一步明朗。国际糖市面临三方面不确定因素影响。一是乌克兰新季甜菜播种可能受干扰。乌克兰甜菜已进入播种期，冲突可能导致甜菜种植面积减少30%。二是巴西、印度生物乙醇政策影响。巴西燃油税等政策变数较大，甘蔗制乙醇比例仍有不确定性。印度加大甘蔗乙醇生产激励，可能削弱食糖供应能力。三是化肥供应受阻可能推升新季糖料成本。甘蔗、甜菜需肥量大，国际化肥供应紧张和价格高企将导致生产成本增加，促使农民减少化肥投入。巴西最大的食糖出口商已采用酒糟、滤饼代替化肥，可能影响产量，尤为紧缺的钾肥施用不足将影响含糖量。

三、受直接影响有限，但后期影响逐渐显化的品种：猪肉、牛羊肉、乳制品

（一）猪肉

俄乌局势对全球猪肉供求关系影响有限，对国际价格的影响正在显现。一是全球市场未受较大影响。俄乌猪肉产量合计不到全球总产量的 4.5%，出口量合计仅占全球的 1.5%，两国产需基本自给自足，冲突对全球猪肉供应的直接影响有限。二是国际价格明显上涨。受饲料、人工、能源等投入成本攀升影响，猪肉均价持续上涨，3 月以来涨势突出。联合国粮农组织 3 月国际猪肉平均价格指数涨至 97.97 点，环比涨 11.9%，创 1996 年以来单月最大涨幅。主产区中，欧盟猪肉价格加速上涨，3 月猪胴体均价每公斤 1.77 欧元，环比涨 30.5%、同比涨 16.4%，比俄乌冲突爆发前上涨四成左右；美国 3 月猪肉切块价格每公斤 2.34 美元，环比涨 0.4%、同比涨 4.7%。

饲料粮价格上涨正逐步传导至猪肉市场，预计价格保持反弹势头。国际猪肉市场运行面临三方面影响。一是养殖成本持续增加抬高猪肉价格。俄乌为全球重要的谷物和油料出口国，俄乌冲突导致全球玉米等饲料粮价格攀升，推高下游养殖成本。生猪养殖利润被进一步压缩，生猪产业结构调整加快，支撑猪价继续上涨。生猪养殖对饲料粮价格的反应相对敏感，猪肉价格涨幅预计更为显著。二是欧盟猪肉竞争优势下降。欧盟、巴西、美国等国家和地区猪肉产能规模大且有价格优势，是全球猪肉主要出口地。非洲猪瘟疫情叠加俄乌冲突，可能导致欧盟猪肉出口竞争优势下降，进口需求可能转向其他来源地。三是非洲猪瘟疫情传播风险升高不容忽视。俄乌局势影响到当地养殖业生物安全防控，加大了非洲猪瘟等疫情传播风险。

（二）牛羊肉

俄乌冲突下全球牛羊肉供求相对平稳，国际价格高位回升。俄乌两国不是牛羊肉主产国和出口国，产量合计不足全球的 3%、出口量不足全球的 1%，对全球牛羊肉供应直接影响有限。一是牛羊肉贸易局部受阻。俄罗斯与其第二大牛肉进口来源国巴拉圭之间的牛肉贸易已暂时中断。部分牛肉产品检出奥密克戎毒株阳性，导致贸易受阻。二是国际价格止跌转涨。由于饲草料价格上涨和食品价格整体上涨带动，牛羊肉价格一改消费淡季价格低位态势，掉头上涨。联合国粮农组织 3 月牛肉、羊肉价格指数分别为 139.31、140.89，环比分别涨 1.7%、2.2%。4 月 8 日，美国牛肉和澳大利亚羊肉价格每公斤分别为 32 元、27 元，较俄乌冲突爆发当日上涨 2.5% 和 6.4%。

主产国预期减产可能加剧牛羊肉供求紧张，预计全年价格保持高位运行态势。当前，有三方面因素支撑牛羊肉价格高位运行。一是部分主产国可能减产。国际机构预测，加拿大、美国和欧盟产量预计分别下降 3%、1% 和 1%。其中加拿大西部旱情和饲料供应紧张，可能加速牧群萎缩，美国牛群数量也预期减少。二是饲料价格高位运行支撑牛羊肉价格。俄乌均是世界上重要的粮油生产国，冲突抬升了玉米、苜蓿等饲料成本，推高牛羊养殖成本。三是全球通胀压力加大和海运成本大幅上涨。美国 3 月份消费品价格指数（CPI）同比涨 8.5%，达到 40 年来的高位；欧元区 3 月份 CPI 升至 7.5%，连续 5 个月刷新历史最高纪录。此外，2022 年以来波罗的海干散货指数（BDI）累计上涨 1.1 倍，海运成本大幅增加。

（三）乳制品

俄乌局势推高奶牛养殖成本及乳品运输成本，国际乳品价格高位上行，国内奶牛养殖已出现亏损。俄乌两国原奶总产量占全球产量不足 5%，贸易量占全球的不足 2%，当前局势对乳制品市场的直接冲击有限，但由此带来的饲料、流通等联动影响不容忽视。一是奶牛养殖成本上升。玉米、豆粕、苜蓿等主要饲草料国际价格上涨，按照美国奶牛饲料结构推算，美国因玉米、大豆价格上涨导致生鲜乳成本每公斤增加 0.56 元，比俄乌冲突爆发前上涨 16.6%。二是国际乳制品供应链风险加大。新冠肺炎疫情对全球物流的冲击仍未消退，俄乌局势引发物流成本进一步上涨。俄乌冲突爆发一个月内，美国墨西哥湾沿岸地区、巴西至中国港口运费涨幅均超过 10%。短期看，全球商船船员短缺、涨价问题仍难以缓解。三是国际乳品价格高位上行。据国际乳制品拍卖平台数据，自 2 月 24 日俄乌冲突爆发后，国际乳制品拍卖价格指数一周内上涨 5.1%，联合国粮农组织 3 月乳制品价格指数为 145.2 点，达到 2014 年 5 月以来最高点。

全球乳制品供求继续呈偏紧态势，全年国际奶价高位上涨势头不减。一是极端气候影响牛奶产量预期。欧洲即将迎来一个比往常更炎热的春夏季节，牧草生长受到影响。拉尼娜现象导致美国旱情加剧，影响草情和饲料作物生长。荷兰合作银行预计，2022 年五大牛奶出口国的牛奶产量将继续下降。二是养殖成本上升支撑奶价。目前，全球大豆、玉米和苜蓿等价格高企，短期易涨难跌，国际乳制品价格也将因此保持高位运行态势。国际乳制品拍卖平台数据显示，2022 年 9 月以前乳制品平均拍卖价格呈现高位趋稳态势，9 月全脂奶粉平均价格将明显上涨，达到每吨 5260 美元，环比涨 18.1%、同比涨 39.3%。

（摘编自中国农网 2022 年 5 月 8 日）

俄乌战火愈演愈烈，"欧洲粮仓"如何影响我们的餐桌

于冉，中国新闻周刊记者

持续已逾两个月的俄乌战事对全球粮食安全的冲击，正成为战事之外许多国家关注的焦点问题之一。联合国世界粮食计划署负责人戴维·比斯利近期表示，这场战事加剧了全球粮食短缺，其影响将是"自二战以来前所未见的"。而包括法国总统马克龙在内的一些政要甚至提醒人们，一场粮食危机正迎面而来。

俄罗斯和乌克兰是世界上最重要的农产品生产国和净出口国。据联合国粮农组织3月25日公布的信息，2021年，俄罗斯或乌克兰（或两者）在小麦、玉米和葵花籽油的全球三大出口国中排名前三。此外，俄罗斯的氮肥、钾肥、磷肥出口量分别为全球第一、第二、第三位。

俄乌两国在全球食品和化肥市场上都是主要供应者，联合国粮农组织分析，由于这些市场的出口供应集中在少数几个国家，因此更容易受到冲击和波动的影响。乌克兰农业部副部长卡奇卡4月9日表示，俄乌冲突将影响大约25%的世界粮食贸易，包括粮食尤其是小麦供应减少以及粮价上涨。

实际上，受新冠肺炎疫情造成的粮食供应链中断、拉尼娜现象等极端天气因素的影响，世界粮价自2020年中开始一路上涨。到2022年2月，市场对俄乌冲突作出反应前，联合国粮农组织食品价格指数已创历史新高，而在俄乌军事冲突给食品价格"火上浇油"后，这一指数再创新高。植物油、谷物和肉类价格指数也分别达到顶峰。

联合国数据显示，全球约有 50 个国家依赖从俄罗斯和乌克兰进口粮食，这些国家以中东、非洲、南亚为主。在本轮粮食危机中，这些地区首当其冲。一个月前，世界粮食计划署已发出警告称，2022 年将是灾难性的饥饿之年，38 个国家的 4400 万人在饥荒边缘徘徊。

乌克兰粮食种植和出口大幅受限

在乌克兰出口的农产品中，玉米的主要出口时间窗口期为 11 月至次年 5 月，小麦为 8 月至 11 月，葵花籽油则保持全年出口状态，因此，目前玉米是受战事影响最大的农作物，其次是葵花籽油。

农业咨询公司 APK-Inform 预计，受物流问题影响，乌克兰 2022 年 3 月至 6 月仅能出口 100 万吨谷物。地处黑海和亚速海北岸，乌克兰在海运方面拥有得天独厚的条件。俄乌冲突爆发后，"俄军破坏了尼古拉耶夫港的基础设施、北部第聂伯河沿岸奥利维亚港的储存设施等，还炸毁了一些船只"。乌克兰原农业政策和粮食部负责数字化转型业务的前副部长塔拉斯·佐巴告诉《中国新闻周刊》，这使乌克兰货物出口骤降。粮食作为出口货物的重要组成部分，受到的打击更大。

"乌克兰 90% 以上的农产品都是通过黑海出口。"联合国粮农组织经济学家莫妮卡·托托娃告诉《中国新闻周刊》，这些农产品以小麦、玉米和葵花籽油为主。海运受阻后，乌克兰出口的粮食只能通过铁路从乌克兰西部出境，进而运往波兰、罗马尼亚等欧洲国家，之后再出口。

不过，铁路运输的问题首先是火车的载货量与货船相去甚远，加上由于乌克兰和欧洲许多国家轨距不一样，导致乌克兰能将货物运输到欧洲的地方非常有限。此外，铁路运输会将作物成本推高 10%—15%。

乌克兰除了面临粮食出口暴跌，未来的收成则同样让人担心。3

月—5月正值乌克兰的春播时节，但众多因素导致2022年播种情况不佳。

佐巴告诉《中国新闻周刊》，受战火影响，目前春播面积仅达到了100万公顷，预计2022年播种面积共700万公顷，比2021年减少一半，而在俄乌冲突爆发前，原农业政策与粮食部预计2022年播种面积将超过1500万公顷。

农业劳动力下降也是影响乌克兰农业生产的原因之一。战火中，下田劳作所面临的人身安全风险、农业劳作者放弃种田参加战斗、战事导致的流离失所都会导致农业劳动力不足。

另外，战火损毁农田，导致收割面积和收成下降。佐巴预计，2022年乌克兰葵花籽的产量业会下降，这是因为种植这种作物的田地大都在东南部，而那里被大量俄军占领。

有报道称，乌克兰2021年的冬小麦播种面积共为650万公顷，但由于冲突，2022年预计收割面积只有400万公顷左右。乌克兰前农业部部长罗曼·列先科在3月下旬表示，乌克兰农民2022年可以最多播种330万公顷玉米，而2021年的播种面积为540万公顷。

俄乌冲突同样改变了农作物的种植结构。往年这时候，乌克兰会种植大麦、玉米、大豆、葵花籽、燕麦等作物，但是由于拖拉机等农用设备的燃料不足，种子、化肥短缺，出口限制等因素，农民不得不思考2022年要种什么、能种什么。

佐巴介绍，2022年的春播，农民将减少玉米的种植，转而耕种更多的葵花籽、大豆、小麦和大麦。

这首先是因为，玉米属于"技术密集型"农作物，机器作业时需要消耗大量的燃料，但后几种不是。而乌克兰高度依赖从俄罗斯和白俄罗斯进口柴油燃料，根据基辅咨询公司A-95的数据，乌克兰需要从俄罗斯进口30%的柴油，从白俄罗斯进口35%的柴油。另据佐巴介绍，乌克兰境内许多燃料储存设施都被俄军炸毁了，包括两个炼油厂。"没有燃料，一切工作都开展不了。"佐巴称。其次，出口受阻让乌克兰农民更倾向于种植在国内消费的粮食。

相较乌克兰，俄罗斯粮食出口受战事的影响相对要小一些。咨询机构 Pro Zerno 的数据显示，3 月份俄罗斯小麦出口量为 170 万吨，较 2021 年 3 月份的 110 万吨同比上涨 54.5%。4 月 8 日，美国农业部预测 2021/2022 年度俄罗斯小麦出口量为 3200 万吨，不过，这一数字仍然低于该部在俄乌冲突爆发前预测的 3500 万吨。

据黑海农业研究机构 SovEcon 估计，俄罗斯和乌克兰在本年度还有大约 1350 万吨小麦和 1600 万吨玉米需要出口。而国际谷物理事会（IGC）的数据显示，截至 2021/2022 年度末，全球主要小麦出口地的小麦期末库存创下 9 年来的最低点：欧盟、俄罗斯、美国、加拿大、乌克兰、阿根廷、澳大利亚和哈萨克斯坦预计为 5700 万吨。这令谷物短缺的形势雪上加霜，直接导致国际市场上谷物价格的上涨。

化肥价格上涨推高粮价

"庄稼百样巧，肥是无价宝"。国际植物营养研究所（IPNI）时任总裁特里·罗伯茨带领的团队于 2012 年在《能源工程》发表的文章中指出，在以美国和英国为代表的温带气候区，化肥将粮食作物单产提高 40%—60%。

俄罗斯是全球主要的氮肥、磷肥、钾肥出口国。

"目前正在进行的俄乌冲突又从两方面影响化肥价格。"莫妮卡·托托娃对《中国新闻周刊》分析，这使自 2021 年起就开始走高的化肥价格继续攀升。

第一是供给方面，俄罗斯作为化肥生产和出口大国，其工业和贸易部建议该国化肥生产商停止出口化肥，这使全球供应减少。港口封锁加剧了供应短缺。

第二是高企的能源价格推高了化肥价格，引起供应短缺。目前，天然气价格飙至过去 5 年均价的 4 倍，而天然气又是生产氮肥的重要原料，因而氮肥价格随之上涨。化肥价格飙升转化为更高的生产成本和更高的粮食价格，还可能导致投入使用水平降低，影响 2022/2023 年季节的产量和收成，从而给未来几年的全球粮食安全状况带来进一步的风险。一些农民可以通过贷款来购买化肥，但更多的农民没办法贷款，只能选择少用或不用化肥。

化肥价格的上涨又进一步导致国际食品和饲料价格的上涨。联合国粮农组织 3 月预计，俄乌冲突可能使国际食品和饲料价格提高 20%，引起全球营养不良人口激增。

在全球化肥进口国家中，巴西所受影响较大。据巴西国家农业研究公司 Embrapa 近日数据，俄罗斯和白俄罗斯为巴西提供了 50% 的钾肥供应。俄乌冲突爆发后的一个月内，巴西钾肥市场价格从每吨 300 美元一路飙升到每吨 1100 美元，达到历史最高价位。

大豆、玉米、甘蔗是巴西最重要的三大农作物。巴西农业部部长特雷莎·克里斯蒂娜当地时间 3 月 16 日表示，化肥出口受限可能会损害这些农作物的产量，推高通胀，并威胁粮食安全。美国农业部连续几个月下调巴西大豆产量，最新 4 月的供需报告预计 2021/2022 年度巴西大豆产量为 1.25 亿吨，而在上一个 2020/2021 年度农业季，巴西的大豆产量为 1.37 亿吨。

为尽量减少大豆产量损失，巴西可以采取 B 计划。中国农业大学讲席教授、全球食物经济与政策研究院院长樊胜根对《中国新闻周刊》表示，巴西可以寻求从加拿大、摩洛哥进口化肥，前者是世界上最大的钾肥生产国，后者磷肥资源丰富。

值得注意的是，巴西是中国大豆进口的第一大来源国，其大豆产量间接影响着中国大豆的价格，进而影响豆粕等动物饲料的价格。受国际市场影响，中国豆粕价格上涨明显。3月豆粕现货价格一度上涨至5430元/吨，而在1月时价格仅为3200元/吨。

此外，中国对于钾肥的进口依赖度较高，钾肥的短缺也导致价格飙涨。机构数据显示，中国钾肥主要品种氯化钾的价格在3月已经达到4200元/吨，月涨幅20.86%，同比涨幅超106%。对此，国家发展改革委等11部门3月底联合印发通知，部署春耕化肥保供稳价工作。

粮食危机或引发地区动荡

粮食及油籽的生产减少、运输中断、化肥短缺，令全球粮食供应不足，价格飙涨。联合国粮农组织总干事屈冬玉在一份声明中称："（俄、乌）这两个主要的主粮商品出口国的农业活动可能受到干扰，这可能会严重加剧全球粮食不安全情况。"

托托娃告诉《中国新闻周刊》，2021年俄乌两国的小麦出口约占全球市场的30%，其中乌克兰占10%。全球大约有50个国家依赖于从俄罗斯和乌克兰进口，以保障本国30%或以上的小麦供应，其中26个国家更是有50%以上的小麦供应依赖于从两国进口。中东和北非地区的国家是从黑海地区进口粮食的主力军，主要原因归结于价格优势以及距离近。在本次由俄乌冲突引发的全球粮食危机中，这些国家首当其冲。

屈冬玉在前述报告中提到，埃及、土耳其、孟加拉国和伊朗是最大的小麦进口国，这些国家60%以上的小麦是从乌克兰和俄罗斯购买的，而黎巴嫩、突尼斯、也门、利比亚和巴基斯坦的小麦供应也严重依赖这两个国家。

国际食物政策研究所高级研究员约瑟夫·格劳贝尔近日在美国战略与国际问题研究中心（CSIS）举办的一场有关粮食安全的研讨会上

表示，黑海谷物出口中断对于埃及影响尤甚。他分析，人口高达 1.05 亿的埃及，在小麦进口上非常依赖俄乌两国，且在过去 15 年依赖程度越来越高。

埃及供应部部长在 3 月下旬表示，本国小麦储备可以维持约 4 个月，食用油储备可以维持约 6 个月。但如果俄乌两国冲突持续、粮食减产、无法出口，该国则会陷入粮食危机的境地。

也门由于长期陷入战乱，也高度依赖粮食进口。托托娃称，也门已经面临严峻的饥饿危机，其国内有 1740 万人需要粮食援助。2022 年 6 月至 12 月，该国人道主义危机将会加重，约有 1900 万人的最低食物需求无法被满足，这一数字将创造纪录。同时，约有 160 万人将陷入"灾难性"饥饿水平，将这一总数推高到 730 万人。

另外，叙利亚和黎巴嫩的粮食不安全状况也很严重。这些国家需要寻找替代小麦进口国，同时依靠粮食储存。

不幸的是，2022 年非洲之角处于几十年来最严重的旱灾之中，加之缺少化肥，该地区粮食安全令人担忧。联合国粮农组织 4 月 8 日发布的《2021/22 年全球谷物贸易量和消费量预报》预计，因北非的摩洛哥、阿尔及利亚西部地区和突尼斯中部遭遇旱情，这些国家 2022 年收获量将出现萎缩。

而且，粮食问题有可能引起政治动荡，2010 年底爆发的"阿拉伯之春"其原因之一就是粮价上涨。樊胜根认为，现在陷入粮食危机的各国应以此为前车之鉴，"例如埃及、突尼斯、摩洛哥这些国家，粮食供应需要想办法得到保障。政府可以考虑对穷人进行补贴，使贫穷人口不会受到粮食价格高涨的冲击。"

寻找替代进口来源国是缓解粮食短缺的可行方案之一。《2021/22 年全球谷物贸易量和消费量预报》提到，由于农作物价格升高，预计加拿大和美国播种面积将扩大，产量增加。加拿大小麦产量预计数为

3120 万吨，比 2021 年明显增加，美国则为 5300 万吨，不过长期干旱可能会影响产量。另外，印度 2022 年的小麦产量将预计小幅增加。

上述预报还提到，预计 2022 年巴西和阿根廷的玉米产量远高于平均水平。尽管干旱抑制了巴西玉米非主产季的产量，但由于刚播种的玉米品种高产，巴西将创下 1.12 亿吨的产量纪录。

托托娃预计，短期内欧盟和印度有能力增加其出口，可以作为替代出口来源国。"世界上 60% 的小麦是在秋季播种的"，托托娃称，数月后，等美国、加拿大、澳大利亚收获，以中东、北非为首的缺粮国可以寻求购买它们的粮食。但她提醒，进口国距离远会增加运输成本。

"粮食保护主义"伤害全球

粮食短缺让各个国家惊慌失措，它们纷纷开始实施出口管制、增加粮食储备，以优先保证本国国内供应。

3 月，数个国家宣布禁止粮食出口。俄罗斯宣布暂时禁止向欧亚经济联盟国家（白俄罗斯除外）出口小麦、黑麦、大麦、玉米等谷物。乌克兰也宣布暂停裸麦、燕麦、荞麦、盐、糖、小麦及家畜的出口。匈牙利宣布禁止所有谷物出口。以大豆为首要出口产品的阿根廷叫停了豆油和豆粕的出口登记。土耳其已经停止了储放在其海港仓库中的谷物、油籽、食用油和其他农产品的出口，该国农林部还停止了食用油、橄榄油、人造黄油、红扁豆和干豆类的出口。就连出口量极少的摩尔多瓦也宣布紧急停止小麦、玉米及糖的出口。

实际上，全球粮食总量并没有出现短缺。在《2021/22 年全球谷物贸易量和消费量预报》中，联合国粮农组织预计，2022 年小麦产量将年比增长 1.1%，达到 7.84 亿吨。有分析称，俄乌军事冲突引发的全球粮食危机与上一次 2007—2008 年的粮食危机非常相似，全球并没有缺粮，但恐慌情绪使各国竖起粮食保护主义的高墙，而为此买单的是付不起高涨的粮价的经济落后国家。

对此，托托娃呼吁各国保持贸易开放以保护最脆弱的人群。国际粮食政策研究所市场、贸易和机构主任罗布·沃斯对《中国新闻周刊》表示，2007—2008 年全球粮食危机时，许多国家削减进口关税或采用出口限制，以求在短时间内解决自己的粮食安全问题，这使全球对粮食的需求增加，引起粮价进一步上涨。而各国可能又据此采取粮食保护主义，形成恶性循环。"上次的粮食危机带给我们教训，我们此次不能再重蹈覆辙。"

各国也在积极应对此次粮食危机。欧盟在着手酝酿 15 亿欧元的农业危机处置基金，还计划腾出近 400 万公顷的休耕地种植农作物，刺激生产。德国总理朔尔茨承诺德国将投入 4.3 亿欧元资金以帮助维持全球粮食供应，避免出现饥荒。

本次全球粮食危机由俄乌冲突而起，解铃还须系铃人，冲突的走向也影响着全球粮食供给及供应链。托托娃分析称，若冲突长期化，且乌克兰的基础设施一直得不到恢复，该国粮食出口的供应链被代替恐怕是比粮食生产更大的问题。而如果俄乌局势长期紧张，俄、乌，尤其是乌克兰，可能将被踢出全球粮食供应链，新的玩家加入，从而重塑全球粮食供应链。

（摘编自《中国新闻周刊》2022 年第 15 期）

全球粮食安全敲响警钟

樊胜根，中国农业大学讲席教授、全球食物经济与政策研究院院长

近期，随着世界各地粮价持续走高，联合国世界粮食计划署等国际组织发布警告，在全球气候变化、区域冲突、新冠肺炎疫情持续的多重打击下，2022 年 2 月全球食品价格指数创下历史新高，38 个国家的 4400 万人正在饥荒边缘徘徊。

全球性粮食危机是否会爆发？我国会出现粮食短缺的情况吗？面临新冠肺炎疫情与地缘危机下的全球粮食安全，我国应当如何应对？记者采访了中国农业大学讲席教授、全球食物经济与政策研究院院长樊胜根。

地缘政治冲突、全球新冠肺炎疫情持续、极端天气事件频发的因素叠加，形成引发全球粮食危机的"超级风暴"

记者（李云舒）：本次粮食价格上涨的原因是什么？是否会真正引发全球性粮食危机？

樊胜根：粮食系统内部诸多要素相互关联的特性，使粮食安全面临的风险更加复杂，每一种风险都可能严重破坏系统，而这些风险的组合则可能威胁到全球粮食安全。自 20 世纪以来，全球经历了几次粮食价格危机，包括 20 世纪 70 年代的石油价格危机引起的全球粮食危机，以及 2007 至 2008 年由于生物燃料的需求和粮食出口限制等引起的粮食价格危机。食物价格飙升、收入减少和多重风险叠加将导致全球粮食不安全状况更加严重，影响到几乎每个国家。

2021年起，全球食物价格尤其是粮食价格显著上升，达到自2012年以来的年度最高平均值。2022年2月，联合国粮农组织发布的报告显示，全球食品价格指数为140.7点，比1月上涨3.9%，比2021年同期上涨20.7%。

本轮国际粮价上涨的原因分为供给和需求两方面。供给方面，地缘政治冲突、全球新冠肺炎疫情持续、极端天气事件频发、农业投入成本高等，导致全球粮食供给紧张。在需求方面，能源价格飙升，以及由此产生的对生物燃料的强劲需求，是近期价格飙升的主要因素。此外，利率下降、货币政策宽松、大宗商品投机交易活跃、美元贬值等宏观经济因素加剧了国际粮食价格的飙升。这么多的因素加在一块，我认为这是一个形成粮食危机的"超级风暴"。

至于本次粮食价格的上涨是否会真正引发全球性的粮食危机，这取决于国际上近期能采取什么样的行动来避免这场危机。如果对这一危机坐视不管，粮食危机的后果将波及世界各国，许多人会因付不起高昂的粮价陷入饥饿或营养不良，最终影响到人类的健康发展。

人类历史始终笼罩着饥荒的阴影。进入20世纪后，饥荒爆发的频率有所减少，主要得益于全球化的发展、科学技术的进步与自由贸易

记者：在人类历史上，饥荒始终像一个若隐若现的幽灵，从来没有远离。进入20世纪后，虽然全球人口数量快速增加，但饥荒的发生频率减少，这其中有哪些原因？

樊胜根：20世纪后，饥荒爆发的频率确实减少了。我觉得有几个方面的因素。

第一，全球化的影响。过去的饥荒往往局限于一个地方。例如18世纪70年代，南亚次大陆英属殖民地孟加拉曾发生了该地区有记载以来规模最大的饥荒,造成人类历史上罕见的惨剧。那时,各国较为封闭,加之基础设施也不是很发达,一个地方发生饥荒以后其他地方的粮食运不进来,信息也不流通,所以一旦遭遇旱灾、水灾、病虫害和一些天灾人祸时,很容易发生饥荒,导致大面积人群的死亡。

第二,随着科学技术的不断发展,"吃饱饭"对20世纪的人类来说,已经成为可能。20世纪初,合成氨工艺投入生产,单位面积产出的粮食大幅提高。随着遗传生物学的发展,杂交育种让人类更进一步开发已有农作物的潜力,例如,袁隆平的杂交水稻育种技术极大地提高了水稻的产量。杀虫剂等农药的大规模使用,也改变了农业在病虫害面前无能为力的局面。以上的技术突破,加上之前农业技术的积累,让农业在一定程度上摆脱了不确定性,粮食产能也更高了,这是非常关键的一个因素。

第三,世界自由贸易发挥了巨大的作用。其实,全球生产出来的粮食足够喂饱世界人口。2019年至2020年,全球谷物原粮产量超过27亿吨,按照75亿人口计算,全球人均粮食占有量超过360公斤,不存在绝对意义上的粮食安全问题。但粮食资源在不同国家和地区之间存在巨大的落差,"总体平衡,贫富不均"形势是出现饥饿人口的主要原因。随着贸易基础设施的发展,一个地区如果发生饥荒,可以经由自由贸易从那些未发生饥荒的地区进口粮食,从而渡过危机。此外,一些国际机构的存在,如联合国世界粮食计划署,也能够在粮食的分配中起到很大的作用,把一些国家多余的粮食捐上来,再发放到贫穷的地方去,实现粮食相对的协调。

事实上,到了这个时代,我们不应该让世界上有任何人面临饥饿,有"吃不上饭"的问题出现,全球应该来共同解决。

国际社会应保持粮食贸易的畅通、限制生物质能源的生产、对粮食储备厚度不足的国家和人员进行保障，以避免全球性粮食危机的出现

记者：您刚才提到我们需要采取一些举措来避免出现全球性的粮食危机，这其中包含哪些措施呢？

樊胜根：在全球层面，很重要的一点是我们要呼吁各国不要采取贸易出口限制的方法，保持全世界粮食贸易的畅通，让粮食能够运出去，使各国粮食能够互通有无。当前，全世界粮食贸易供需基本平衡，但这种平衡一旦被战争打破，对世界粮食市场的冲击是很大的。近段时间以来，多国限制出口、相互制裁，就引发了市场担忧。

2008年，全球曾爆发过粮食价格危机。从2006年开始，全球粮食价格开始大幅上涨，2006年一整年粮食价格就涨了12%，2007年又上涨了24%，2008年最高峰时期又上涨了80%。导致危机很大的一个因素是各个国家采取了限制贸易的办法，一些主要大米出产国为保障国内供应限制出口，致使大米价格大幅上涨。所以，当前最重要的就是要保证贸易的畅通。

第二，建议限制生物质能源生产对粮食市场的冲击。世界燃料市场和粮食市场之间的关联增加是最重要的结构性变化之一，石油、天然气等能源价格涨高以后，生物质能源的生产就会扩大，全球大宗商品价格涨幅的1/4—1/3是由生物燃料所导致的。例如，美国用玉米生产燃料，欧洲将种小麦和玉米的土地改种油菜籽，用菜籽油等植物油生产燃料。2004年至2007年，世界玉米产量增加了约5100万吨，同时，仅美国的生物燃料，特别是乙醇的产量就增加了约5000万吨。目前，美国汽车烧的粮食足可保证82个缺粮的低收入国家的所需。

因此，呼吁各国采取立法或是其他政治措施，斩断生物燃料的生

产和能源价格之间的关系。用粮食制造生物燃料危害环境、浪费能源，最终将给全球粮食供应带来灾难性的结果。国际社会应采取共同的措施办法来限制生物质能源的生产，把粮食留给人类。

第三，国际社会应采取各种各样的粮食援助措施，针对粮食储备厚度不足的国家和人员进行保障，包括以现金转移支付为主要内容的现金援助等。2008 年，世界粮食价格危机爆发时，世界银行和国际货币基金组织都设立了一些财政保护的机制。例如成立了信托基金，用于加快为粮食安全项目提供资金的速度，并用于提供种子和化肥，支援食物生产等。拉丁美洲、非洲和亚洲的地区性机构也公布旨在减轻粮食危机影响的紧急贷款。

在国家层面，现在大部分国家都开始春耕，各国要拿出支持的办法，无论是财政支持或者是政策支持，让春耕、春播能够正常进行，甚至比以前还要多一些。特别是非洲尤其是发展中国家，更应该增加对农业生产的支持，让 2022 年上半年的粮食有好的收成。此外，全世界粮食市场的生产、价格、库存等信息都应当要尽量畅通透明，避免出现抢购、挤兑、不理性囤积粮食的情况。

有种才能有粮，种子是粮食安全的根基，只有用自己的手攥紧中国种子，才能端稳中国饭碗，才能实现粮食安全

记者：有观点指出，随着发展中国家的人口不断增加，其人均粮食持续下降，面临粮食危机的人群比例越来越高，未来世界发生粮食危机的风险会逐渐增大。您如何看待这一观点？

樊胜根：这个风险确实存在。大部分的发展中国家的人口集中在亚洲，尤其是东亚、东南亚，还有非洲。其中，中国、日本、韩国或者通过自己种植，或者通过贸易，已经基本上解决了自己的粮食问题。令人担忧的是非洲以及南亚。从世界粮食不安全总人数的分布看，在

20 亿粮食不安全人口中，10.3 亿位于亚洲，6.75 亿位于非洲。这些地区人群数量十分庞大，人均资源及土地更加稀缺，饥饿人群的比例在全世界范围内是最高的，也是未来需要关注的一个重点。事实上，南亚和非洲的粮食短缺是导致世界粮食生产和需求间不平衡的一个很重要的因素。

记者： 近几年我国可能会出现粮食短缺的问题吗？面对新冠肺炎疫情叠加地缘危机下的全球粮食安全危机，我们应如何应对呢？

樊胜根： 中国的粮食安全完全可以得到保障。首先，我们国家的粮食生产能力足够，2021 年粮食产量再创新高，超过 1.3 万亿斤，小麦和大米等作为口粮基本实现自给，实现以占世界 9% 的耕地、6% 的淡水资源，养育世界近 20% 的人口。其次，我国谷物年度进口数量不大，主要目的是调剂需求结构，更好满足人们个性化、多样化的消费需求。2021 年，我国小麦进口总量仅占总供应量的 7%；玉米方面，我国自给率超过 95%。

根据第七次全国人口普查的数据，我国当前人口数量为 14.1 亿，2021 年，我国粮食产量 1.37 万亿斤。按照当前的粮食产量，人均粮食占有量超过了 470 公斤，远高于世界平均水平，可以满足人们日常的营养需求。我国粮食库存充足，库存消费比远高于联合国粮农组织提出的 17%—18% 的水平，特别是两大口粮——小麦和稻谷库存大体相当于全国人民一年的消费量。

目前，我国进口量比较大的粮食是大豆，国家也在研究方案，采取一些措施来解决大豆国内过分依赖于国际市场的问题，比如说增加国内的生产，或者采用动物植物蛋白替代等。因此，冲击之下，国内粮食的价格短期可能会出现波动，但从长期来讲，我国的粮食安全是可以得到保证的。

当前，应当特别关注小农和低收入家庭等弱势群体，并采取措施确保他们的生计不受食品价格上涨的影响。从长远来看，重要的是转向更具可持续性和弹性的粮食系统，以应对突然和持续的粮食价格上涨，并抵消其对全球粮食安全的影响。建议继续加大对农田和畜牧业基础设施的投入，推进农业技术研究，应对气候冲击，加强农业食品风险管理平台，为农民提供农业信贷、灾害保险等金融支持。此外，还需要通过加强与主要粮食生产国特别是"一带一路"沿线国家的伙伴关系，丰富进口来源地，优化国内供给结构、重点粮食和食品进口结构，让居民膳食更健康。

记者： 种业安全和粮食安全的关系是怎样的？您认为种子产业未来的发展方向是什么？

樊胜根： 有种才能有粮。种子可以说是农业的"芯片"，是粮食安全的根基。只有用自己的手攥紧中国种子，才能端稳中国饭碗，才能实现粮食安全。

农业生产未来的发展靠创新，创新的根本就是种业的创新。近些年，我国在生物育种技术领域取得了显著进展，尤其在水稻分子模块设计育种技术方面优势明显。同时，也要正视我国在种业科技方面还面临不少"卡脖子"的难题。例如，我国一些作物如玉米、大豆等种子受育种及栽培等因素影响，单产还有很大的提升潜力；少数蔬菜品种还不能很好满足市场的多样化需求，一些蔬菜品种仍需进口。

到 2050 年，全球要养活 90 亿人口，粮食产量必须至少增加 50%。全球变暖的趋势，决定了干旱将成为未来农业面临的巨大挑战，粮食可能出现减产。这意味着，提高种子的韧性以应对气候变化也是重中之重。此外，未来种子产业的方向，增产只是一个方面，还要做到多赢，例如，可以把营养素加进去，实现健康、有营养。

　　无论是解决育种难题还是实现追赶超越，都需要有更大力度、更远谋划的创新作为。应该加强基础性前沿性研究，启动重点种源关键核心技术攻关，培育我国优质种业企业、提升科技能力，真正建立起以企业为主体、"产学研"相辅相成的创新体系，同时加强知识产权的保护，加快生物育种产业化。

（摘编自中央纪委国家监委网站 2022 年 4 月 12 日，采访整理：李云舒）

印度禁止小麦出口，再度敲响粮食安全警钟

梁亚滨，中共中央党校（国家行政学院）国际战略研究院教授

当地时间 2022 年 5 月 14 日，七国集团（G7）农业部长谴责了印度临时禁止小麦出口的决定。此前一天，印度发布小麦出口临时禁令公告，声称俄乌军事冲突导致的国际粮价大幅上涨，已经威胁到印度及周边国家的粮食安全。

国以民为天，而民以食为天，因此，粮食安全成为国家安全的重要组成部分，甚至是核心问题。但就在这个多事的夏天，粮食安全成为全球性问题。这种安全不仅体现在总体上粮食供给趋紧，更体现在粮食种类供给的不均衡，特别是小麦供给出现大规模缺口。

因饮食习惯和贸易结构等，不同种类的粮食并非可以随时、随地、随意替换。这导致某一种具体作物的供给短缺将会加剧粮食危机。而作为传统粮食出口国的印度此次突然宣布禁止小麦出口，不仅将进一步加剧全球粮食安全的严重性，也将对国际关系和地区局势产生重大而深远的影响。

今明两年全球将遭遇严重的粮荒

导致全球将面临粮荒的原因主要有三个：气候变化、俄乌冲突和新冠肺炎大流行所造成的供应链中断。

气候变化方面，北美大草原和南美潘帕斯草原作为全球最重要的粮食产区，正在遭遇史无前例的干旱。布宜诺斯艾利斯粮食交易所表示，由于 2021 年至 2022 年的干旱，阿根廷大豆预计产量将下降约

1500 万吨。美国 CNN 报道称，从 2021 年 10 月开始，美国国内最大的小麦产地堪萨斯州就没有降雨降雪，预计小麦会歉收。

据美国国家干旱减灾中心（NDMC）透露，堪萨斯州一半以上的土地被划为 5 级干旱中的 3 级"严重干旱"或更糟糕状态。此外，俄克拉荷马州 3/4 的麦田和得克萨斯州 2/3 以上的农田处于严重干旱状态。

与此同时，军事冲突大规模削弱了乌克兰和俄罗斯作为"欧洲粮仓"的作用。以出口价值计算，2020 年，俄罗斯和乌克兰分别为全球第一大和第五大小麦出口国。根据乌克兰农业部的说法，该国 85% 的作物出口依赖亚速海和黑海的航线海运。因为军事冲突，大量小麦滞留港口，不能出货。乌克兰农业部指出，陆上运输只能满足 25%—30% 的货运需求，而且因为乌克兰铁路与欧盟轨距不同，边境换车成本使作物出口价再提高 10%—15%。

同样需要使用黑海贸易航线的俄罗斯农作物，不但面临与乌克兰一样的问题，而且因为遭遇美西方国家的金融制裁而被踢出了国际粮食市场。事实上，俄罗斯政府为了应对制裁、保护国内食品市场，也已经宣布自我限制粮食出口。

如果军事冲突持续下去，全球粮食供应量还将继续下降。一方面，更多的青壮年应召入伍，导致乌克兰出现农业劳动力不足。另一方面，俄罗斯和白俄罗斯分别是全球最大和第六大化肥出口国，军事冲突也造成乌克兰乃至世界多个国家化肥短缺。而耕作机械所需的燃料，也因此严重不足。

美国农业部预测，2022/2023 年度全球小麦总产量为 7.748 亿吨，这是自 2018/2019 年度以来的首次下降。全球缓冲库存预计为 2.67 亿吨，连续两年下降，为 6 年来最低水平。2022 年、2023 年的全球粮食危机，已经迫在眉睫。

粮荒将引发政治危机和社会动荡

粮食是人类生活的刚需，供给端的轻微波动都可能引发消费端的价格剧烈波动。2022 年 3 月，芝加哥期货交易所（CBOT）小麦期货价格，就已经创下自 2008 年以来的历史新高，达到每蒲式耳 13.63 美元。

联合国世界粮食计划署总干事戴维·比斯利说，"由于新冠肺炎疫情，全世界的饥饿人口增加了 18%，乌克兰冲突可能导致 760 万—1310 万人因饥饿遭受煎熬，陷入了超越灾难以上的灾难状态"。路透社报道则称，"超过非洲大陆总人口 1/4 的 3.46 亿人面临严重的粮食动荡局面"。

短缺的粮食和不断上涨的粮价，无疑将在很多贫穷落后国家和地区导致政治危机和社会动荡。比如，身陷经济危机多年的黎巴嫩，其小麦进口 80% 来自乌克兰、15% 来自俄罗斯。如今，一直对粮食进口进行补贴的黎巴嫩政府已无力承受不断上涨的小麦价格，濒于财政破产。

埃及同样面临类似的财政危机。对面包进行补贴，一直是埃及政治稳定的根本，其财政支出占该国 GDP 的比例达到惊人的 1%。目前正陷入 1948 年以来最严重经济危机的斯里兰卡，如果解决不了粮食问题，大规模暴力事件和政局动荡必然加剧。

从世界范围来看，如果越来越多的政府无法承受粮食价格上涨所带来的财政开支，类似 2011 年"阿拉伯之春"那样的社会动荡与革命很可能在更多国家出现。

印度试图借机将粮食出口政治化

印度是全球第二大小麦生产国和大米生产国，也是全球重要的粮食出口国之一。但印度的粮食出口以大米为主，长期居于世界出口总量的第一位，其小麦出口量在 2021 年仅占全球的 3%，而且 50% 以上都出口到了孟加拉国。

从数据看，印度拥有较大规模的大米和小麦储存，两者库存总量为 7400 万吨，其中 2100 万吨用于战略储备以及公共分配系统，为该国 7 亿多贫困人口提供廉价食品。印度国际经济关系研究委员会的农业教授古拉提表示，理论上印度在本财政年有能力出口 2200 万吨大米和 1600 万吨小麦。

俄乌军事冲突爆发后，因为价格刺激，印度小麦出口量开始大幅度增加。但是，3 月以来持续的干旱、化肥短缺和能源价格上涨，正在削弱印度政府对于未来粮食自给能力的信心。正是在这个背景下，印度政府宣布禁止小麦出口，优先保证国内需求。

同时，将粮食作为地缘政治工具也正在成为印度政府的考虑。印度外贸总局（DGFT）在 5 月 13 日晚间发布的一份官方通知中表示，"印度政府致力于满足印度、周边邻国和其他脆弱发展中国家的粮食安全需求"，在印度中央政府批准下，其可以应其他国家政府的要求出口一部分小麦。

此前，印度总理莫迪也曾向美国总统拜登表示，如果世界贸易组织允许，印度可以从"明天起就准备好为世界提供库存粮食"。所以，当前禁止小麦而非大米出口，也可以视作印度将粮食出口政治化的一个重要工具，试图用廉价粮食铺就其通往国际政治权力中心的道路。

事实上，随着粮食危机加剧，很多国家都在收紧粮食出口的政策。这毫无疑问将进一步收紧全球的粮食供应弹性，甚至在一些国家和地区造成人道主义灾难。而这也必将使有能力出口粮食的国家掌握更多的国际话语权。

美国前国务卿基辛格曾经指出，谁控制了石油，谁就控制了所有国家；谁掌握货币，谁就控制了全世界；谁掌握粮食，谁就控制了全人类。

简单而言，目前全球大概只有 33 个国家能够实现粮食自给自足，即大部分国家的粮食依赖进口。联合国粮农组织发布的《2022 全球粮食危机报告》显示，2021 年有 53 个国家和地区约 1.93 亿人经历了粮食危机或粮食不安全程度进一步恶化，创历史新高。

在未来，粮食可能将成为与石油一样具有地缘政治意义的战略物资。在未来的国际政治格局中，粮食出口国或将占据更加优势的地位。这些国家既包括传统霸权国美国，也包括新兴崛起国家印度。小小的粮食中，就这样隐藏着国家意志。对此，中国也不可不引起警惕与重视。

（摘编自新京报公众号 2022 年 5 月 15 日）

多重挑战下，如何应对全球粮食安全风险

屈四喜，联合国世界粮食计划署驻华代表

马泰奥，联合国国际农业发展基金驻华代表

陈志钢，国际食物政策研究所资深研究员、浙江大学求是讲席教授

当前，百年变局叠加世纪疫情，俄乌局势对全球粮食等重要农产品市场和贸易的影响继续发酵，全球粮食安全形势异常严峻。在此背景下，中国既要保持战略定力、端牢"中国饭碗"，也要站在国际视角，及时了解全球粮食安全形势和重要农产品贸易态势。为此，联合国世界粮食计划署驻华代表屈四喜、国际农业发展基金驻华代表马泰奥，国际食物政策研究所资深研究员、浙江大学求是讲席教授陈志钢，就世界粮食安全形势和中国在其中的作用展开分析。

国际粮价上涨受多方面因素影响，当前主要原因是俄乌冲突冲击主粮和植物油市场

主持人（彭瑶、吕珂昕）：根据联合国粮农组织 4 月 8 日发布的报告，2022 年 3 月食品价格指数平均为 159.3 点，创下 1990 年该指数设立以来最高纪录。在您看来，导致当前国际粮价上涨的主要原因是什么？

陈志钢：国际粮价持续攀升受新冠肺炎疫情、气候变化、区域冲突等多方面因素影响。

新冠肺炎疫情是造成近两年粮价波动的重要原因。第一，新冠肺炎疫情的发展和各国新冠肺炎疫情防控政策导致劳动力等农业基本生产要素连续两年面临短缺或延迟供应，农业生产的季节性和周期性被

打破，粮食供应受到影响。第二，新冠肺炎疫情防控政策造成的交通中断、食物购买恐慌等可能打乱食物供应链，造成食物损失并引起价格上涨。第三，新冠肺炎疫情暴发后，有条件的国家均对来自疫区的食品实施更严格的检疫标准，降低全球食物分配效率，导致国际贸易交易成本提升。第四，贸易保护主义政策抬头。新冠肺炎疫情防控期间，至少27个国家实施了食物出口禁令，加剧了国际食物市场供需关系的紧张，并进一步推高食物价格。

气候变化也是影响农业生产和供给的重要因素。全球极端气候频发，对农业生产带来较大不确定性，农作物增产预期迟迟不能兑现。2021年，美国西部90%以上的地区遭遇干旱，其中的北达科他州是美国最大的春小麦种植州，炎热和干旱的双重打击导致小麦收成大减。2021至2022年度巴西和巴拉圭的干旱大幅降低了大豆的生产前景预期，推动了2021年底开始的价格波动。马来西亚台风与洪水造成的灾害以及劳动力短缺也使市场对棕榈油供应的担忧日益增加。

导致当前国际粮价飙升的主要原因是黑海地区俄乌冲突冲击主粮和植物油市场。冲突发生前，南美收成不佳、全球需求强劲以及与新冠肺炎疫情相关的供应链问题已经减少了谷物和油籽库存，食品价格已经很高，而世界两大农业国俄罗斯、乌克兰间的冲突扰乱了农产品的生产、收获、贸易及运输，原油和化肥价格上涨抬升全球农业生产成本，进一步加剧地区间农产品供需失衡，推升国际农产品价格不断走高。

国际粮价快速上涨将使脆弱群体更加暴露于粮食不安全中

主持人：当前世界粮食安全总体形势如何？联合国2030年"零饥饿"目标能否如期实现？

屈四喜：全球粮食安全形势自2014年以来不断恶化，目前的状况不容乐观。根据 2021 年《世界粮食安全和营养状况》报告，全球饥饿人口多达 8.11 亿，约占全球总人数的 1/10。目前还有来自 38 个国家的 4400 万人处于饥荒的边缘。在饥饿人口中，1/2 以上人群集中在亚洲，1/3 以上位于非洲，且非洲是饥饿人数增幅最大的区域，食物不足人数占总人口数的 21%。近期国际粮价上涨将使世界粮食安全形势进一步恶化。

实现"零饥饿"的首要目标是要确保所有人全年都能获得安全、营养和充足的食物。而在新冠肺炎疫情暴发之前，全球就已经偏离了"到 2030 年消除饥饿和营养不良"这一承诺的轨道，实现这一目标面临重大挑战。

2014 年以来，全球长期性饥饿人口一直在上升，中度或重度粮食不安全发生率在 2020 年大幅提升，几乎相当于之前 5 年增幅的总和。全球在消除某些形式的营养不良方面取得了进展，但难以在 2030 年前实现任何一项营养指标的全球目标。

关键发展领域缺乏进展是实现"零饥饿"目标的主要障碍之一。目前，109 个发展中国家共有 13 亿人生活在多维贫困之中。他们无法积累人力资本所需的知识、技能和健康，而且缺乏社会保护，难以抵御严重的冲击和深层次的压力。作为联合国最大的人道主义援助机构，世界粮食计划署在 2019 至 2021 年援助的饥饿和营养不足人口分别达到 9710 万、1.155 亿和 1.28 亿。2022 年，我们预计援助人口将达到 1.37 亿人。

陈志钢：2015 年前后，全球饥饿现象已开始呈上升之势，而新冠肺炎疫情造成的贫困加剧、收入下降、就业机会减少以及食物供应链中断等后果加剧食物不安全问题，全球营养状况持续下降，特别是中低收入国家的脆弱群体处境更加恶化。例如，1/3 以上的孟加拉国青年在国家封锁期间存在中度或严重的食物不安全问题。在尼泊尔，逾

30%的农村家庭表示，在初次封锁结束后6个月，他们在食物上的支出仍在减少。收入下降以及水果、蔬菜和动物源性食物等易腐产品供应减少均对膳食质量和多样性产生影响。国际食物政策研究所在危地马拉进行的研究表明，家庭将失去营养食物购买力并改变购买模式，倾向于增加更廉价的淀粉主食在家庭食物消费的比重；在其他国家，廉价超加工食物的消费量增加。

当前，国际粮价快速上涨将使脆弱群体更加暴露于粮食不安全中。全球经济衰退已经压低了对低收入国家出口的需求，进一步推高了进口食品的价格。在埃塞俄比亚、冈比亚、几内亚、海地、马拉维、莫桑比克、塞拉利昂和南苏丹等国，国内食品价格同比上涨超过10%。一方面，粮食价格上涨对低收入家庭的影响更大，这些家庭将收入的很大一部分用于粮食。另一方面，在保护低收入家庭购买力和防止粮食价格上涨造成粮食不安全方面，低收入国家政府的财政能力非常有限。

主持人： 新冠肺炎疫情暴发以来，多个产粮国限制粮食出口，这会给全球粮食供应链带来哪些影响？

陈志钢： 首先，出口限制措施会导致农产品供应链短期中断，影响正常投资和贸易。新冠肺炎疫情暴发以来，由于担心新冠肺炎疫情蔓延，各国相继采取了较为严格的管控措施，港口关闭、边境口岸封闭、船只延误、航班停飞和社会隔离等措施会导致农产品滞留，对农产品贸易产生不利影响。其次，出口限制往往会产生连锁反应。当一个国家宣布限制时，其他国家往往会效仿，加剧供应问题。同时，因为进口商试图获得新的供应商，将导致价格进一步上涨，并引发全球粮食短缺恐慌，威胁粮食安全。

不过，虽然新冠肺炎疫情暴发初期，全球出现了贸易保护主义抬头现象，但随着主要经济体的经济复苏，大多数国家都放宽了出口限制。目前，全球粮食供应链面临的主要冲击来自俄乌冲突。自2月俄乌冲突爆发以来，截至2022年第16周，对食品实施出口限制的国家数量已从3个攀升至23个。随着冲突加剧，乌克兰面临需求增加而供应减少的可能，对小麦、玉米、葵花籽等谷物，以及荞麦、黑麦、糖、小米、燕麦、盐、活牛、牛肉等基础商品实施出口许可证限制。这对许多依赖于进口乌克兰粮食的国家造成打击，其中包括也门、阿富汗、叙利亚、埃塞俄比亚等中东和非洲地区的十多个国家。就产品贸易总额而言，各国出口限制影响了约35.9%的小麦出口、55%的棕榈油出口、17.2%的玉米出口、78.2%的葵花籽油出口和5.8%的豆油出口。这些限制政策很可能随着冲突持续，影响全球粮食供给形势及市场稳定。

减少系统性粮食损失需要政策和体制改革，但微小的改变也可以产生影响

主持人：2021年9月，中国主办国际粮食减损大会，发布《国际粮食减损大会济南倡议》，号召全球"减少粮食损失浪费，促进世界粮食安全"。当前，在全球范围内存在哪些浪费粮食的状况？对此，应该如何应对？

屈四喜：粮食减损对粮食安全意义重大。全球生产的粮食足以养活全球人口，但全球仍有近8亿人吃不饱，因为约有1/3的粮食被损失或浪费，由此造成的经济损失有1万亿美元左右。全球在生产、收获、运输、仓储、加工等零售环节之前的粮食损失约占到总产量的14%，零售、消费环节浪费的粮食约占17%。

在发展中国家，由于缺少粮食产后管理经验与技术、基础设施不完善以及运输和储存条件落后等问题，粮食损失导致小农收入减少了15%。每年粮食损失和浪费所产生的温室气体超过30亿吨，给全球农业生产和粮食安全带来了负面影响，也加剧了气候变化。

节粮减损既涉及供应，又涉及消费，既涉及设施装备技术，也涉及思想观念转变等。应当在以下几个方面积极努力。一是制定粮食产后损失管理标准和监管政策，改善储粮基础设施，推动技术创新与应用，加强粮食产后科学管理，增强公众节粮意识。二是加强政府、企业等机构在涉及减少粮食损失与浪费的多个领域的协同治理。三是根据各地区的实际情况和发展水平开展减损工作，包括相互学习和广泛的国际交流合作等。

联合国世界粮食计划署在这方面也做了很多工作。我们十分重视自身的物流系统管理，还积极帮助受援国家开展科学储粮。我们将产后减损作为南南合作的重要内容，促进发展中国家间在减少粮食损失浪费方面相互学习借鉴，包括向其他发展中国家分享中国的技术和经验。

马泰奥：据估算，到2050年，世界粮食产量必须翻一番才能满足不断增长的人口需求。然而，全球每年损失或浪费的粮食占生产总量的近1/3。因此，只增加粮食产量而不减少损失，是无法实现全球粮食安全目标的。

一般来说，造成粮食损失的主要原因是缺乏收获和储运的基础设施、设备或能力。而农业生产者因为不容易获得银行信贷，所以缺少相应的能力进行改善。为此，国际农业发展基金在中国云南、广西、四川、宁夏、陕西等地开展项目，建设农村公路，从而减少配送损失，还有一些是有助于改善储存条件的，可以减少储存阶段的粮食损失。

减少系统性粮食损失需要政策和体制改革，但微小的改变也可以产生影响。举一个例子，在东帝汶，国际农业发展基金资助了一个项目，以补贴价格向种植玉米的农民出售可以密封的钢桶。这一举措将玉米损失从平均15%减少到不足1%，大约2.3万户家庭的收入增加了近300%。

中国良好的粮食生产能力和自给自足状态是促进全球粮食安全稳定的积极因素

主持人： 从"谁来养活中国"到"中国人的饭碗装中国粮"，中国粮食安全取得了举世瞩目的成就。您怎样评价中国对世界粮食安全作出的贡献？

屈四喜： 中国是全球粮食生产和消费大国，其粮食安全不仅关系中国国内经济和社会的发展稳定，也是影响国际粮食供求与价格的重要因素。中国人均粮食占有量470多公斤，高于400公斤这一世界平均水平。用全球6%的水资源、9%的耕地资源，很好地解决了世界20%人口的吃饭问题，实现由"吃不饱"到"吃得饱"进而"吃得好"的历史性转变，这本身就是对世界粮食安全的巨大贡献，也是对发展中国家的极大鼓舞和良好示范。

马泰奥： 中国在保障粮食安全方面取得了显著成就。自1978年以来，谷物产量增加了1倍多；人均粮食产量和人均肉类产量同期明显提高。一个有能力保障粮食安全的中国，将造福世界。尤其在全球粮食安全形势整体恶化的情况下，中国良好的粮食生产能力和粮食自给自足状态是促进全球粮食安全稳定的积极因素。

中国对全球粮食安全的贡献并不仅限于粮食自给自足。近年来，中国通过南南合作，越来越多地与其他发展中国家分享技术和解决方案，帮助他们实现粮食安全。2008年，农发基金－中国南南合作基金在非洲设立了小型烘干机收获管理项目，帮助非洲农户学习和应用中国的食品干燥技术，这就是中国农业知识转移的一个成功案例。

陈志钢： 中国不仅自身在消除饥饿方面取得了举世瞩目的成就，还通过对外援助、国际合作等方式为全球抗击饥饿事业作出了贡献。

中国积极参与全球农业食物系统治理和粮食安全合作。首先是对

外粮食援助，2016 至 2020 年，中国政府共向世界粮食计划署提供逾
1.55 亿美元捐款，为 750 多万人提供紧急粮食援助。中国也是南南合
作的倡导者和积极参与者，自 2009 年中国–FAO 南南合作信托基金成
立以来，中国已经提供 3 期捐助资金，总额达 1.3 亿美元。自 1996 年
以来，中国通过南南合作项目，向非洲、亚洲、南太平洋、加勒比海
等国家和地区派遣了 1000 多名农业专家和技术员，成功示范和推广了
200 多项农业实用技术，为提高当地的农业技术水平作出了积极贡献。
中国已经成为向 FAO 南南合作出资最大、派遣专家最多、效果最显著
的发展中国家。

在与其他国家的农业和粮食安全合作方面，以中非农业合作为例，
自 2006 年中非合作论坛北京峰会以来，中国已经在卢旺达、莫桑比
克、苏丹等非洲国家建成及在建 24 个农业技术示范中心。此外，越来
越多的中国企业到其他发展中国家投资农业项目，为提高当地的农业
生产力、促进粮食安全作出贡献。以中国在非洲的农业投资为例，据
《新时期的中非合作》白皮书发布的数据，截至 2020 年底，中国在非
的农业投资企业已超 200 家，涉及非洲国家共 35 个，投资存量 11.1 亿
美元。

主持人：土地和水资源对粮食生产至关重要。请问当前全球土地和
水资源总体状况如何？2022 年中国的政府工作报告提出要加大黑土地
保护和盐碱地综合利用力度，有序推进碳达峰碳中和工作。您如何评
价这一政策措施？

马泰奥：土地和水资源的退化是当今世界最紧迫的环境问题之一。
土地退化正在以惊人的速度发生着，导致全世界农田和牧场的生产力
急剧下降。根据全球环境基金（GEF）的数据，全球约有 25% 的土地
面积已经退化。同样，人口增长、城市化、粮食需求增加和全球收入

水平的提高，正对全球淡水资源造成压力。目前，大约80%的世界人口面临淡水供应不安全的严重威胁。

在这方面，我赞赏中国日益重视环境可持续性并致力于实现更加绿色和可持续发展的做法。这不仅有利于保护中国的自然资源，也有利于全球的可持续发展。一直以来，国际农业发展基金都在支持中国的这些工作和努力。例如，在甘肃实施减贫项目，采取一系列措施恢复退化的生态系统，包括造林和恢复牧场；在山西、宁夏的环境保护和减贫项目，通过恢复近1.3万公顷的牧场和7000多公顷的林地，帮助提高了项目区的碳汇能力；在青海省六盘山地区，帮助当地种植了440万棵树苗以对抗荒漠化，取得了积极的效果。

在减少极端贫困方面，对农业的投资比对任何其他部门的投资更有效

主持人：保障全球粮食安全关系人类前途命运和永续发展，需要国际社会共同努力。您认为当前尤其需要从哪些方面加强国际合作？

屈四喜：开展国际合作对提升全球粮食安全十分重要。国际社会要重视解决和预防地区冲突，防止和避免大规模流离失所人群的出现，加强冲突地区的和平与重建，从根本上解决地区冲突带来的粮食危机。要帮助发展中国家大力发展农业生产，提高他们的粮食自给水平和抵抗自然风险、经济风险的能力。要落实好联合国粮食系统峰会后续行动，努力建立有韧性、可持续、包容性强的全球粮食系统。

粮食安全是世界粮食计划署与中国的共同追求。具体来说，世界粮食计划署与中国的合作聚焦在四个方面。一是发挥好世界粮食计划署农村发展卓越中心的作用，通过南南合作积极帮助其他发展中国家更好地分享中国的先进经验和适用技术，尤其是在小农价值链能力建设、产后减损、气候变化应对及减灾防灾、创新扶贫等领域。二是在

中国国内开展创新试点项目，助力中国乡村振兴的同时，与其他国家分享创新项目的做法。三是对全球饥饿人口积极提供力所能及的粮食援助，帮助他们减少饥饿，并提高自力更生的能力。四是在中国建设联合国人道主义应急响应枢纽，支持积极应对大规模灾害的发生。

马泰奥：建设一个没有贫困和饥饿的世界，关键在于农村。大约有34亿人——约占全球人口的45%，生活在发展中国家的农村地区。这些人为世界提供了食物，但他们自身深处贫困。

投资农村人口是解决我们今天面临的许多问题的长期方案。饥饿、贫困、青年失业和被迫迁移等问题都深深植根于农村地区，通过投资小规模农业和农村全面发展，这些问题都可以得到极大改善。

已有充分证据表明，在减少极端贫困方面，对农业的投资比对任何其他部门的投资更有效。成功的小农场为非技术工人提供了工作。同时，小型家庭农场产生的收入，可以用于农村社区并刺激农村经济，进而促进和平与安全。

陈志钢：加强粮食安全领域的国际合作，我认为可以从五个方面着手。一是加强战略规划和统筹协调，改变目前合作项目规模小、较为分散、不成体系、碎片化的特点，同时要加强区域层面的合作，充分发挥非盟、东盟等区域性组织的作用和影响力。

二是加强国际农业技术合作，促进先进农业生产技术向发展中国家转移。中国在小农经济占主导的农业经营模式下，取得了农业技术研发的巨大进步和农业生产力提高的显著成就。因为中国农户的经营规模普遍较小，使基于此的生产技术和经验对小农更加友好，更容易被同样以小农生产为主的其他发展中国家所吸收和借鉴。

三是要更加关注欠发达国家和地区以及脆弱群体粮食安全和营养问题的改善。一方面，欠发达国家和地区中，尤其是小农、妇女、儿童等脆弱群体受到粮食安全挑战的冲击较大。另一方面，欠发达国家和地区往往也是农业发展潜力较大的国家和地区，加大对这些国家和地区的帮助，有利于促进全球可持续食物安全目标的实现。

四是要促进合作方式和合作主体的多元化。在继续加强政府间粮食安全领域多边合作的同时，要认识到非政府主体已成为国际合作的重要力量。例如，国际农业研究磋商组织（CGIAR）是具有全球影响力的农业科研机构，各国可以借助 CGIAR 平台与世界共享粮食安全经验。

五是加强各国育种和种质资源的合作。种子是农业的"芯片"，作物育种的突破对于提高粮食产量至关重要。未来要促进各国开展联合育种创新，并鼓励进行种质资源交换，从而推动科学家研发优质新品种，提高粮食产量，促进全球粮食安全的实现。

主持人： 粮食是人类生存发展的基础，粮食安全关系到世界和平与稳定。中国作为人口和农业大国，既要将饭碗牢牢端在自己手中，也应积极参与全球粮食安全治理，努力推动各国在粮农领域形成共识、强化合作，维护全球粮食供应链和产业链的稳定。谢谢三位的精彩分享！

（摘编自《农民日报》2022 年 5 月 5 日，采访整理：彭瑶、吕珂昕）

全球粮食危机下，
我们还能把饭碗牢牢端在自己手上吗

温铁军　中国人民大学可持续发展高等研究院执行院长，"三农"问题专家

2022 年 5 月同期全球粮食价格上涨，小麦上涨 56%，谷物上涨近 30%，植物油同比上涨 45%。世界银行统计模型显示，全球食品价格每上升 1%，就会有近 1000 万人陷入极端贫困中。截至 2022 年 6 月，全球有 3.45 亿人因饥饿挣扎在死亡线上，创下新高。人类或将面临第二次世界大战后的最大粮食危机……

近日，在接受凤凰卫视记者吴小莉访谈时，著名"三农"问题专家温铁军指出，全球化危机下的粮食安全问题，是全球金融资本演变造成的；而中国的农业政策，到了一个必须再突破的节骨眼儿上。

全球化危机下的粮食安全问题，是全球金融资本演变造成的

吴小莉：所谓的"第二次世界大战之后最大的粮食危机"会发生吗？

温铁军：新冠肺炎疫情暴发后，全球化最大的挑战是供应链（物流）中断。全球化危机条件下的粮食安全，是全球物流链受到直接冲击所导致的。但是疫情影响不是长期性的，关键的长期性影响是连续性大规模增发货币，包括美国、欧盟、日本在内，针对疫情暴发后的经济下滑，西方发达国家推出量化宽松，大规模增发货币，严重冲击了大宗商品市场，这一轮量化宽松造成了粮食价格翻倍上涨。

当金融造成大宗商品特别是粮食，尤其是商品化程度最高的小麦价格成倍上涨的时候，很多进口小麦占比较高的国家，就会陷入饥饿，

随之发生一系列严重的社会事件。我们观察国际局势的演变，不应该只从产销角度分析，在某种程度上，国际局势的演变过程是全球金融资本演变所造成的。

粮食不安全的根源，在于跨国公司大规模将农地资源殖民化

吴小莉：您从 20 世纪七八十年代，先后调研 40 多个国家的乡土社会，当时影响全球粮食安全的主要因素有哪些？

温铁军：20 世纪七八十年代，全球化成为世界主流，跨国公司进入发展中国家控制大面积农地资源，以推进大规模单品生产，例如，"香蕉之国"厄瓜多尔，"咖啡之国"哥伦比亚，到处都是上万公顷的大种植园，生产单一产品。跨国公司掌握主要农业资源，就控制了当地的期货市场，进行资本的投资收益。埃及历史上曾发生粮荒，就是因为跨国公司发现埃及适宜种植长绒棉，便把土地资源都用来种棉花，挤压粮食种植用地，导致粮食无法满足国内需求，价格上涨，从而粮食安全问题就演变成了国内政治问题。这是今天粮食不安全的根源。新冠肺炎疫情推动粮食价格不断走高后，随之而来的俄乌冲突进一步恶化了全球粮食市场预期。2022 年 7 月 22 日，俄罗斯、乌克兰、土耳其、联合国四方代表签署协议，规定乌克兰的三个港口将开始向外运送粮食和化肥等。7 月 26 日，敖德萨港遭到俄军攻击，这是 4 天内乌克兰港口第二次遭到袭击，粮食出口协议能否顺利履行再次蒙上阴影。

吴小莉：现在就算联合国和乌克兰、俄罗斯达成协议，让小麦重新出口，对于这次粮食危机的解决也是杯水车薪吗？

温铁军：俄乌战争期间，开放小麦进出口或许可以解决这个燃眉之急，但根本原因在于各个国家的政治家们，还没有认真地把"凭借政治强权和军事霸权，大规模滥发货币造成全球大宗商品价格上涨"

这些议题纳入全球讨论之中。尚未讨论根本原因何在，也没有提出针对主导国家，特别是金融资本主导国家提出任何质疑。没有这种质疑，我们怎么能说找到了针对性的解决办法？

吴小莉： 粮食金融化对中国有没有影响？

温铁军： 当然有影响。中国是大宗商品进口比重较高的国家，我们的通货膨胀主要受输入因素影响，简单地说这也叫进口通胀。在这种情况下，如果粮食金融化和其他大宗商品金融化同步发生，首先影响的就是国内宏观调控，那就意味着，无论我们采取财政手段、金融手段还是其他市场管理手段，都不能有效地防止输入型的通胀，我们将受制于全球大宗商品市场价格的影响。

此外，当西方主要国家停止量化宽松，这些大宗商品的价格陡然下降，我们又会遭遇到输入型通缩，从输入型通胀到输入型通缩，我们无法掌握这个变化的节奏，在宏观调控上难免受制于人，难免受到粮食金融化在国际市场上所造成的影响。

我们还能把饭碗牢牢端在自己手上吗

吴小莉： 中国既是农业大国，也是粮食进口大国，进口的和自产的农产品之间结构是否合理？全球粮食危机下，我们还能把饭碗牢牢端在自己手上吗？

温铁军： 从农业进口总量来看，中国进口占比是比较高的。但是从小麦、稻米和玉米三大主粮的进口来看，我们的主粮进口比重基本不超过5%，是比较低的。中国用全球不足9%的耕地养活了占全世界1/5的人口，但高度的机械化和化学化也给粮食安全带来了隐患。2021年，我国农业机械保有量大约为2.06亿台，化肥使用量占全世界35%，是世界上最大的化肥使用国。

吴小莉： 中国的粮食安全，还有什么要特别关注的风险和危险？

温铁军： 如今劳动力越来越贵了，更多的机械化和化学化，这种方式维持相对较大的产量，但也都和我们现在遭遇的全球化解体这场大危机有直接相关。我们在电视上经常看到很多大型联合收割机在田里作业，画面很美，但它意味着高风险。如果美国断掉中国的海外贸易结算，它一个联盟一起出台制裁政策，这对我们来说有很大的影响。

我曾在 2005 年去过朝鲜，苏联解体之后俄罗斯无法向朝鲜提供石油，它又遭到美国和西方的封锁，因此，拖拉机大部分都"趴窝"了。朝鲜原来是高度机械化的生产，一旦没有机械了，人口 70% 进城了，还剩下 30% 的劳动力，用手工劳作是不可能养活 70% 的城里人的，于是朝鲜就进入了饥荒……

吴小莉： 您有没有提出一些建议和措施？

温铁军： 完全机械化的条件下减少化学品的使用量，就意味着产量会下降。但我们现在看到已经有些科学家在有机农业的试验中，做到了不用化学品且让粮食的产量不下降，但是有机农业又需要与现代技术结合。因此，这是一个渐进的过程，让新技术不断推出、不断试验、不断替代，从而减少机械化和化学化。

自 1995 年以来，中国城镇化水平一路飙升，但也造成了严重的农村空心化问题。根据中国社会科学院的数据，截至 2021 年，我国 3 亿农民进入城镇，实现了城镇化。农村住宅闲置率平均为 10.7%，每年荒置的耕地将近 3000 亩，累计荒地已达 3 亿亩。

中国农业政策，到了一个必须再突破的节骨眼儿上

吴小莉： 农村近 2 亿农户拿国家政策补贴吃田租，但种田的人拿不到相应的保障或好处，这个问题怎么解决？

温铁军：在某种程度上，农村空心化是人为的，因为我们把大量的教育资源和医疗资源集中到城市，农村缺医少药，也没有学校，这就迫使农村中的妇女、儿童也进入城市，帮助三四线以下的城市或县城消化过剩的商品房。现在最大的问题是2亿农户吃田租的问题。即使他们进了城，甚至发达地区的一些人已经出了国，他们仍未放弃家里的承包地和宅基地。所有的优惠政策，是以户为单位下发到农民卡上的，只要家里亲友代为领取即可。国家补贴强化了农民以土地作为自己长期不变的吃租权，那就没有人愿意放弃自己的基本保障，有个老屋可以住、哪怕一两亩地也能保障一家人的基本食物安全……

同时，越是发达地区的农户越不愿长租，因此，搞集约化经营难上加难，这也造成相当多的土地弃耕撂荒。把土地集中在山上，同时集村并镇把农民集中到楼房中，那么，农民如何从楼房里再爬到山上去种田呢？另外，越是沿海发达地区和大城市郊区，它的基本农田就越难以真正实现基本农田的功能，反而内在的吃田租的问题倒凸显出来了。山上农田无法使用机械，这就要有好的劳动力，现实中又没有好的剩余劳动力……过去大家从教科书或意识形态的角度出发形成的农业政策往往很难调整，寸步难行，但现在到了一个必须再突破的节骨眼儿上。

这次暴发的疫情，网络上很多图片和视频介绍南亚最大的国家，它有十几亿人口，他们有相当多的贫民集中在贫民窟，这些贫民窟的人口没有任何防疫条件，也没有处理尸体的条件，所以病死的人被大量地堆在河岸上焚烧。这些现象足以惊醒今天仍然鼓励加快城市化，把百分之七八十甚至更高比例的人口集中到城市这样政策的人员或者学者们。

我不是树立了要扎根农村的思想，也不是在感情上特别倾向于某一部分群体，而是看到了世界在发展过程中所出现的相当严重的问题。

我们不希望中国重复出现上述严重的问题，所以才不断地提醒，试图做一点善意的改进。

消费者是否可以自觉承担一点责任，与农民共同分担风险

吴小莉： 城市人到乡下去，很多是去做民宿、文旅，这是精神文明建设或者说乡村建设的另外一条必由之路吗？

温铁军： 这些年为了让消费拉动经济增长，在某种程度上鼓励消费。有没有可能从我做起，破除消费主义，让消费者自觉承担一点安全责任？我从2007年、2008年就提出购米包地，下乡跟农民结合。我们预付生产费，与农民分担风险，这个已经做了十几年了。作为消费者跟生产者共同分担风险，能不能有点粮食安全的保障？比如，我们在福建省屏南县有亩田，给村里交了钱，请他们帮忙维护生产，我亲自去插秧，带动一点网络效应。短短一年的时间，恢复了4000多亩的撂荒耕地。这是在一年时间里形成的一个效应，缓解弃耕撂荒问题。

吴小莉： 您希望未来中国的农村是什么样的一幅景象？

温铁军： 农民是历史，农民是文化，农民是中华民族文明长期传承的最主要的载体。将来的农村不再被大家认为是落后的地方，而是生命价值得到最好体现的地方。希望将来不再区分城里人和乡下人，大家都是中国人，都是追求可持续发展、追求绿色增长方式的人。随着数字经济和网络化的发展，在哪儿都会有一个和现实世界有效融合的虚拟空间，你能够同时感受到你在乡村和城市的环境，你可以任意拼接你所需要的环境。我觉得随着元宇宙技术不断地提升，我们会有一个新的发展空间，我希望大家在那个空间中会有更多美好的憧憬。

（摘编自凤凰网2022年8月1日）

影响我国中长期粮食安全的新趋势与新问题

食为政首，谷为民命。粮食问题始终是我们治国理政的头等大事。突如其来的新冠肺炎疫情与俄乌冲突等在影响中国与全球经济发展的同时，也引起社会各界对粮食安全问题的广泛关注。本辑主要分析了中国粮食安全保障情况，近期各界关注粮食安全的主要问题和未来面临的安全挑战，并预测中长期主要粮食供需变动的新趋势和新问题。分析表明，近期和中长期中国口粮绝对安全，但结构性矛盾突出，一些倾向性和苗头性问题开始显现。本辑文章认为，粮食安全概念需要厘清，过于笼统则会误导社会各界和政府。口粮安全、种业安全、饲料或畜产品安全是中国粮食安全以至食物安全的关键问题。专家建议指出，在新发展阶段，面对各种不确定因素，我们要高度重视食物供给风险问题，开展农业风险管理，提高食物自给率，实施种业创新，推进全链条食物节约减损……

全面小康之后，仅仅达到粮食安全是不够的

陈锡文，十三届全国人大常委会委员、农业与农村委员会主任委员

"我国农业、农民非常了不起！"

党的十八大以来，我国农业发展总体态势始终向好，粮食产量连创新高，食物供给总体充裕。但是随着人们消费水平不断提高，我国在食物供给方面的若干软肋也正在逐步显现。

我认为，当前我国食物供给总格局是口粮供给绝对安全，食物供给总量有缺口，部分品种明显供给不足。

2020年全国粮食总产量达13390亿斤（近6.7亿吨），比2019年增加113亿斤，连续6年保持在1.3万亿斤以上；从人均占有量来看，我国人均粮食占有量超过470公斤，远高于人均400公斤的国际粮食安全标准线。

同时，2020年我国粮食进口总量（加上大豆在内）也创历史新高，进口量约为1.4亿吨。粮食总产量6.7亿吨，粮食进口总量1.4亿吨，合计8.1亿吨，从中可见我国粮食总供给和总需求方面存在明显缺口，粮食进口量占国内总产量的20%以上，这是一个基本格局。

2015年我国粮食总产量首次达到6.6亿吨，2015—2020年的6年间，有5年粮食总产量在6.6亿吨以上，只有1年是6.5亿吨。但也就是从2015年开始，我国粮食进口量（包括大豆在内）突破了1亿吨，到2020年已是连续第6年粮食进口量超过1亿吨。除了大豆的进口明显增加之外，食用植物油、食糖、肉类、奶类等重要副食品的进口量

也逐步增加。

食用植物油：我国年消费量在 3800 万吨左右，但是国产食用植物油不到 1200 万吨，对国际市场的依赖度大约在 70%。

糖：国内年消费量约 1500 万—1600 万吨，但进口量已经达到了 500 万吨。

肉：我国是传统肉类出口国家，这几年由于非洲猪瘟等特殊原因，总的来看，进口量还是在增加。2020 年猪肉进口量接近国内消费量的 10%，牛肉进口量约相当于国内消费量的 30%。

奶：2020 年液态奶产量达到 3500 万吨，进口的奶制品 1200 万吨以上，国际依赖度在 30% 以上。

前述食物的国内需求需要适度进口国际市场的产品，才能满足国内需求。从此来看，我国食物供给安全面临着一定风险。

我国是一个农业人均资源相对稀缺的人口大国，必须客观清醒地看到两个方面的问题：一是在经济全球化背景下，不去利用国际农业资源和国际农产品市场显然是不现实的；二是由于中国人口总规模大，如果不能依靠国内生产守住食物供给的主要部分这个底线，也是很危险的。

未雨绸缪，丰收背后有隐忧

新冠肺炎疫情暴发使大家意识到，作为人口大国，靠从国际市场进口来保障重要食品的供给，必然会面临多种风险。农业作为一个特殊产业，面临着多重风险。过去经常讲农业受到双重风险，即自然风险和市场风险，但从现在看，随着时代的发展、形势的变化，面临的风险越来越多。

第一，进口来源国的自然灾害风险。进口来源国发生自然灾害风险时，他们的产量会受影响，进而也会影响我国的进口。比如从 2021

年的状况看，南北美洲主要的粮食生产大国美国、加拿大、巴西、阿根廷等都遭受了比较严重的自然灾害，对于我国2021年、2022年两年大豆和玉米的进口可能会构成一定影响。

第二，疫病疫情的风险。农业生产和畜禽养殖都存在风险，但是人类社会中的疫病疫情风险会造成供应链中断，比如，新冠肺炎疫情使海运困难，海运价格变高。美国部分超市的货架上很多农产品格子经常是空的，为什么？不是这些产品的供给出了问题，而是供应链跟不上，运输跟不上。

第三，由于能源价格上涨，最近几个月以来国际油价一度突破每桶80美元，创7年来新高。国际能源价格上涨必然会引起粮、油、糖等农作物去代替能源，汽车吃粮食吃油吃多了，对人类的食物供给也会构成威胁。

第四，国际资本对大宗农产品的炒作，会给农产品国际贸易带来比较大的价格风险。

第五，当前大变局下，国际局势复杂多变，相关国家对我国打压，必然会使大宗农产品进口存在一定地缘政治风险。

面对这些累加风险，我们必须认识到：当前我国食物供给有相当一部分是依靠国际市场，而依靠国际市场就必须努力去防范和管理好这些风险，才能使供给不间断。

有些人以为，有钱就能买到粮，多进口一些农产品还可以省自己的地和水。2020年新冠肺炎疫情防控期间，有18个国家限制粮食等农产品出口，全球供应链受冲击，一度引发恐慌，造成价格大幅波动。这种事情近年来时有发生，国际上一有风吹草动，各国就先捂住自己的"粮袋子"。

"食物供给安全"概念更大

这样复杂的情况下要确保国内食物供给安全，除了做好国内生产、国内供给、国内调度等一系列工作之外，将近两年稳定食物供给的经验总结出来也非常重要。

第一，转变观念，把确保粮食安全的概念向全面确保食物供给方向延伸。确保粮食安全概念深入人心，这对确保食物供给安全发挥了非常重大的作用。

当然，粮食安全是食物供给安全的基础，大量的食物是粮食转化来的，或者是要跟粮食进行资源替代之后才能生产出来的，强调食物供给安全一定不能放松对粮食安全的重视。从实际情况看，人们消费的不仅仅是粮食，还有其他很多重要的食品。现在我国能做到口粮绝对安全，这与其他副食品供给充裕是密不可分的。如果其他副食品如油糖肉奶、水产品、果蔬等供给不那么充裕，口粮安全就会受到很大威胁。

"食物供给安全"的概念和范畴比"粮食安全"更大。全面建成小康社会之后，仅仅达到粮食安全是不够的，还需要大量粮食之外的食物，虽然这些食物是由粮食转化的，或者是用生产粮食的资源置换过来的，但直接食用的粮食毕竟在逐步减少，食用的其他食物越来越多。

正是基于这个角度，需树立起食物供给安全的概念，当然并不是说粮食安全不重要了，粮食安全是"食物供给安全"的基础，没有粮食安全就没有食物供给安全，但是只有粮食安全，没有整体的食物供给安全也是不够的。

从我自身体验来讲，有没有副食、有没有荤腥、有没有油水，对吃多少粮食关系重大。1968年，我从上海下乡到黑龙江兵团当知青，在上海的时候我是初中生，当时的上海初中生每个月定量是24斤粮，一天 8 两粮，从早到晚都觉得肚子饿，没有吃饱过。学校的食堂一打铃，我们都是从教室冲出去，以百米赛跑的速度去吃饭，因为肚子饿。

1968 年到黑龙江兵团，按国营农场的职工对待，给我们定了一级农工，月工资 32 块钱。当时我更看重的是月定量 42 斤，我一下从 24 斤月定量涨到 42 斤，提高 75%，高兴得不得了，结果两个月后又觉得不够吃了，还得厚着脸皮跟女生讨粮票。当时就觉得一个月没有 50 斤粮食，无论如何是不够的。什么原因呢？就是没有副食、荤腥，没有油吃。

我们下乡那个年代是 20 世纪 60 年末 70 年代初，全国人均肉类的消费量，包括猪肉、牛肉、羊肉、禽肉，一人年均 3.3 公斤，一个月半斤。国家统计局数据显示，2019 年我国人均肉类消费量已经达到 51.3 公斤，和我们下乡那个年代相差很多倍。如果没有副食品的充裕供给，我国口粮需求会成倍增长。我自己估计，目前真正的口粮消费一个月大概 17 斤—18 斤就足够了，但其他的食物消费有多少？

正是从这个角度看，口粮以外的其他重要副食品供给是整个食物供给中非常重要的组成部分，绝不能忽视。对普通民众而言：你讲的粮食安全了，那么，到底是口粮安全了，还是整个食物供给都安全了？很容易产生认识上的误判。强调这个问题，就是要重视粮食安全，但是应当把粮食安全的概念向食物供给安全的方向去延伸，这样才能更清楚地看到我们自己的软肋，看到我们自己可能面临的风险。

联合国粮农组织的英文缩写是 FAO，应该译成"食物和农业组织"，但怎么在中国会被翻译成"联合国粮食和农业组织"呢？我问了很多人都不太清楚，有一次终于问到一个老专家。

原来是第二次世界大战后，国民党政府代表中国参与创建了联合国，在 1947 年时就把 FAO 翻译成"联合国粮食和农业组织"了。现在看，1947 年时，中国人的食物除了粮食还有什么别的吗？因此，在当时的情况下，把食物理解成粮食，也没有什么大错。

但从当前的现实情况看，除了口粮以外的其他重要副食品消费量的增加速度越来越快，我们一定要在坚持确保国家粮食安全的基础上，努力进一步增加其他各方面的重要食物。必须有统筹观念，不能只满足于口粮安全，在确保口粮安全的同时，还要看到其他重要食物供给方面的缺口、存在的问题。

第二，树立大食物观。几十年来，这个概念学界一直在提，除了粮食之外，我国还有其他多种多样的农业自然资源，要发挥好这些农业自然资源的潜力，生产出更多样化的食品，如食用菌、木本粮油、杂粮、杂豆等，还有很重要的一个方面，就是大力发展饲料草业，这样才能从总体上保障整个国家的食物供给安全。

死守红线，加快科技进步

当前形势下，应立足国内，提高自身食物供给能力，尤其是粮、油、糖等重要副食品供给能力。这就涉及两个问题，耕地保护和农业科技进步。这两个问题在 2020 年中央经济工作会议和中央工作农村会议上被反复强调。

一方面，必须严格保护耕地。要深入贯彻习近平总书记重要讲话精神，严防死守 18 亿亩耕地红线，采取"长牙齿"的硬措施，落实最严格的耕地保护制度。最近一段时间，尤其是 2021 年 8 月自然资源部等三部门公布第三次全国国土调查主要数据成果后，可以看到过去十年之间，我国耕地面积减少了 1.13 亿亩，即耕地面积减少了约 5.6%。

1.13 亿亩意味着什么，我国一共才有几个省的耕地面积超过 1 亿亩？ 1.13 亿亩差不多是河南省的耕地面积，河南省年均粮食产量在 1200 亿斤左右，相当于十年间一个河南省的耕地面积丢了，如何去弥补？

其他方面的问题也很突出：例如，永久基本农田"永久"不了，经常被占；高标准基本农田，建设标准就没达到，管理过程中缺乏资金、动力等问题突出。必须针对当前实际情况，严防死守耕地红线，绝不能再突破。尤其是要进一步加大高标准基本农田建设，严防死守永久基本农田，不能再打马虎眼了。

第三次全国国土调查发现，在土地、耕地问题上打马虎眼的地方非常多。最近我看到有关部门，如审计署、国家统计局，以及相关省市的调查，发现 2019 年以来已经退耕还林的土地仍然统计在耕地中的现象在各省都比较普遍。现在的 19.179 亿亩耕地数到底实不实，还要各地验证，还得靠产量来证明。无论如何，严防死守现有的宝贵耕地已经到了刻不容缓的地步。

另一方面，要加快推进种业创新、农业科技进步。我国和世界玉米产量的平均水平相比并不低，但是较之美国、巴西、阿根廷、欧盟，低了不少，尤其和美国相比。

2020 年中国玉米每公顷产量为 6.32 吨，较 5.78 吨的世界平均水平高 9.3%，但与一些玉米生产水平比较高的国家相比，只相当于美国每公顷 10.5 吨的 60.1%，相当于阿根廷每公顷 8.10 吨的 78.0%，相当于欧盟每公顷 7.51 吨的 84.2%。

大豆亩产也是如此。从当前的产量情况来看，我国大豆亩产水平并不高，2020 年是最高水平，每公顷产量是 1.95 吨，约为亩产 130 公斤。《一九五六年到一九六七年全国农业发展纲要》对大豆的要求是达到亩产 130 公斤。现在玉米亩产 750 公斤不足为奇，小麦亩产 500 公斤也很平常，稻谷也可以达到亩产 600 多公斤，唯独大豆半个世纪之前亩产在 100 公斤上下，现在也只是勉勉强强达到 130 公斤，至少说明半个多世纪以来中国大豆育种取得的成果不明显。

中国大豆单产水平比世界平均每公顷产量 2.75 吨的单产水平低

29.1%，只相当于巴西每公顷 3.41 吨的 57.2%，相当于美国每公顷 3.19 吨的 61.1%。

所以应该看到，中国当前有些农产品的单产水平还是比较低的，说明或是在种子上，或是在农艺上等，有不少不如人家的地方。不如人家的地方就是潜力，就是进步空间，要把这些潜力努力地挖掘出来，按照习近平总书记强调的，要坚持农业科技自立自强，加快推进农业关键核心技术攻关。

习近平总书记强调，农业现代化，种子是基础，必须把民族种业搞上去。这设备那条件，没有种子，什么农业现代化都谈不上。所以在这方面一定要打牢农业科技进步的基础。

此外，还要进一步优化农业政策，加大政策支持力度，让农民能够得到更多实惠，调动农民的种粮积极性。财政补贴、保险、金融支持等方面要积极跟上。目前阶段农民获得的支持，我个人感觉到在一定程度上是有所减弱的，特别是农业生产资料价格快速上涨，而且这个形势不好缓解，因为能源价格正在急剧上涨，化肥、农药、农膜等都会跟着上涨。怎样能真正让农民增产就能增收，不是一件容易的事情，这要求包括政府、保险、金融在内的机构共同努力，如此才能切实保障农民增收。

保住耕地，推进农业科技进步，以及增加农民收入，这几个方面工作都做好了，我们就有能力提高自身产能，保障我国食物供给安全。

归根结底，立足自身是最可靠的保障。

如果在吃饭问题上被"卡脖子"，就会一剑封喉。要办好自己的事，其中很重要的一个任务就是始终立足自身抓好农业生产，以国内稳产保供的确定性来应对外部环境的不确定性。

当前大家一直在谈不确定性，不确定性增加，如今能确定的是什么呢？就是不确定性。外部环境我们掌控不了，但是立足自身，按总书记的要求稳产保供，增加自己的确定性，这是可以做到的。

利用国际资源，建立供应链

要建立稳定可靠的国际食物供应链。我曾经查历史资料得知，1949 年我国粮食总产量只有 2264 亿斤，近代以来我国粮食产量最高的一年是 1936 年，约为 3000 亿斤。1949 年，因为中间经过八年全民族抗战、三年解放战争，农业生产力遭受很大破坏。到 1945 年粮食总产量相当于 1936 年的 75% 左右。如此算来，1949 年粮食总产量大概是 2264 亿斤，到 1978 年，全国粮食总产量为 6095 亿斤。

改革开放后，2020 年是历史新高，粮食产量 13390 亿斤，2021 年全年粮食产量将再创历史新高，连续 7 年保持在 1.3 万亿斤以上。从这个角度来讲，我国的农民、农业是非常努力的，用有限的耕地生产出这么多粮食。但是我国人口占全球的 18% 以上，耕地只占全球的 9% 左右，淡水资源只占全球的约 6%，仅仅依靠国内资源满足不了 14 亿多人口日益提高的食物消费需求。

合理利用国际资源，弥补国内食物供给不足，应该说是一种必然，也是一种必要选择。

一方面，我国每年总食物供给方面有缺口。当前的食物供给缺口要通过国际市场来弥补；另一方面，往年积攒的库存，这两年消耗得差不多了。这两年能够在需求不断增长的背景下保证供给安全，历史库存发挥了巨大作用。但现在库存明显减少，如果不把库存补上来，防风险的能力就会急剧下降。

必须保证当前供给不断链，要努力通过增加进口，来补充库存。重要农产品供给当前绷得很紧，在这个情况下，粮食储备部门按照国内现行市场价格在市场上收购粮食补充库存，很可能会与当期需求造成冲突和矛盾，所以通过国际市场弥补也应当考虑。

多说一句，从 2016 年东北四省区的玉米收储制度改革开始，国内粮食库存已经达到了非常高的水平。这两年粮食安全无虞，和多年积攒下来的巨量库存是密不可分的。现在各类粮食库存都在明显减少，在这个形势下如何确保我国食物供给安全，是迫切需要研究的一个重大风险防范和管理问题。

在增加进口国际市场食物方面，也有很复杂的问题需要考虑。

在加入世界贸易组织之初，我国对粮食进口关税配额作了承诺，其中每年小麦进口关税配额总量为 963.6 万吨，玉米 720 万吨，大米 532 万吨。从这两年的进口情况看，玉米进口量已经远远超过我国承诺的配额。这样就带来巨大压力，美国和其他国家一直要求我国取消配额或提高配额，现在玉米明显突破配额，到底怎么办？而且玉米的配额一旦突破，国外会在小麦和大米配额方面同时向我们施加压力，这个度要怎样把握好？

因此，在补充国内饲料供给不足方面，应多增加一些替代品的进口，比如大麦、高粱、木薯粉、玉米干酒糟等应该多考虑，既能满足国内饲料的不足，也不至于太多冲击玉米的配额。

还要努力着手在国际上打造稳定可靠的食物供给链。

要跳出国际贸易一手交钱一手交货、一买一卖的传统买卖观念。ABCD 四大国际粮油企业在国际上从来都不是一手交钱一手交货那么简单的粮食买卖，而是至少采取两大方面措施。

一方面，在全球粮源地大规模建设现代物流设施，包括建设仓库、码头、专运线等大型基础设施，当地农民（农场主）看到投资这么多、建设这么大的设施，摆出架势就是要收粮，感觉产出的农产品卖出去有保障，就敢于扩大生产、提高产量；另一方面，给予农户的帮助比单纯购买粮食要多得多，他们为农民提供种子、化肥、农药、农用机械装备等生产资料的赊销，等收获后再将农产品卖给大粮商做折抵。

从这个角度看，相当于大粮商付出了预购定金，解决了农户的融资难题。这些做法使大粮商将粮源牢牢掌握在自己手里。

我国现在很多粮食品种进口都是世界第一，但是没有买到过多少一手粮。所谓一手粮，就是从农场主那里买的地头粮，我们只能在ABCD四大粮商那里买到二手粮。我国为养好养肥那些国际大的粮油企业"作了巨大贡献"，原因是前述两项工作我们没有做。因此，一定要转变观念。做国际大粮商应该做的事情，而不是做粮食的二道贩子。这样，才能真正在国外建立起安全可靠的粮食供给链。

在构建人类命运共同体理念的指引下，建立国外食物供给链。不能光顾自己，要营造多赢局面，对重要农产品重要的出口来源国要有这样的思想，要让利于这些出口国，能够和他们进行经济合作，实现共赢。

要把有些初级产品的加工让给人家，包括从投资、就业、税收到老百姓的收入等方面。比如，进口大豆改为榨油厂建到人家那里去，进口食用植物油和豆粕，对我们来说没有问题，对人家来说就增加了就业和税收。通过这样的办法，建立起我们稳固可靠的食物供给链。

总而言之，中国居民的食物需求必然还会增长。对于当前，我们既要有清醒的认识，绝不能因为口粮绝对安全就心里觉得天下太平，其实表面风平浪静，下面波涛汹涌。我国作为拥有14亿多人口的国家，如果运作不周全，要想保证食物供给安全不是那么容易的。既要清醒认识到当前食物供给方面存在的风险，又要对通过一系列的改革创新管理好这些风险有信心，防范好这些风险，从而确保我国食物供给的安全。

（摘编自瞭望智库 2021 年 11 月 2 日）

确保国家食物安全与构建农业新发展格局

杜鹰，国家发展改革委原党组成员、副主任，第十二届全国政协委员、
民族和宗教委员会副主任。现为中国国际经济交流中心副理事长，
全国政协参政议政人才库特聘专家，国务院参事室特约研究员

近 20 年来，我国食物消费结构升级，经历了从"吃得饱"到"吃得好"的历史性转变，国内重要农产品产需格局也发生重大结构性变化，在口粮及谷物始终保持较高自给率的同时，蛋白类食物缺口持续扩大，食物自给率不断下降，国家食物安全被赋予了新的含义，食物安全问题显得越来越重要。确保国家食物安全是治国安邦的头等大事，是确保国家安全的"稳定器"和"压舱石"。要按照中央的明确要求，划定食物自给的战略底线，加快构建国内国际农业新发展格局，努力将我国食物自给率保持在一个合理的水平上。

一、我国食物自给率的变化及其原因

入世 20 年来，我国农产品贸易规模持续扩大，从 2000 年的 268.5 亿美元增长到 2021 年的 3041.1 亿美元，年均增长 12.3%，在全球的排名从第 12 位上升到第 2 位。值得注意的是，从 2004 年开始，我国农产品进出口关系逆转，从此前的净出口转而成为净进口国。特别是 2009 年以后，贸易逆差持续扩大，2020 年为 947.7 亿美元，2021 年为 1353.7 亿美元，"大进小出"已成常态（见图 1）。

分品种来看，口粮和谷物的自给率始终保持在 97% 以上，总体上做到了谷物基本自给、口粮绝对安全。进口量增加较多的主要是油料、大豆、糖类、肉类和奶类。20 年间，我国油料自给率从 81.0% 下降到

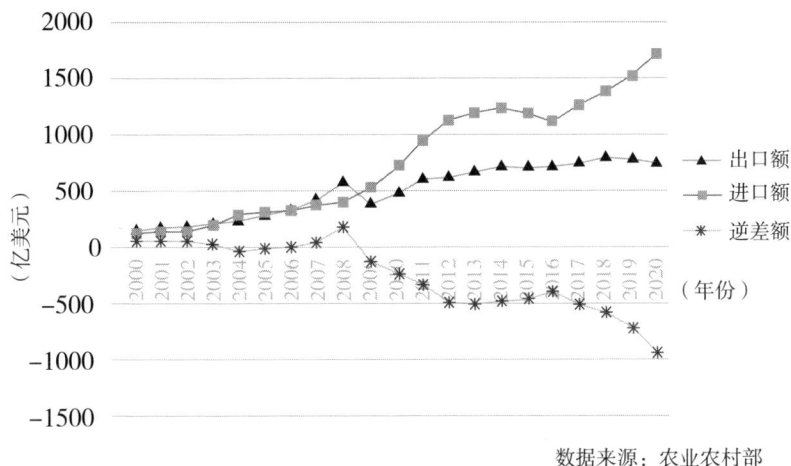

数据来源：农业农村部

图 1　2000—2020 年我国农产品进出口额变化情况

25.1%，大豆自给率从 60.2% 下降到 16.0%，糖类的自给率从 92.8% 下降到 75.7%，肉类和奶类的自给率分别从 99.2% 和 98.3% 下降到 93.4% 和 91.6%。这说明，中国口粮和谷物生产能力基本满足需要，缺的主要是蛋白类食物，这类食物的对外依存度不断扩大。

食物自给率是表明国家食物安全的重要指标，我们用两种方法计算了我国食物自给率 20 年的变化情况。

第一种，将进口农产品按国内单产水平及肉料比等折算为种植面积，再扣除出口农产品占用播面，计算净进口虚拟播面占国内农作物总播面的比重。结果是：2000、2010、2019 三个年份，净进口农产品虚拟播面分别为 1.1 亿亩、5.9 亿亩和 8.5 亿亩，占当年国内农作物总播面的比重分别为 4.7%、24.8% 和 34.1%，三个年份我国按播面计算的食物自给率分别为 95.5%、80.1% 和 74.6%（见表 1）。

表1　2000、2010、2019年净进口农产品虚拟播面
占国内农作物总播面的比重

单位：亿亩、%

年份	进口农产品虚拟播面	净进口虚拟播面	国内农作物总播面	净进口虚拟播面占国内总播面比重	食物自给率
2000	1.6	1.1	23.4	4.7	95.5
2010	6.1	5.9	23.8	24.8	80.1
2020	8.9	8.5	24.9	34.1	74.6

注：根据中国农业外经外贸信息中心各农产品的贸易数据、国家统计局初级农作物的播种面积和产量数据整理

第二种，将不同农产品所含蛋白质、脂肪、碳水化合物按统一标准折算，从而得出热量自给率。结果是：我国热量自给率从2000年的96.7%下降至2019年的76.9%，累计下降19.8%，年均下降1个多百分点（见图2）。

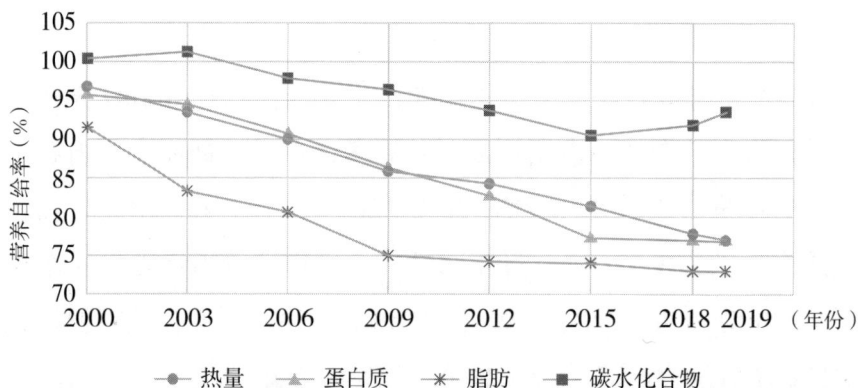

注：根据国家统计局食物生产数据、联合国商品贸易统计数据库食物进出口数据整理

图2　2000—2019年我国热量自给率变化情况

两相比较，播面自给率（74.6%）低于热量自给率（76.9%）2.3 个百分点，主要是因为我国农作物特别是大豆单产较低。通常情况下，热量自给率因剔除了国别单产差异而更具有真实性和国际可比性。

再将中国大陆的热量自给率与日本、韩国、中国台湾地区做一比较。近 20 年，日本的热量自给率从 40% 下降到 37% 左右，韩国从 50% 以上下降到 43% 左右，中国台湾地区一直波动在 35% 上下。可见，中国大陆热量自给率的绝对水平要明显高于这三个国家和地区，但下降速度则明显要快得多（见图 3）。

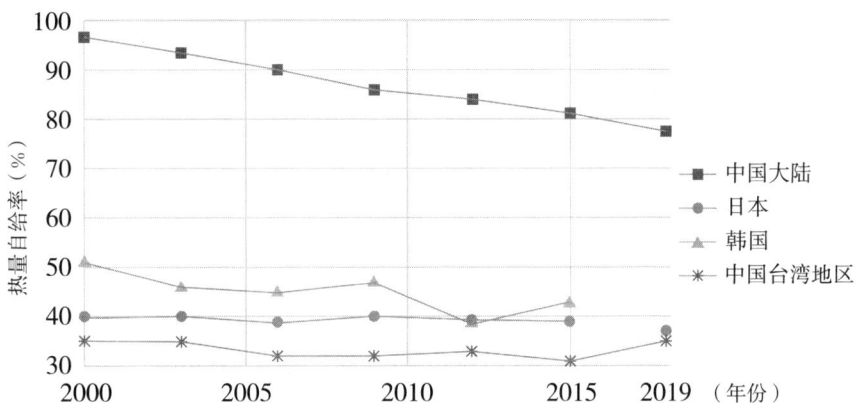

数据来源：日本农林水产省

图 3　2000—2019 年中国大陆、日本、韩国、中国台湾地区热量自给率变化比较

我们对 14 种主要食用农产品的进一步测算表明，到 2035 年，我国的热量自给率将从目前的 76% 左右进一步下降到 65% 左右。这一水平，大致相当于日本 60 年代末期、中国台湾地区 70 年代初期和韩国 80 年代末期的水平。

分品种看，到 2035 年，我国小麦、稻谷的自给率可保持在 96% 和 97% 以上；玉米的缺口持续扩大，从目前的 1130 万吨扩大到 3500 万吨，自给率从 95.6% 下降到 90% 左右；大豆自给率仍维持在 17% 左右；猪肉自给率在玉米进口量增加的情况下有望从目前的 92.8% 小幅回升，但牛羊肉和奶制品的自给率分别从目前的 76% 和 67% 下降到 73% 和 58%。说明未来我们缺的，仍然是蛋白特别是高质量蛋白食物。

我国食物自给率下滑的深层原因，在于相对于全球主要农产品生产国，我国农业的竞争优势总体呈下降趋势，尤以 2004—2014 年最为突出。这一阶段，我国粮食及重要农产品成本的上升速度明显加快，亩均成本和 50 公斤成本均超过世界主要农产品生产国，大多数农产品已不具备国际比较优势。我们用贸易专业化指数（TSC）来比较主要农产品生产国农产品的比较优势（TSC 取值范围为 –1 到 1，–1 表示该国对该产品只进口不出口，1 表示该国对该产品只出口不进口）。从图 4 可以看出，中国除蔬菜、鸡肉尚具比较优势外，大米、羊肉、食糖、猪肉、小麦呈比较劣势，大豆、牛肉、玉米、棉花、乳制品则呈明显比较劣势。

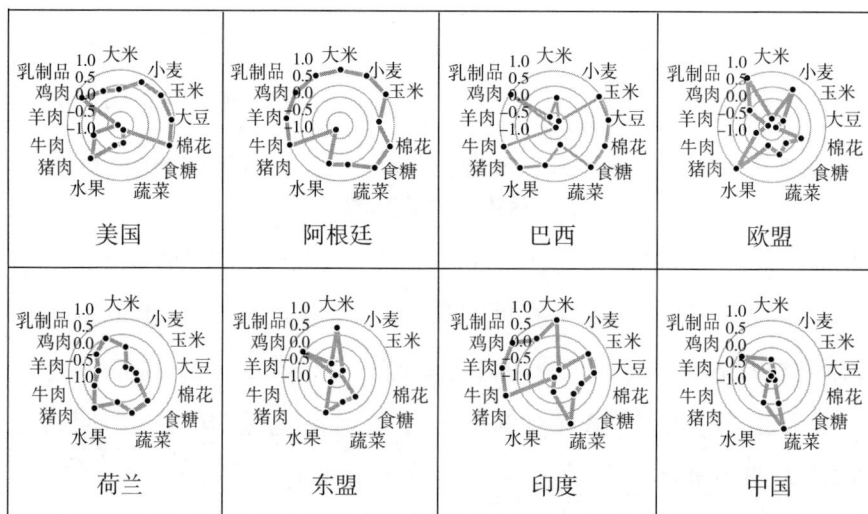

数据来源：根据联合国商品贸易数据整理

图 4　中国与主要农产品生产国不同农产品比较优势对比

二、把食物安全放到更加突出重要的位置

改革开放特别是党的十八大以来，我们确立了"以我为主、立足国内、确保产能、适度进口、科技支撑"的国家粮食安全战略，要求切实做到谷物基本自给、口粮绝对安全。这一战略的实施，对于促进粮食综合生产能力不断迈上新台阶、保障口粮和谷物供给充足、维护国家改革发展大局稳定发挥了不可替代的重要作用。同时我们也要看到，随着食物消费结构升级和供给侧的结构性变化，除口粮、谷物外的蛋白类食物的供求缺口不断扩大，进口量逐年增加，导致食物自给率持续下滑，已经成为"端牢中国饭碗"的短板和软肋，对由此带来的风险绝不能低估。因此我们认为，有必要将粮食安全进一步向食物安全扩展和延伸，把提高食物自给能力纳入国家战略，全面实施"谷物基本自给、口粮绝对安全、食物保障可靠"的国家食物安全战略。粮食安全与食物安全相辅相成，密不可分。一方面，粮食安全是食物安全的基础，大量的食物特别是蛋白类食物是由粮食转化而来，没有粮食安全也就没有食物安全。因此，我们任何时候都不能忽视和放松粮食安全。另一方面，肉、蛋、奶、油、糖等重要副食品同样是整个食物供给中非常重要的组成部分，是口粮不能替代的、人们生活须臾不能离开的必需品。如果这类食物供给出现问题，不仅会导致口粮需求成倍增加，而且会直接危及食物安全。因此，在我国蛋白类食物供给存在较大缺口和风险的背景下，更加强调粮食安全基础上的食物安全，一体推进粮食安全和食物安全战略，不仅是必要的，而且具有重要的现实意义。

从农业发展的角度，同样可以加深对确保国家食物安全的理解。日本经济学家大塚启二郎认为，土地资源稀缺国家的农业会先后碰到三个截然不同的问题：粮食不安全、部门收入不平等、高收入阶段农

业比较优势下降带来的食物自给率下降，他将这三个问题分别称为"粮食问题""收入问题""食物自给率问题"。大塚启二郎的这一论述，有助于我们把握人多地少国家农业发展变化的一般规律，也十分契合中国的情况。改革开放40多年来我国农业的发展，在20世纪90年代中期基本解决了粮食绝对短缺问题，新世纪以来初步解决了工业反哺农业问题，现在横亘在我们面前且没有破解的，就是因竞争力下降而带来的食物自给率下降问题，这是新阶段中国农业面临的真正挑战。

第一，确保国家食物安全，要明确战略底线。为满足国内需要，我们不排除从国外进口农产品特别是蛋白类食物，但是一定要清醒地看到其中存在的现实风险和潜在风险。国际农产品市场易受全球自然灾害、新冠肺炎疫情和大宗商品价格剧烈波动影响而极不稳定，特别是在全球地缘政治冲突频发、逆全球化加剧的背景下，一有风吹草动，各国就纷纷捂住自己的粮袋子，国际供应链屡屡受到冲击，增加了国际农产品贸易的不确定性和风险。正是在这一背景下，习近平总书记在2021年底中央经济工作会议上指出，"我们要利用'两个市场'，但必须有一个安全线，超过了以后就要亮红灯。要明确重要能源资源国内生产自给的战略底线。"习近平总书记的这一重要指示，不仅适用能源矿产资源，也同样适用于食物供给。鉴于我国食物自给率持续下滑且有进一步下滑趋势，划定我国食物自给的战略底线是必要的。根据中办、国办2019年有关文件精神，综合考虑国内需求增长和供给潜力，以及对国际市场的分析，我们建议，未来一个时期我国应努力将食物自给率保持在70%以上，不能再任由其下滑，不能重蹈日本、韩国的覆辙，否则对我们这样一个大国来说，就会面临受制于人的风险，就会丧失推进现代化建设的主动权。

第二，确保国家食物安全，要明确战略思路。我们认为，国家粮食安全战略确立的"以我为主、立足国内、确保产能、适度进口、科技支撑"的方针完全适用于食物安全。

一方面，我们必须始终坚持"以我为主、立足国内"的基本方针，这是由我国是人口大国、是世界上最大的粮食生产国和消费国的实际，以及我们不能受制于人的战略考量决定的，中国任何时候都要把饭碗牢牢端在自己手上。国内提升产能仍有很大的潜力。例如，目前我国玉米和大豆单位面积产量均不及美国的60%，油菜籽单产水平只相当于加拿大的74%，近20年我国大豆、油菜籽单产提高速度均明显落后于美国和加拿大。又如，我国玉米每公顷产量比美国少5000公斤以上，若单位面积产量提高10%，即可抵消2021年2835万吨玉米进口。只要我们综合高效利用国内农业资源，大力推进现代生物技术、信息技术在农业上的应用，将我国的食物自给率保持在70%以上是完全可以做到的。

另一方面，"适度进口"也是必要的，这是由我国人均农业资源相对匮乏的基本国情决定的。适度进口不仅可以缓解国内资源环境压力，而且有利于我们腾出宝贵的农业资源，集中力量确保基本口粮、谷物和食物安全。这里要强调的是，充分有效地利用国际资源国际市场，不能仅仅依赖进口贸易这一个渠道。鉴于未来一个时期国际贸易的不确定性增强，我们应主动"走出去"打造海外食物供应链，掌控一定数量的权益产品。掌控海外供应链和权益产品，可以有效提高我国食物供给的自主可控，是提升我国食物自给水平的又一重要途径。

党的十九届五中全会强调，要加快构建以国内大循环为主体、国内国际双循环相互促进的新发展格局，这一论断完全适用于农业。确保国家食物安全，要国内国际双向发力，加快构建以国内大循环为主体、国内国际双循环相互促进的农业新发展格局，正是破解我国农业发展难题、确保国家食物安全的根本出路。

三、构建农业新发展格局的两个要点

立足国内确保"谷物基本自给、口粮绝对安全、食物保障可靠"，涉及切实保护耕地、加强高标准农田建设、优化生产结构和生产力布局、大力推进机械化和技术创新、积极培育农业新型经营主体等各个方面；着眼国际打造海外供应链，涉及"走出去"坚持合作共赢方针、化解各类风险挑战、提升贸易议价和投资谈判能力、提升我国际规则制定话语权等各个方面，都需要我们在加强顶层设计的前提下，统筹国内国际做好构建农业新发展格局的各项工作。这里因为时间关系，我想着重就打好种业翻身仗和打造海外供应链两项重点工作谈一下初步的看法。

（一）立足国内打好种业翻身仗

在水土资源既定的前提下，实现国内食物保障可靠的基本要求，根本出路在科技进步，最大潜力在良种突破。多年来，我国良种研发推广取得很大进步，但是对种业的现状仍然不能估计过高。例如，前述近 20 年来我国单产的年均提升速度明显落后于美国和加拿大，其中一个很重要的原因就是我国种业与发达国家的差距又拉大了。又如，我国作物、畜牧水产良种"引进—退化—再引进—再退化"的怪圈始终没有打破，说明我国良种自主研发创新能力还不够。

针对目前我国种业存在的行业集中度低下、种业市场乱象滋生、种质资源库建设滞后、基础研究差距大、产学研、育繁推脱节，新品种审定和管理制度亟待完善等一系列突出问题，需要我们综合施策，打好种业翻身仗。一是净化种业市场。为杜绝套牌品种泛滥、"劣币驱逐良币"，要加快修订《种子法》《植物新品种保护条例》，建立实质性派生品种审查认证制度，严厉打击假冒套牌违法违规行为，加大知识产权保护力度，真正形成鼓励自主创新的正向激励。二是加强种质资

源库建设，重点加强入库品种 DNA 指纹图谱鉴定和性状挖掘，为广泛开展生物育种奠定材料基础。三是切实加强基础研究，在保持杂交育种优势的同时，着力支持基因编辑技术攻关，突破生物育种技术瓶颈，鼓励生物育种产业化，缩小与发达国家的差距；建立和完善能够充分体现智力成果价值的分配机制，实行"技术榜单""揭榜挂帅"制度，充分调动科研人员积极性。四是创建产学研相结合、育繁推一体化体制机制，鼓励隆平高科、先正达、华大基因等龙头企业做大做强，按照市场导向、产业牵引、技术驱动、利益共享原则搭建产学研战略合作平台，建立股权激励合作机制，打造有利于自主创新的政策体系和研发生态。五是改革完善种子审定管理办法，加强我国种业发展顶层设计，明确种业发展技术路线；从严规范品种审定；按照国外通行做法，对基因编辑产品视同传统育种产品管理，同时要积极稳妥推进转基因技术研发。总之，要以打好种业翻身仗，带动新时期我国农业的高质量发展，进一步夯实国家食物安全的根基。

（二）着眼国际打造海外供应链

自 2007 年中央一号文件第一次提出农业"走出去"以来，特别是习近平总书记 2013 年提出"一带一路"倡议以来，农业"走出去"的步伐明显加快，呈现出"走出去"的理性程度在提高、与国内供给结构的互补性在增强、通过购并实现"弯道超车"等新趋向，成效是显著的。但农业"走出去"也存在着"单打独斗"、各自为战、缺乏国际化人才、"走出去"企业本土化经营做得不够、社会责任意识不强、权益产品回运受阻，以及政策支持有待加强等问题。

针对农业"走出去"存在的问题，需要从优化"走出去"战略入手，努力把农业"走出去"提升到一个新的水平。

第一，明确"走出去"的战略重点和切入点。未来一个时期我国国内供给短缺的主要是肉、奶等高质量蛋白食物及玉米、大豆等基质产品，这应成为打造海外供应链的重点领域，以提高我对这类食物供给的掌控能力。为此，要明确国内生产与海外供应优先序，统筹安排"走出去"的战略布局。从"走出去"的切入点看，直接购地租地种粮，政治、社会敏感性太强，失败的案例多，成功的案例少，并非明智之举。实际上，掌握海外权益产品，并不一定要获得土地的所有权或使用权，从贸易环节入手掌握供应链是 ABCD 等老牌国际粮商的通行做法。这种做法既可规避海外风险，又可向上下游延伸，同样可以达到掌控权益产品的目的。因此，"走出去"一定要找准切入点，做到精准卡位。

第二，优化"走出去"方式和投资方式。从贸易端入手掌控供应链，通常只有大企业才能做到。实际上，中粮、中化、光明、鹏欣、广东农垦、新希望等大企业通过这种方式"走出去"，不仅在农业"走出去"的雁阵模式中起到了引领的作用，而且已经成长为中国的农业跨国公司，是实现国家战略意图的主要担当。事实说明，大型涉农企业越往国际产业链高端走，对其他中小企业的带动能力就越强。从这个意义上讲，支持大型农业跨国公司发展，就是支持农业的高水平对外开放。同时又要重视中小企业"走出去"的作用，这些企业"走出去"应尽量采取"抱团出海""借船出海"的方式，积极参与大企业海外供应链上下游的分工合作。

第三，加强农业"走出去"政策支持。设立农业"走出去"专项引导资金，对符合国家外交大局和海外农业战略布局的项目给予重点支持。引导金融机构开发长期低息信贷产品，探索仓单质押、权益产品质押等新的担保方式，鼓励有条件企业在境外发行股票和债权，拓宽海外投融资渠道。鼓励推出适合海外农业投资的保险品种，对冲汇率风险。原则上支持"走出去"农业企业"产业外扩、产品回国"，为符合条件的海外权益产品提供专项配额。对中资企业海外并购企业，原则上给予国民待遇。研究中资企业海外重点项目比照享受国内支农惠农政策的可行性。强化国际人才培养，动员国内高校和培训机构有针对性地帮助企业加大所需人才培养力度，放宽国际化人才任用条件，海外项目要更多地使用当地人才为我所用。

第四，引导"走出去"企业切实履行社会责任。"走出去"企业要牢固树立"共建共享、互利双赢"理念，在就业、环保、教育、基础设施等方面主动承担社会责任，加强与所在国民众人文沟通，让他们分享项目收益，提高本土化经营水平，确保企业行稳致远，树立中国企业良好形象。对"走出去"企业的政策支持，应与其是否履行社会责任挂钩。

第五，提升国际规则制定话语权。农业"走出去"要服从国家外交大局，坚持多边主义，维护公正合理的国际新秩序。要充分发挥首脑外交引领作用和大国外交作用，在多双边机构和场合，主动利用我国农业在国际贸易、技术合作等方面的优势，主动设置议题，拓展和深化农业多双边合作。积极推进自贸区谈判。积极参与世贸组织（WTO）改革和全球农业治理体系改革，维护我发展中国家地位和核心利益，推动形成更加公平合理的农业国际经贸秩序，为农业对外开放营造良好环境。

（本文根据作者在"2022中国农业展望大会"上的发言整理。中国国际经济交流中心产业部"三农处"副处长张秀青、中国国际经济交流中心博士后梁腾坚对本文亦有贡献）

影响我国粮食安全的新趋势新问题

姜长云，中国宏观经济研究院产业经济与技术经济研究所副所长、研究员，
中国农业大学经济管理学院博士生导师

国以民为本，民以食为天。作为世界上人口最多的国家，保障粮食安全一直是我国治国理政的头等大事。改革开放以来，我国顺利实现了从争取温饱到稳定解决温饱问题再到全面建成小康社会的阶段性跨越，粮食安全保障能力明显加强。2004 年以来，尤其是党的十八大以来，我国粮食综合生产能力和人均粮食占有量稳步提高，对支撑经济社会持续健康发展发挥了重要的"压舱石"作用，也作为"定盘星"有效抵御了国内外各种风险挑战。根据国家统计局网站数据，用当年粮食产量除以年末人口数分别计算相关年份全国和各省份人均粮食产量数，可以发现，2000 年、2010 年、2020 年我国人均粮食产量分别为 364.66 公斤、416.97 公斤和 474.22 公斤，2011—2020 年（以 2010 年为基期，下同）人均粮食产量增加 57.25 公斤，比 2001—2010 年人均粮食产量增加量（52.31 公斤）高约 9.4%。在全国粮食总产量连续 6 年跨越 65000 万吨台阶的基础上，2021 年我国粮食总产量又较 2020 年增加 2.0%。以习近平同志为核心的党中央高度重视实施粮食安全战略，强调要牢牢把住粮食安全主动权。进入新发展阶段，在全面建成小康社会基础上向全面建设社会主义现代化国家迈进，要求我们立足新发展阶段、坚持新发展理念，按照构建新发展格局、推动高质量发展要求，筑牢保障粮食安全这个全面推进乡村振兴、加快农业农村现代化的底线，更好满足人民日益增长的美好生活需要。

近年来我国粮食生产和消费的若干新趋势

主要粮食产区北移且向主产区集中化步伐加快。粮食产量占全国粮食总产量比重超过 5% 的省份，按占比由高到低的顺序，2000 年依次为河南、山东、四川、江苏、湖南、河北、黑龙江、安徽 8 省，合计占 53.6%；2020 年依次为黑龙江、河南、山东、安徽、吉林、河北、江苏、内蒙古、四川 9 省份，合计占 63.3%。2001—2020 年的 20 年间，粮食增产量占全国粮食增产总量比重超过 5% 的省份共有 8 个，按占比从高到低的顺序依次是：黑龙江（24.1%）、河南（13.1%）、内蒙古（11.7%）、吉林（10.4%）、山东（7.8%）、安徽（7.5%）、河北（6.0%）、辽宁（5.8%），合计占全国粮食增产总量的 86.4%，仅黑龙江、河南、内蒙古、吉林 4 省份就占全国粮食增产总量的 59.3%。分品种看，主要粮食产区北移，尤以当前作为我国第一大粮食作物的玉米为甚，稻谷次之，小麦变化不大。稻谷生产位居全国前三强的省份，2000 年分别是湖南（12.7%）、江苏（9.6%）、四川（8.7%），2019 年转变为黑龙江（12.7%）、湖南（12.5%）和江西（9.8%）；小麦产量位居全国前三强的省份，2000 年为河南（22.4%）、山东（18.7%）、河北（12.1%），2019 年为河南（28.0%）、山东（19.1%）、安徽（12.4%）；玉米产量位居全国前三强的省份，2000 年为山东（13.8%）、河南（10.1%）、河北（9.4%），2019 年转变为黑龙江（15.1%）、吉林（11.7%）、内蒙古（10.4%）。相较于 2000 年，2019 年我国稻谷、小麦、玉米三大品种产量位居前三强的省占全国比重均有几个百分点的提高。2001—2019 年的 19 年间，黑龙江省稻谷、玉米增产量分别占全国稻谷、玉米增产总量的 74.7% 和 20.3%。

粮食生产能力区域分化加剧。辽宁、河北、山东、吉林、内蒙古、江西、湖南、四川、河南、湖北、江苏、安徽、黑龙江 13 个粮食主产区省份，2000 年粮食产量共 32607.43 万吨，2020 年增加到 52597 万吨，占全国比重由 2000 年的 70.6% 增加到 2020 年的 78.6%。北京、天津、上海、浙江、福建、广东和海南 7 个粮食主销区省市，2000 年粮食产量共 4474.34 万吨，2020 年减少到 2871 万吨，占全国比重由 2000 年的 9.7% 下降到 2020 年的 4.3%。同期，11 个产销平衡区省份的粮食总产量增加了 2345.25 万吨，增长了 25.7%，但占全国粮食总产量的比重由 2000 年的 19.8% 下降到 2020 年的 17.2%。在 13 个粮食主产区省份中，2000 年只有辽宁省人均粮食产量低于全国平均水平，2020 年共有四川、江苏、湖南、湖北 4 省人均粮食产量低于全国平均水平，分别低 11.1%、7.2%、3.9% 和 0.4%。在全国 31 个省份中，人均粮食产量低于全国平均水平的省份数，2000 年为 15 个，2020 年增加到 19 个，其中 14 个省份低于全国平均水平的幅度明显扩大。2020 年人均粮食产量最高的黑龙江、吉林、内蒙古三省份人均粮食产量分别为 2367.6 公斤、1580.1 公斤和 1523.5 公斤，分别相当于全国人均粮食产量的 4.99 倍、3.33 倍和 3.21 倍。同年，人均粮食产量最低的北京市、上海市和浙江省，人均粮食产量分别仅为 13.93 公斤、36.75 公斤和 93.81 公斤，分别仅及各自 2000 年水平的 13.2%、34.0% 和 36.1%。从 2000 年到 2019 年，河南省小麦产量占全国小麦总产量的比重从 22.4% 提高到 28.0%；2001—2019 年，河南省小麦增产量是同期全国小麦增产总量的 44.3%。同期，河南、山东两省小麦增产量占全国小麦增产总量的比重合计达 59.5%。

粮食生产和消费的空间分离程度明显扩大。我们之前的研究已经显示，近年来，我国粮食及其主要品种生产、消费的空间分离拉大，其影响值得高度重视。近年来，在我国主要粮食产区北移的同时，人口分布略有南移。人口数占全国比重超过 5% 的省份，按占比由高到低的顺序，2000 年依次是河南、山东、广东、四川、江苏、河北和湖南 7 省，其人口数合计占全国的 44.2%，其粮食产量合计占全国的 46.5%；2020 年人口数占全国比重超过 5% 的省份依次是广东、山东、河南、江苏、四川、河北 6 省，其人口数合计占全国的 40.4%，其粮食产量合计占全国的 36.7%。如果用 31 个省份粮食产量占全国比重与其人口数占全国比重之差，作为对应省份粮食产量占比与人口数占比的偏离度，而且占比均用百分数表示，那么，31 个省份这种偏离度的标准差在 2000 年为 1.0，2020 年扩大到 2.6。2020 年，黑龙江省人口占全国的 2.3%，粮食产量占全国的 11.3%；同年，广东省人口占全国的 8.9%，其粮食产量仅占全国的 1.9%。

在我国主要粮食品种中，稻谷和小麦主要用作口粮；玉米主要用作畜牧业的饲料粮，少量用于加工，用作口粮消费的比重则更低。2000 年，肉类产量占全国比重超过 5% 的省份依次是山东、四川、河南、湖南、河北、江苏和广东 7 省，合计占全国肉类总产量的 51.9%，其玉米产量合计占全国玉米总产量的 42.7%。2019 年，肉类产量占全国比重超过 5% 的省份依次是山东、河南、四川、湖南、河北、广东、云南和安徽 8 省，合计占全国肉类总产量的 50.8%，其玉米产量合计占全国玉米总产量的 37.1%。按玉米产量由高到低的顺序，玉米产量超过全国 5% 的省份，2000 年依次是山东、河南、河北、吉林、黑龙江、内蒙古、辽宁和四川 8 省份，其玉米产量合计占全国玉米总产量的 66.5%；2019 年依次是黑龙江、吉林、内蒙古、山东、河南、河北、辽宁 7 省份，合计占全国玉米总产量的 70.4%。肉类产量的空间布局虽然变化不大，但仍呈现明显的偏南分布格局。这与玉米主产区严重的偏北分布形成明显反差。

消费需求日益呈现优质化、专用化、绿色化、品牌化、体验化趋势。温饱问题解决后，随着城乡居民收入和消费水平的提高，以及消费者食品安全意识的增强，城乡居民的粮食消费需求日益由追求"吃

饱"转向追求"吃好"、由追求数量增长转向追求质量提升，粮食消费
需求的个性化、多样化进程加快，优质、专用、绿色、品牌化粮食，
如许多地方形形色色的有机大米、绿色粮食等，日益受到消费者的青
睐，成为粮食消费需求的重要增长点。黑龙江"五常大米"、吉林"梅
河大米"、山西"沁州黄小米"等区域粮食公共品牌的影响力不断提
升。居民消费对食品营养、风味、口感、体验等要求的提高，带动专
用化粮食种植迅速扩张。例如，河南等小麦主产区根据加工企业的不
同需求，分别专门种植适用于制作面包、拉面、饺子的优质强筋小麦
和适用于制作饼干糕点的优质弱筋小麦。人口老龄化的推进和居民康
养保健意识的提升，带动"富有"或"定向含有"特定营养物质、专
门用于功能性食品原料生产的粮食种植迅速崛起，如"富硒大米"。许
多地方粮食全产业链可追溯体系的发展，在很大程度上正是顺应了城
乡居民对粮食消费不断增长的优质化、绿色化消费需求。国家实施"优
质粮食工程"，推动品种培优、品质提升、品牌打造和标准化生产；许
多农业产业化龙头企业踊跃参与各种名优特粮食品种的打造，并取得
良好的经济效益甚至社会效益、生态效益，也与粮食消费需求优质化、
专用化、绿色化、品牌化发展密切相关。近年来，许多地方结合发展
优质、专用、特色粮食种植，推动涉粮农村一、二、三产业融合发展，
如发展稻乡游、开发稻田画、组织稻田认种等活动，顺应了城乡居民
对生态、文化、体验等不断提升的消费需求。

保障粮食安全值得重视的若干新问题

粮食生产成本迅速提高、效益和比较利益下降问题加剧。观察
2010—2019年我国粮食生产成本收益关系的变动，大致可将其分为
两个时期；2010—2013年为每亩总成本迅速增加期；2014—2019年为
每亩总成本缓慢增加期。以三种粮食平均、稻谷、小麦、玉米为例，

2010—2013 年每亩总成本增加 425.78 元，年均递增 14.3%；2014—2019 年每亩总成本增加 82.70 元，年均递增 1.3%。进一步剖析每亩总成本增加的主要原因，可见在 2010—2013 年的总成本迅速增加期，每亩物质与服务费用、人工成本和土地成本的增量分别为 117.72 元、241.32 元和 66.74 元，分别占总成本增量的 27.6%、56.7% 和 15.7%。在 2014—2019 年的成本缓慢增加期，每亩物质与服务费用、土地成本分别增加 47.12 元和 51.89 元，分别占每亩总成本增量的 57.0% 和 62.7%，每亩人工成本不增反减（16.31 元），占每亩总成本增量的 –19.7%。每亩用工数量减少和劳动日工价增长放缓，共同推动每亩用工成本的减少。

在现有农产品成本收益统计中，每亩现金收益即产品产值减去为生产该产品而发生的全部现金和实物支出后的余额，反映生产者通过农产品种植每亩实际的收入状况。我国三种粮食平均、稻谷、小麦、玉米生产每亩现金收益，2009 年分别为 466.71 元、545.50 元、392.44 元和 462.11 元，2013 年分别增加到 625.34 元、734.74 元、460.64 元和 680.69 元，2019 年则分别变化为 540.89 元、610.58 元、525.29 元和 486.79 元。与 2010—2013 年的成本迅速增加期相比，在 2014—2019 年的成本缓慢增加期，每 50 公斤主产品平均出售价格由上升转为下降，导致虽然每亩总成本增长放缓，但除小麦每亩现金收益有所提高外，两种粮食平均（稻谷、玉米）每亩现金收益不仅没有增加，反而呈现较大幅度下降。而 2010 年到 2019 年，我国外出农民工月均收入由 1690 元增加到 4427 元，增加了 162.0%；2020 年比 2019 年增加了 2.7%，达 4549 元。换句话说，农民外出务工一个月的收入，相当于在一个生产季节种植 8—10 亩地粮食的收入。近年来，部分地区农村耕地撂荒问题加重，固然有多种原因，但农业经营比较利益低影响农民种粮积极性，往往是其中较为重要的原因。

危及粮食安全的风险和不确定因素明显增多。近年来，我国粮食安全保障能力明显增强，"谷物基本自给，口粮绝对安全"稳定实现。但就总体而言，影响粮食安全的风险和不确定因素仍然较多，并且还在不断增多加重，需要引起高度重视。从传统因素来看，许多粮食主产区长期片面追求粮食增产，加剧地下水位下降、水土流失、面源污染、土壤有机质减少和生态环境破坏等严重问题，容易推高粮食生产成本、影响粮食品质的提高，甚至严重侵蚀稳定或增加粮食生产能力的可持续性。部分粮食主产区，特别是近年来对我国粮食增产作出重要贡献的华北平原，因追求粮食增产等原因导致严重的地下水漏斗问题。近年来在对我国粮食增产作出突出贡献的东北地区，许多地方为了追求粮食增产，过度施用化肥、农药并对耕地进行掠夺性开发，导致土壤有机质大量流失、蓄水保墒能力下降，尤其是坡耕地黑土层变浅。这些正在形成对其实现粮食增产提质可持续性的严峻挑战。许多粮食主产区高标准农田建设投入不足、标准等级低，抵御重大洪涝灾害的能力差，不仅容易增加粮食生产成本，影响农机等现代农业生产性服务的可得性，还容易阻碍粮食品质的提高，打击农民的种粮积极性。随着互联网的普及和城乡居民食品安全意识的增强，土壤污染、粮食产品重金属残留超标等食品安全风险，对农业全产业链可持续运行甚至区域农业品牌建设的影响正在迅速凸显。近年来，国际投资和贸易环境的不稳定性不确定性空前增加，尤其是中美之间贸易摩擦升级，成为影响世界粮食安全新的风险和不确定因素，也为我国通过参与国际市场拓展维护国内粮食安全的回旋空间增加了新的障碍和不确定性。

近年来，国内外重大动植物疫情和极端天气灾害多发频发，且往往呈现突发性强、破坏性大、影响深远等特点。从国内来看，这不仅容易导致粮食生产微观主体的成本增加、收入减少，还会加大维护国内粮食安全的宏观成本（如各级政府的抗旱排涝和救灾投入）和优化宏观调控的难度，甚至容易形成对粮食生产、加工、流通和仓储能力的严重破坏。例如，据农业农村部资料，到 2021 年 7 月 29 日，河南暴雨洪涝灾害导致全省农作物受灾 1450 万亩，其中成灾 940 万亩、绝收 550 万亩。河南省常年小麦、玉米产量分别在全国的 28% 和 8% 上下。此次暴雨洪灾发生在 7 月底，小麦已经收获，但部分地区暴雨洪水浸泡仓储中的小麦，仍然影响小麦市场供应和小麦加工品品质，甚至会带来粮食加工、仓储能力的局部严重破坏。2020 年 8 月底前后三次历史罕见的强台风在半个月内接连袭击东北部分地区，2021 年 7 月底南方台风"烟花"登陆，都给相关地区带来了严重内涝，给相关地区的粮食生产带来较大损失。从国际来看，全球气候变暖导致极端天气灾害频发重发，容易形成影响国际粮食市场供给和价格波动的"黑天鹅""灰犀牛"事件，给我国通过参与国际粮食市场调剂余缺、优化粮食市场宏观调控增加新的变数。例如，2021 年 6 月以来，美国、加拿大两个全球重要的小麦出口国，其小麦生产特别是高质量小麦生产都因极端炎热和干燥天气遭遇重创。同年 7 月，德国西部和比利时连日暴雨引发洪灾泛滥，甚至淹没道路，对部分地区农业生产形成毁灭性破坏。而且，从以往经验来看，面对重大疫情和国际粮食市场供应的紧张局面，许多粮食出口国往往倾向于减少粮食出口以求自保，这就会加剧国际粮食市场供给和价格动荡。

提高粮食安全保障能力亟待政策创新和宏观调控

坚持系统思维和产业链思维，健全粮食安全制度体系。基于前文分析，在当前进入新发展阶段、建设高标准市场体系的背景下，提高粮食安全保障能力应该注意推进以下转变。

一是将鼓励主产区加强粮食综合生产能力可持续发展机制建设，

同落实主销区、产销平衡区维护国家粮食安全的政治责任结合起来。结合加强国家粮食安全产业带建设，通过启动和升级新一轮高标准农田建设工程、加大力度支持发展农业生产托管等农业生产性服务业、鼓励提高现代农业科技和物质装备水平等措施，在落实"藏粮于地、藏粮于技"战略和推动"藏粮于主产区、种粮农民粮食生产积极性"的同时，鼓励粮食主产区、主销区、产销平衡区加强合作，协同打造增进国家粮食安全的"命运共同体"。要在落实粮食安全党政同责的前提下，综合考虑粮食主销区和产销平衡区的人口数量和畜牧业规模，分类确定并适当强化对粮食自给率的底线要求。

二是将加强粮食综合生产能力建设与加强粮食综合流通能力建设有机结合起来。供给是生产和流通有机结合的产物，实现粮食安全追求的不是粮食生产与需求的平衡，而是粮食供给与需求的平衡。因此，加强粮食综合生产能力建设固然重要，加强粮食综合流通能力建设同样关键。在当前粮食生产和消费空间分离程度扩大的背景下，情况更是如此。加工一头连着生产，一头连着流通，对粮食供给和需求都有深刻影响。要按照畅通国民经济循环的要求，统筹加强粮食综合生产能力、综合加工能力、综合流通能力建设，优化粮食综合生产能力、加工和流通能力（包括仓储物流能力）布局，促进其有机衔接、动态协调。推进农业现代化，也要注意顺应城乡居民消费结构升级的需求，将统筹加强粮食生产、加工、流通能力建设，作为提升粮食产业链供应链现代化水平的重要抓手，着力打造具有更强创新力、更高附加值、更安全可靠的粮食产业链供应链。

三是增强粮食安全相关政策的底线思维和系统观念。例如，从中长期角度看，我国生物质能源发展不能走以粮食为原料的路线，今后即便粮食出现短期的阶段性严重过剩，也不能放松对利用粮食生产燃料乙醇的限制。近两年来，以玉米为原料的燃料乙醇加工能力扩张过快，是拉动玉米价格快速上涨的重要原因。粮食市场调控，要注意生产、加工、储备、进出口、需求引导甚至农资供应或社会化服务等措施协同发力。出台加强粮食安全保障能力建设的政策举措，要注意增强其同加强重要农产品供给保障能力建设的协同性和联动性。比如，在一定时期内，棉花、油料单产水平的提高，部分意味着粮食综合生产能力的增强，因为社会有条件拿出更多的耕地种植粮食。增强粮食安全保障能力，应同完善农产品市场需求引导和宏观调控机制结合起来，推进粮食产业链运行更好地统筹发展和安全。借此，更好地平抑粮食产业链运行过程中的波动，减少资源投入，促进粮食产业链优质高效发展和竞争力提升，也有利于减少粮食产业链运行和粮食消费过程中的浪费。从系统观念出发，粮食相关政策的出台和粮食市场调控，还应更加重视全球经济形势的影响。例如，当前应重视国际航运价格飙升、全球流动性过剩，甚至主要国家财政、金融政策走势的影响。

优化粮食市场调控应更加重视弹性思维、区间思维和逆周期调节、跨周期设计。当前，世界面临百年未有之大变局，国内发展的体制性、周期性、结构性矛盾相互交织，加之新冠肺炎疫情影响的复杂性和出现不定期反复的可能性，增加了国内外粮食市场调控的难度。前述我国粮食生产、消费的新趋势和保障粮食安全值得重视的新问题，也给优化粮食市场调控增加了新的难题和复杂性，要求粮食市场调控更加注重前瞻性、精准性和有效性，防止矫枉过正、调控过猛影响市场机制的正常作用，引发市场供求和价格信号失真或紊乱，进而对粮食市场供求和价格波动推波助澜，或为未来粮食市场供求和价格出现更大幅度的反向波动埋下伏笔；更要加强粮食市场调控政策的逆周期调节和跨周期设计，防止调控政策对市场供求和价格波动反应滞后形成顺周期调节的问题，甚至使此轮调控引发的问题成为需要启动下轮调控的原因。2015年以来我国为调控玉米仓储积压和产能过剩问题、2018

年以来我国为解决生猪供给短缺问题采取的调控措施，在总体上取得了良好成效，对此值得高度肯定。但其中也存在若干超出预期的情况。例如，2020 年下半年以来，在较长时间内出现玉米市场供给短缺、价格涨幅较大甚至被迫大量进口的局面；2021 年 10 月，生猪平均价格为 13.07 元 / 公斤，同比减少 58.38%。跌幅较大。有关部门对于这些情况，是否多少也有些始料不及？对此进行深入研究、冷静观察，不是为了求全责备，但可以"吃一堑长一智"，有利于在今后粮食市场宏观调控中少走弯路。要加强对改革开放以来特别是 21 世纪以来粮食市场调控经验教训的研究和比较分析，防止"今天的你我又在重复昨天的失误"，甚至将粮食市场供求、价格波动的周期性、结构性风险转化为体制性风险，形成周期性风险、结构性风险和体制性风险的叠加效应。

具体来说，在对粮食和重要农产品供求失衡现象的调控中，要"多用文火，少下猛药"，多些有的放矢、前瞻分析，少些盲目应对、被动招架。对粮食市场供求和价格关系的变化，既要保持必要的前瞻性和敏锐性，注意下好先手棋，又要注意冷静观察、沉着应对，切忌因政策"急转弯""猛扎堆"而加大市场主体要素投入和政府资源配置的浪费，甚至让市场主体无所适从。在审视出台调控政策后，宁愿"让子弹飞一会"——对新调控政策作用生效的过程保持必要耐心和定力；也不要仓促应对、盲目出招，更不要推动政府各部门将某些单独实施起来可能精准有效但客观上需要一个滞后生效过程的政策叠加出台，甚至"一个接着一个"出台，导致调控措施反应过度过猛，形成"政府代替市场""政策操控市场"的问题，更要防止政府政策的波动成为加剧市场供求或价格波动的重要原因。换句话说，当粮食市场供求和价格变化超过一定"阈值"后，出台调控措施要及时果断，切忌延误时机。但调控的"阈值"不宜定得过小，要通过调控"阈值"的科学确定，对粮食市场供求和价格变化赋予较以往更大的容忍空间和容忍弹性。只要不超过调控"阈值"之下对应的区间，政府对市场供求和价格变化不必敏感，更不必出台应对措施。尤其是对粮食市场价格的恢复性增长，只要势头不是太猛，政府就不宜频繁出手，以免加剧市场恐慌、误导市场主体预期。实践表明，宏观调控越是过度紧盯粮食市场供求和价格的微小变化，并采取加大财政金融投入、扩大进出口等措施急于应对，甚至不惜下任务、定指标、强考核，越容易因政策"急刹车或猛给油"，将之前的供给短缺、价格上涨，转化为随之而来的供给过剩、价格下跌，形成产能破坏和资源浪费，影响粮食安全保障机制和粮食产业健康可持续发展机制的成长。美国学者格雷格·伊普认为，"当我们过度追求安全时，常常会将自身推向更危险的境地，而适度的风险却能让我们更安全"。有些时候，越安全的决策往往越危险。在粮食或农产品市场调控中，也要注意防止此类情况发生。

（摘编自《人民论坛·学术前沿》2022 年 2 月下）

维护我国粮食安全需要关注的几个问题

张亨明，安徽省社会科学院区域现代化研究院研究员

章皓月，安徽建筑大学公共管理学院硕士研究生

朱庆生，安徽建筑大学信息网络中心计算机教学部副主任

保障粮食安全是一个国家永恒的课题。为了维护国家安全，增进民生福祉，我国一直高度重视粮食安全问题。党的十八大以来，中央提出了"谷物基本自给、口粮绝对安全"的新粮食安全观，确立了"以我为主、立足国内、确保产能、适度进口、科技支撑"的粮食安全战略。随着"藏粮于地、藏粮于技"战略的深入实施，我国粮食综合生产能力显著提高，已连续17年保持增产丰收，粮食安全取得历史性成就。目前我国粮食储备充足，口粮实现完全自给，谷物自给率保持在95%以上。尽管我国粮食连年丰收，但诸如粮食品种结构性失衡、耕地资源"占优补劣"、优质劳动力流失等问题逐渐暴露，化肥农药过度使用带来的环境污染也不利于粮食安全。与此同时，在逆全球化思潮及新冠肺炎疫情的冲击下，全球粮食生产与贸易格局的平衡被打破，一些国家收紧粮食出口，粮食正成为国际性战略物资。在国内新发展阶段和国际新形势变化的背景下，我国粮食安全问题需要用更全面、更深刻的视角进行分析，从而探寻保障粮食安全的长效机制。

为应对世界经济与政治的复杂局势，确保国内发展的稳定向好，中央提出要加快形成以国内大循环为主体、国内国际双循环相互促进的新发展格局。"双循环"新发展格局的构建是实现经济高质量发展的重要战略举措，为完善我国粮食安全保障体系提供了新方向和新思路。

我国粮食安全需立足国内大循环，从种业安全、粮食生产土地安全、粮食品种结构安全、粮食生产环境安全等方面进行优化调整，从而实现粮食安全保障能力的全面提升。同时，为确保国内粮食安全基础的坚实牢固，应进一步加强国际合作，扩大出口市场，丰富进口渠道，建设多元平衡、安全高效的开放体系，从而畅通"双循环"，实现粮食资源和先进生产技术的流通。

一、我国粮食安全现状考察

即使在中美贸易摩擦和新冠肺炎疫情的冲击下，我国也未发生粮食危机，这表明我国在保障粮食安全方面取得了优异成绩。在"双循环"新发展格局下，我国粮食安全面临着新的挑战。

（一）国内外发展环境深刻变化

当前我国正处于近代以来最好的发展时期，世界正经历百年未有之大变局。从国内来看，我国社会多个领域皆迈入提质转型的重要时期，新型城镇化和乡村振兴战略同步推进，在这一阶段，我国粮食安全不仅需要巩固已经取得的丰富成果，而且需要补齐诸多短板，从而为经济社会进一步发展提供保障。从国际来看，国际局势的复杂变化与新冠肺炎疫情常态化，迫使一般资本与市场的逻辑将在一定时期让位于政治逻辑，我国粮食安全的外部环境在短时间内还不容乐观。

"双循环"新发展格局正是从国内外发展趋势深刻变化这一背景出发而提出来的，其对我国粮食安全发展也提出了新的要求。一方面，粮食安全是国家安全的重要基础，粮食安全的主动权必须牢牢地掌握在自己手中。在粮食生产和流通上，要以国内市场为主进一步扩大内需，充分发挥国内粮食市场的巨大潜力和优势，明确主产区、主销区与产销平衡区的责任，实现供需平衡及产销协调；在粮食技术研发上，要继续加强种业研发的自主创新能力，以技术驱动粮食单产提高，从而缓解耕地紧张的压力。另一方面，我国市场经济活力的增长离不开改革开放，新发展格局下的粮食安全同样需要与国际市场加强联系，而国际大循环可以为国内大循环注入新的动力并提供技术支撑。当前，我国部分粮食诸如玉米、大豆的产需缺口需要适度进口来补齐，一些技术与资源的流通也需要我们进一步扩大开放。同时，在"双循环"新发展格局下，我国粮食贸易还需要更多元的进口渠道、更广阔的出口市场。

（二）粮食安全内涵进一步延展

我国是一个人口众多的大国，解决好吃饭问题始终是治国理政的头等大事。我国作为快速发展中的人口大国，人多地少的基本国情和主要矛盾将长期存在，根据 2020 年 4 月农业农村部发布的《中国农业展望报告（2020—2029）》的预测，未来 10 年我国口粮消费需求将随着人口增长而继续增长。因此，保障粮食数量安全依然是国内粮食安全的首要任务。

目前，我国粮食产量供给有充足的保障。2008 年 11 月国家发改委公布的《国家粮食安全中长期规划纲要（2008—2020 年）》对我国未来粮食需求作了预测，2020 年人均粮食消费量为 395 公斤，需求总量为 5727 亿公斤。据国家统计局公布的数据，2019 年我国粮食人均占有量达到了 474.95 公斤，远超需求。2020 年我国粮食总产量为 6695 亿公斤，同比增长 0.9%，创历史最高水平，我国粮食产量已连续 6 年保持在 6500 亿公斤以上。在主要谷物中，稻谷、小麦产量较为平稳，可保证口粮的绝对安全；玉米产量增长虽较为明显，但目前产需缺口呈增大的趋势，通过适量进口也可满足其市场需求。与此同时，近年来粮食作物总播种面积有所下降，但粮食总产量维持增长趋势，这是因为我国粮食单产水平在逐步提高，从 2016 年的 5539 公斤 / 公顷增加到 2019 年的 5720 公斤 / 公顷，其中，稻谷、小麦、玉米的单产皆有所提高。

在不同的时代背景与社会发展阶段下，粮食安全的重点有所不同，粮食安全保障的对策也应随之进行调整。当前，我国粮食安全已从数量安全向质量安全、经济安全、资源环境安全等方面拓展，粮食安全的内涵进一步延展。在"双循环"新发展格局下，我国粮食安全既要确保粮食供给数量充足，又要以更完善的措施解决我国粮食安全存在的诸多问题，加强潜在风险与隐患的防范，这也是未来保障我国粮食安全将面临的难点与挑战。

（三）粮食贸易话语权有待加强

我国粮食进出口贸易数据显示，2012—2019 年，我国粮食进口量整体呈上升趋势，近三年有小幅下降；粮食出口量 2012—2015 年逐年下降，2016—2019 年有小幅上升。国家统计局数据显示，我国谷物及谷物粉的出口量逐年增长，其中，稻谷和大米的出口量于 2019 年反超进口量。但总体来看，我国依然是世界粮食进口大国，且我国粮食贸易话语权还较弱。其主要原因在于我国大豆对外依存度较高，同时，当前国内玉米消费增长较快，需求偏紧。事实上，我国大豆自给率从 1989 年最高峰的 113.9%，到 1999 年下降至 80% 以下，2003 年下降至 50% 以下，2017 年下降至 15% 以下。我国粮食总体自给率也因此低于世界安全标准水平，2002 年我国粮食自给率高达 100.2%，2007 年以前我国粮食自给率维持在 95% 以上，随后逐渐下降至目前的 85% 左右。虽然受国际贸易环境的影响，大豆进口量 2018 年、2019 年有所下降，自给率 2018 年和 2019 年分别回升至 15.4% 和 17.0%，但 2020 年大豆进口量又增长至 10033 万吨。

不过，大豆一般用来榨油或者作为饲料粮，尚不会影响我国口粮与谷物安全；玉米虽然需求量增长，但自给率依然有保障。目前，我国粮食贸易面临的挑战是粮食进口来源相对集中，而进口来源国的集中化、单一化导致粮食海外贸易风险和不确定性上升，由此产生的跨国粮商对产业链的控制风险值得警惕。如何降低国际粮食贸易环境对我国粮食安全的不利影响，并增强我国粮食贸易话语权，是当前的重点工作。

（四）资源与环境保护成效初显

耕地是我国粮食生产的基础，自"十一五"规划提出"18亿亩红线"以来，我国取得了显著成效。1978—1995年，我国耕地面积保持在1亿公顷左右，不足18亿亩；1996—2008年，耕地面积上升到1.2亿至1.3亿公顷，基本上保持了18亿亩；2009—2020年，我国耕地面积呈先增加后逐渐减少的趋势，稳定在1.35亿公顷左右，基本保持了20亿亩。2016年末粮食作物播种面积达到最大值，为1.19亿公顷，2017—2019年较2016年面积有所下降，2020年又有所回升。以耕地红线制度为核心的粮食安全政策充分保障了国内粮食自给能力。据《中国农业产业发展报告2020》，2019年我国稻谷、小麦和玉米三大谷物的自给率达到98.75%。但我国高质量耕地与耕地后备资源相对较少，耕地利用率不高，在城镇化建设加快推进的背景下，需要对我国耕地资源保护问题予以高度关注。此外，水资源安全与粮食安全息息相关，一方面我国水资源短缺的情况长期存在，另一方面水质污染也将对粮食安全产生威胁。

从环境来看，我国粮食增产的背后是对化石能源的高消耗、对农业化学的高依赖、对农村环境的高污染。农药、化肥的使用是有利于粮食增产的，但必须建立在科学合理使用的基础上，过度或错误的施用方法不仅会提高生产成本，对农作物产生不利影响，而且会破坏生态系统，降低耕地资源质量。近年来，随着农业农村污染治理工作的推进，粮食生产中农用化肥、农用柴油、农药等使用量逐渐下降。农用化肥施用量从2015年的6022万吨降至2019年的5403万吨，而农用柴油、农药及农用塑料薄膜的综合使用量从2015年的2636万吨降至2019年的2313万吨。在"双循环"新发展格局下，保障粮食安全，还需立足长远，进一步改善粮食生产环境，加大对资源环境的保护力度，在确保粮食稳定增产的基础上实现可持续发展。

二、当前我国粮食安全面临的主要问题

尽管我国粮食安全有了较为充足的保障，但粮食生产中的"高产量、高库存、高进口"的产销模式及"高产量"背后的薄膜、农药、柴油等"高消耗"已涉及粮食质量安全问题。目前，我国粮食安全问题主要集中在种业技术突破、耕地资源保护、粮食结构性需求调整、跨国粮商对粮食产业链的控制等方面，同时，诸如现代农业发展水平不高、农业污染严重、农村劳动力老龄化及餐饮浪费等问题也需引起重视。

（一）种业市场发展尚不完善，跨国粮商形成粮食霸权

种子作为农业的"芯片"，是农业生产中最基本、最重要的生产资料，种源安全关乎粮食安全。2000年《中华人民共和国种子法》施行，长久以来的种子垄断专营体制被破除，种子市场得以开放。传统种业科研管理体制架构不合理、市场监管机构职责不明确、知识产权保护力度不够等问题，使种业市场发展格局混乱。随着种业改革的持续深入，相关法律法规不断完善，现代种业发展环境得到显著改善，但我国种业短板依然突出。

根据我国人多地少、耕地资源不足的实际，未来我国粮食产量的增长将主要依靠单产量提高来实现。目前，我国种业不仅面临本土优良粮种资源消失的风险，而且存在种子核心技术自主创新能力不足的问题，育种技术的局限直接影响了粮食单产的提升。农作物育种规模化程度较低、商业化育种体系不健全等问题，使产学研相结合、育繁推一体化的种子全产业链格局构建缓慢，国内种业市场的潜力难以进一步释放。

与此同时，随着种子市场的高度开放，发达国家跨国种业公司给国

内种业带来了不小的竞争压力。我国于 2008 年向外资企业开放粮食流通领域。一方面，尽管近年来我国种子企业数量明显增加，但大多存在育种规模小、科研投入不足、市场竞争力弱的问题，与跨国巨头实力差距较大。另一方面，部分跨国粮商凭借其组织能力、资金实力、全产业链等竞争优势，形成了粮食霸权。诸如四大种业跨国公司已经涉足我国多种粮食的贸易和种植领域，国内粮食企业的市场空间受到挤压。事实上，跨国粮商不仅可能威胁到种源安全，而且对我国粮食安全产生了负面影响。粮食霸权使我国对部分农作物产业的控制力度降低，粮食安全宏观调控政策的落实受到影响。以大豆为例，我国 97 家大型油脂企业中，64 家企业由跨国粮商参股或控股，我国大豆产业链被外国粮商控制的风险加大，并严重影响了我国食用油市场的价格波动。

（二）粮食供需结构问题凸显，大豆及玉米进口压力较大

目前，我国粮食供需基本平衡，但随着经济社会的发展，我国粮食消费和生产结构皆发生了很大变化，由此产生的粮食结构性问题亟须解决。粮食生产结构的内容一般包括地区结构、品种结构、产销系统结构。具体而言，我国粮食供需结构主要存在如下问题。

第一，地区结构不合理。由于我国城镇化区域发展不均衡，沿海地区城镇化进程较快，其粮食播种面积不断减少，我国粮食生产重心逐渐北移。在此过程中，南北区域粮食供需存在严重的错位现象，利益协调机制不够完善导致粮食主产区、主销区的对接不畅，粮食区域结构问题凸显。

第二，品种结构不合理。粮食供需结构性失衡的原因还在于粮食品种结构矛盾，优质口粮和饲料粮供不应求。一方面，我国粮食产量总体稳定增长，但随着健康饮食需求的升级，国民对口粮的要求从数量向质量转变。稻谷、小麦等口粮供大于求，但优良品种较少，难以满足国内市场需求，一些质量较差的品种则形成积压，经营者种植收

益因此受到影响。另一方面，我国粮食需求增长的矛盾主要体现在诸如大豆、玉米等饲料用粮的显著增长上，这类粮食增产幅度远小于需求增长的幅度。大豆产需缺口持续扩大，可能在较长的一段时间都存在对外依存度高的问题。

第三，产销系统结构不合理。饲料用粮的短缺构成了我国粮食进口的主要压力。我国市场对大豆的需求一直十分强劲，近几年饲料用玉米的需求也持续上升。随着国内生猪生产的恢复，2020年我国累计进口大豆10033万吨，玉米进口量则达到创纪录的1130万吨。玉米供应紧张带动了小麦饲料用量的上涨，对国内粮食供需结构产生了一定的影响。大豆、玉米等饲料粮进口量居高的主要原因是国内外粮食生产成本的差异，生产要素成本和劳动力成本上升导致国内粮价失去竞争优势，进口需求不断增加。

（三）"占优补劣"现象严重，耕地资源质量呈下降趋势

确保粮食产量的稳定增长是我国粮食安全的硬性指标，其中粮食单产量是粮食增产的关键因素，耕地面积是粮食增产的根本保障。从我国已有的耕地资源来看，有2/3的耕地分布在丘陵、山地和高原地区，缺乏水利灌溉基础设施，受自然灾害的影响经常旱涝不保。从我国耕地的后备资源来看，由于气候及土壤条件较好的南方可供开发的耕地较少，后备耕地大部分位于北方，华北、东北和西北成为新增耕地的重要区域，但这些区域的土地盐碱化现象突出，水资源匮乏，土地生产力相对较低。因此，我国耕地资源质量整体不高。

粮食安全对耕地资源提出了如下要求：一是耕地面积，18亿亩耕地红线是保证粮食产量最基本的要求；二是耕地质量，高复种潜力的耕地资源将带来粮食单产的提高。其中，城镇化发展中土地利用的矛盾给我国耕地保护带来了不小的挑战。尽管我国耕地面积并没有因为城镇用地扩张和城镇人口规模激增而受到显著影响，但从近些年城市

发展轨迹可以看出，诸如珠江三角洲、长江三角洲、山东半岛等粮食单产较高的地区，其建设用地占用、消耗了不少高产良田，而土地整理复垦补充耕地多为低产田。这主要是因为，目前我国土地管理制度还不够完善，耕地占补平衡政策落实不力，对地方城镇化发展占用高品质耕地资源等行为监管不严，"占优补劣"现象较为严重。中东部发达地区城镇化建设消耗、占用了大量水源充足、土壤肥力高的优良耕地，却补充了中西部地区质量较低的耕地，提高低产耕地的产出率又受到建设周期、资金投入、技术复杂等多种条件的制约，由此带来的粮食生产风险亟须防范。加快推进城镇化是经济社会发展的必然选择，这对耕地资源的质量提出了更高的要求，如何在有限的土地上进行高品质、高产量的农作物生产才是关键。换言之，当前我国粮食安全保障必须进一步落实"藏粮于地、藏粮于技"战略。

（四）现代有机农业发展较弱，农村劳动力逐渐老龄化

目前，我国粮食安全不只是局限于数量安全，随着国民对绿色健康食物的需求逐渐加大，粮食质量安全问题进一步凸显。食品的高标准及粮食的高需求意味着传统农业向现代有机农业转变已成为我国农业发展的必然趋势。然而，目前我国现代农业发展还处于初步阶段，有机农业生产尚有巨大潜力。首先，现代农业基础建设投入不足，以往的投资方式较为单一，使政府财政压力较大。技术瓶颈提高了现代化农业的成本，包括先进设备在内的现代科技成果在农业生产中的应用范围不广，农业现代化经营进度较为缓慢。其次，有机粮食的培育和种植对土壤、环境、资源、化肥使用等有着严格的限制，农民对有机种植了解不足、部分有机粮食作物的培育困难等问题使国内有机农业生产方式普及较慢。传统农业中存在的农产品品质不高、环境污染现象严重等问题短时间内难以得到有效解决。最后，适度规模经营是农业现代化的必由之路，而土地集中需要劳动力的非农转移及土地产

权的有效保障，当前的重点和难点在于如何保障土地产权，在促进土地流转的同时增加农民财产性收入。

现代农业发展较弱的另一个重要原因是我国农村缺乏人才和年轻劳动力的支撑。城镇化加速发展是形成农村存量劳动力老龄化困境的主要原因，城市健全的公共设施、服务及更高的薪酬、就业机会使青年农民务农积极性不高，而农村人才引进和培养政策则因为农业种植收益较低、乡村公共服务供给不足等原因落实不力。全国农村60岁以上人口占农村总人口的比例从2010年的14.98%增长到2019年的25.2%，超过了同期城镇老龄化程度。对比第一次与第三次农业普查数据可知，我国农业劳动力正在加速老龄化，农村劳动力老龄化逐渐成为我国农业现代化进程中不可回避的事实。老龄劳动力的技术熟练度较低，对粮食市场也不够敏感，所以农村劳动力质量普遍不高。因此，如何提升农村劳动力质量，通过乡村人才振兴激发现代农业发展的活力，是我国粮食安全进一步发展的难点之一。

（五）环境污染威胁粮食安全，餐饮食物浪费现象严重

近年来，我国粮食生产呈现"高产量"与"高消耗"并存的矛盾局面，粮食增产的动能主要源自化肥、农药等非劳动要素的高投入。化肥、农药的过量使用是粮食生产环境污染的重要原因，环境污染又反过来影响我国的粮食安全，诸如土壤污染、水源污染和大气污染均会对粮食安全产生威胁。一方面，农田土壤污染将直接影响粮食质量安全，且会长期发挥作用。过量使用化肥、农用薄膜及农药会破坏土壤结构，严重影响土壤的功能，而农民为了保证每年的粮食产量，在生产过程中又不得不施用更多、更高效的化肥。这使粮食生产进入恶性循环，最终导致土壤原生肥力大大下降，作物生长的化肥依赖性大幅提升。此外，个别地区工业废水的直接排放导致土地污染严重，甚至无法耕种，制约了农业经济的可持续发展。另一方面，化肥、农药的大量使用会导致水体中的

氨、氮、亚硝酸盐等物质含量剧增，水源富氧化，地表水渗入地下，对地下水源造成不利影响；大气污染物中的氮氧化物、二氧化硫、可吸入性颗粒等，容易形成酸雨，危害作物生长、污染水体，也会破坏我国农业生态环境，对粮食质量产生不利影响。

与此同时，粮食的损耗和浪费存在于生产、运输、储存等不同环节，虽然目前尚未威胁到我国粮食安全，但也需要进一步加强管理，尤其是我国的餐饮浪费问题，需要引起重视。近年来，由于饮食消费观念不当、公款消费监督不力等，诸如食物超前消费、浪费、公款吃喝等问题较为严重。餐饮浪费导致粮食需求总量不必要的增加，间接提高了粮食价格。从资源环境来看，餐饮浪费不仅意味着土地资源、水资源、能源等资源的无效消耗，而且会增加生态环境的负担，不利于资源环境的可持续发展。

三、立足国内大循环消解粮食安全隐忧的策略

在新发展阶段下，我国粮食安全有了新的要求。在保证数量安全的基础上，诸如质量安全、供需结构安全、贸易安全、环境资源安全等不足之处亟须补齐。在"双循环"新发展格局下，我国应以国内粮食市场为主，提升自身粮食供应与风险防范能力，加快自主种业技术研发，优化粮食品种结构，提高土地利用率，增强粮食生产全产业链综合实力，以带动"双循环"发展。

（一）加强种业创新能力，提升企业市场竞争力

种业良好发展是我国未来粮食安全的战略保障。为此，政府应进一步提高种业发展的定位，完善种业市场监管体系，优化种业市场发展环境。一方面，粮农植物遗传资源的保存与繁荣是粮食及农业安全的关键所在，因此需建立育种者、科研人员、商业开发者、农民等多元主体权利与利益平衡的开源保护模式。加快资源共享平台和数据库

的构建，加快现有种质资源鉴定、评价与登记，从而有效保护并合理开发本土优质粮种资源。另一方面，逐步完善国内以育种环节为主的"健全、自主、可控"的种子产业链，尤其需要加大种业创新力度，营造积极的种子技术研发环境。通过构建"两条腿走路"的种子研发体系，以科研院所为主体进行公益性、基础性的育种研发，以企业为主体进行商业化育种研发，提高种子科技水平，进而提高农业生产效率和种源保障能力。

为降低跨国粮商对我国粮食安全造成的不利影响，培育国内自有粮食品种，实现"中国碗装中国粮，中国粮用中国种"，国家可对本土的粮种公司在融资、跨区域整合等方面予以政策支持，大力培育本土粮商和种业龙头企业。一方面，政府应鼓励企业通过兼并重组，提升核心竞争力；鼓励支持本土大型粮食企业进入国际市场，在国外建设粮食生产加工基地，参与国际竞争；进一步完善金融市场环境，发挥农业开发性金融和政策性金融的作用，为本土粮食企业发展提供强有力的融资支持。另一方面，国内企业可通过强化全球加工、粮源、贸易、物流、销售的整合效应，扩大企业规模，逐步发展成为具有国际竞争力和影响力的粮商集团。也可充分发掘细分市场的竞争优势，通过加大粮食生产与信息化技术的结合创新，培育出特殊、小众且优良的粮食作物品种。这既能积累并增强新品种的科研实力，扩大出口品种，又能不断提升国内粮食品牌的知名度，减少部分粮食对国际粮食市场的依赖，从而进一步加强我国粮食贸易的话语权，加速形成国内国际双循环相互促进的新发展格局。

（二）优化粮食生产结构，落实谷物振兴计划

缓解我国粮食供需结构矛盾，应以市场消费需求为导向，以粮食供给侧结构性改革为主，不断调整优化农业生产结构。一方面，对于不同的粮食生产区域应采取不同的生产措施，发展多种形式的适度规

模经营，合理调整粮食种植结构。确保国家粮食安全，必须加强粮食主产区的粮食供给可持续性。为此，粮食主产区种植结构需要着重优化，加大高标准农田建设，实现优质高效的粮食生产。粮食主销区的农业发展定位则需进一步明确，划定粮食耕地面积，利用好当地科技、经济与市场的优势，发展高品质粮食作物生产。对于粮食产销平衡区，则要确保其粮食自给率的稳定。另一方面，抑制不适销对路的产品，扶持优良粮食作物种植，对不同粮食品种采取差异化的补贴措施，确保农民的种植收益稳中有升。农产品价格的不规则波动会对农业生产及粮食安全带来一定的风险，其不仅会影响农民收入与种植积极性，而且会对物价产生影响。因此，要以市场为导向，以农业补贴为辅，进一步完善粮食价格机制，加快完善金融支农政策体系，降低粮食价格波动幅度。

与此同时，为提高大豆的自给率，降低大豆对外依赖的风险，以及进一步提高玉米的单产量，培育优质玉米品种，应制定部分谷物的振兴计划，落实粮食专项补贴政策。不同地区需明确自身资源发展优势，有效实施振兴计划，扩大进口需求大的农作物种植面积。加大本地农产品在全国的营销推广力度，对种植户进行技术指导和资金支持，使农户能放心种植、有稳定收益，进一步提高农户种植本地品种的积极性。大豆等主产区的政府部门，要加大对本地产品的研发投入，大力发展本地大豆等品种种植技术，如麦豆两熟、玉米大豆合理轮作、复合种植间套作模式等。由于饲料粮进口量短时间内不会大幅下降，因而需要进一步拓宽粮食进口渠道，降低贸易环境变化可能带来的粮食安全风险。

（三）严守耕地保护红线，提高土地利用效率

鉴于耕地保护的严峻形势，要坚持最严格的耕地保护制度，坚决守住18亿亩耕地红线。为进一步保障粮食生产土地安全，确保基本农

田总量不减少、用途不改变、质量有提高，可从如下三方面着手：第一，继续落实最严格的耕地保护制度和节约用地制度，健全土地资源综合监管平台，加强遥感监测，对主产区农田特别是永久基本农田进行实时监测，强化耕地保护全流程的监管。第二，完善农村土地管理制度，逐步探索国土资源使用管理诚信机制，构建国土巡视执法快速反应机制，形成土地执法协作联动的格局。落实粮食安全省长责任制，坚决遏制土地违规违法行为，层层落实责任，确保土地管理与利用秩序的好转。第三，建立保护补偿机制，加强对土地"占补平衡"的管理。不仅要严守已确定的耕地面积，而且要保证新补充耕地的质量。严格规范城乡建设用地增减挂钩试点，防止耕地"非粮化"倾向。

为进一步提高土地利用率，地方政府应加大农业生产基础设施的建设与投入，加快建设适应现代农业发展需求的永久性高标准农田；创新农作物的生产方式，提高粮食作物的复种指数，提升土地产出率。通过政策支持、利益补偿等方法，尽量避免农户根据短暂的市场波动进行不科学的种植。引导农户根据当地的自然资源条件，科学地、适度规模化地进行粮食种植，合理利用耕地资源。同时，有序开展农村土地整治，在整治过程中加大生态环境保护力度，防止耕地土壤的肥力下降，确保耕地资源良好且可持续利用，强化耕地资源面积和质量的双重保障。

（四）科技引领农业发展，培育新型职业农民

科技创新是我国粮食产业发展的重要驱动力，高素质劳动力是我国农业发展的重要支撑。依靠现代科学知识和技术引领农业发展，培育新型职业农民，是实现我国现代有机农业发展的关键环节。

从农业发展来看，政府应合理引导现代农业的发展，充分开拓我国有机粮食市场。首先，吸引多元投资主体共同建设农业基础设施，鼓励农民充分利用已有的耕地资源，依靠先进设备和技术，对传统农

业生产模式进行改造，向现代农业生产进行转型。其次，家庭农场是推进农业适度规模经营的重要途径之一，为提高农户经营家庭农场的意愿，政府需营造良好的政策环境与经营氛围，不断创新土地流转形式，加大现代化规模经营相关知识的普及力度。最后，不断创新种植技术，加大对有机粮食生产的扶持力度，给予农民一定的经济补贴和技术指导；不断扩大生态有机农业品种，深入推进优质粮食工程，着力培育有机食品，这样在缓解粮食品种结构性矛盾的同时，也可进一步开拓国际粮食市场。

从农村劳动力来看，通过劳动要素提升降低粮食生产对化学、能源要素的消耗，是实现农业可持续发展、提高粮食生产质量的重要措施。缓解农村劳动力快速老龄化的问题，应提升农民的职业地位，树立农业劳动力价值意识，不断完善人才引进激励机制；进一步落实乡村振兴战略、深入推进城镇化战略，通过城镇的高质量发展带动乡村基础设施建设和产业发展，稳定提升粮食生产效益，留住青年劳动力。积极培育新型职业农民，利用信息化、直播平台、电子商务等方式丰富粮食及农产品销售渠道，通过劳动力现代化转型带动农业现代化转型，进一步发挥农村存量劳动力的生产效应，强化农业劳动力发展内驱力。此外，近年来，劳动力回流规模逐渐扩大，农村劳动力资源的再配置也需多加注意，在培养新型职业农民的同时，应有序推动农村富余老动力的非农转移。

（五）完善污染防治体系，倡导健康饮食观念

为保护耕地土壤和粮食生产环境，确保农作物健康成长、农产品安全可靠，政府应进一步完善环境污染防治体系，加大污染治理力度，降低耕地面源污染，提高粮食产品质量。一方面，加强农业投入品的管理，严格限制农业化肥、农用薄膜等的使用。落实农药经营许可、限制使用农药定点经营等措施，实现对农药经营环节的有效监管，

从源头上保障农产品质量安全。化肥生产和降解的过程都会对环境产生恶劣的影响，因此，在粮食种植过程中应推动有机肥替代化肥。通过技术进步实现农药减量增效，进一步提升土地产能，培育自然肥力，有效改善当前粮食增产动能高度依赖化肥、农药的不可持续局面。另一方面，从立法层面明确农产品生产、流通各环节的主体责任和质量安全的监管责任，并强化生态环境的保护及修复责任承担。具体可从如下方面着手：加强粮食与食品产业链源头的立法和监管，建立农产品质量追溯与处罚制度，进一步完善责任追究制度；建立健全生态修复责任保障机制，在土壤、大气、水源的污染防治和修复方面严格遵守生态保护优先原则，进一步提高农户对粮食安全、食品健康与农业生态环境保护的认知水平和重视程度，减少农药及化肥的使用，从而降低粮食生产对环境的破坏。

与此同时，生活水平的提高使民众对饮食有了更高的要求。2017年7月，国务院办公厅印发了《国民营养计划（2017—2030年）》，明确要求将"三品一标"（无公害农产品、绿色食品、有机农产品和农产品地理标志）在同类农产品中总体占比提高至80%以上。然而，高要求并不意味着资源高消耗和食物高浪费，健康的饮食注重的是食品的绿色有机，也就是粮食生产环境与农作物品质的双重优化。为此，政府需要在全社会提倡珍惜节约粮食、健康饮食、科学合理消费的观念，强化反对食品浪费的法律约束，继续加强对公款吃喝浪费的治理工作，建立全社会节约食物的长效机制。对于高等院校食堂餐饮实施创新性改革，鼓励学生自主选菜、自主称重的买饭方式，落实约束机制，也可开展粮食安全讲座，进一步提升学生节约粮的意识。

（摘编自《新华文摘》2021年第24期）

北粮南运：中国粮食大迁徙地图背后的隐忧

周怀宗，新京报记者

南方种粮越来越少，北方不堪重负，已经到了非解决不可的时候了。这也是 2022 年中央一号文件特别强调主产区、主销区、产销平衡区都要保面积、保产量的原因。这是强国政策，是大国基石。

每一天，数以百计的货运列车从黑龙江、辽宁、吉林各个站点出发，车上载满了东北优质的大米、玉米等粮食。

这些粮食或从陆路，经河北、河南、湖南、湖北一路南下，到达长三角、珠三角地区的各个城市。或经水路，从营口港、大连港、锦州港等装船，穿越海洋，到达上海、福州、广州乃至海口。

和万众瞩目的春运不同，这是一场鲜为人知的粮食迁徙——北粮南运。每一年，通过海路、铁路、公路，近亿吨的粮食从北方出发，穿越数千公里，登上南方千家万户的餐桌。

然而，北粮南运不只是市场高效的表现，粮食大迁徙的背后，也存在重重隐忧。因此，2022 年中央一号文件特别指出，粮食"主产区、主销区、产销平衡区都要保面积、保产量"。这是强国政策，也是大国基石。

南北互换，中国粮食版图的变迁

在历史上，从三国时代到唐、宋以后，数百年的南方大开发之后，中国的粮食生产格局逐渐变化。南方成为新的粮食生产基地，不仅可以自给自足，同时还大规模地供应北方所需。隋代开始大规模修建的大运河，成为连通南北最重要的枢纽，也奠定了此后千年的漕运格局。在漕运的巅峰时期，每年由南方运往北方的粮食，最高可达 600 万石。

南粮北运的格局，一直延续到 20 世纪末。"湖广熟，天下足"，这句流传了数百年的民谚，至今仍留在中学的教科书里。一直到 20 世纪下半叶，这一格局仍未被打破。

数据显示，在新中国成立之初，南方 14 省中，有 12 个省为粮食净调出省，每年调出 2000 多万吨。1970 年，我国提出尽快扭转南粮北调的目标，要求北方省份加快农业发展。

改革开放之后，得风气之先的南方开始大规模发展工业产业，在农业领域，低效益的粮食生产也越来越多被经济作物所代替。

产业格局的变化，逐渐影响了南方粮食的生产局面。数据显示，到 20 世纪 80 年代中期，虽然南方的大米仍在向北方输出，但北方的玉米流向南方的数量，逐渐开始超越南方大米北上的数量。

中国农业科学院农业经济与发展研究所研究员、粮食安全与发展政策创新团队首席专家钟钰，曾经梳理过我国粮食主产区变化的脉络。20 世纪 90 年代，我国开始划分粮食主产区、产销平衡区、粮食主销区，"1994 年，粮食主产省的概念第一次见于文件，2001 年，粮食主产区、粮食主销区、粮食产销平衡区的概念正式形成，2003 年，划定黑龙江、吉林、辽宁、河北、河南等 13 个省（自治区）成为粮食主产区。也是在这个时候，我国粮食的南北格局开始对调，从南粮北调转为北粮南运。一直到今天，这一格局仍在强化。"

技术进步，北方增产的基础

2021 年 8 月，河南暴雨之后，位于河南省安阳县郊区的一处高标准农田中，农民收拾了水淹后的玉米，开始为冬小麦的播种做准备。洪涝灾害后的土壤需要消毒、翻晒，才能保障下一年冬小麦正常生长。

即便如此，河南 2021 年的粮食产量也达到了 1308.84 亿斤，占全国粮食总产量的 9.58%，在全国位居第二。

相比土地肥沃丰饶的南方，干旱少水的北方，在过去上千年中，都要依靠南方的粮食输入，为何在 21 世纪，北方粮食产量反而超越南方呢？

显然，北方缺水的困境并没有得到改善，真正让北方粮食崛起的，是技术因素。中国农业科学院副院长梅旭荣告诉记者，随着现代农业技术的研发、推广和应用，北方粮食产量一直在提升。

在山西省寿阳县，有一座国家野外科学观测站——旱地农田生态系统野外科学观测研究站，已经建立了 30 年，见证了黄土高原从低产到高产的全部历程。30 年前，一群科学家在这里租农民的房子，开展观测和实验工作，到如今，这里已经向全国输出了许多旱地农田的耕作模式。一位当地农民告诉记者，30 多年前，这里的旱地主要种植杂粮，亩产 300 斤就算是丰年。而如今，这里的旱地玉米亩产可以达到 1000 斤，而且基本实现旱涝保收。

南方气候、水利条件好，农作物一年可以两熟甚至三熟，适合农作物"生殖生长"，产量高。北方的气候则更有利于农作物"营养生长"，但产量低。当技术更新后，北方的产量问题逐渐解决，更适合营养生长的北方，粮食生产规模提升是必然的，尤其是大平原地区，为机械化农业生产提供了良好的条件，使北方粮食生产迅速扩大。

产区划分，不只是市场调控

在北方增产的时候，肥沃的南方正在经历农业模式的巨变，广东、浙江、福建等地，尤其是经济发展最快的长三角、珠三角区域，粮食种植面积快速下滑。

以珠江三角洲为例，20 世纪 30 年代，珠江三角洲的桑基鱼塘、蔗基鱼塘和水稻田，是南方农业的典型代表。到 20 世纪 80 年代以后，基塘农业开始急剧减少，水稻种植面积不断萎缩。大量的劳动力从农业流入工业，大量的优质农田在城市急速扩张的过程中变成了高楼大厦。留下的农业也不乐观，花卉、蔬菜、水果等经济作物，越来越多地取代传统的水稻种植。

在广东，多山的梅州是农业保存相对较多的区域。记者在当地了解到，农民种植双季稻的热情并不高，许多人选择种植单季稻，节省出来的人力可以外出务工，收入远高于种水稻。

这是否意味着，粮食生产重心的北移是市场配置资源的结果？钟钰认为，并非如此。他告诉记者，1994 年划分粮食主产省的时候，当时浙江还是粮食主产省，而河北、河南、江苏等都不在其列。随后几年中，一些省份的生产形势发生分化。于是，在 2001 年划分主产区时，江苏变成了主产区，浙江则没有被划入其中。

当前，我国有 13 个粮食主产区，其中北方 7 个，包括黑龙江、吉林、辽宁、河南、山东、河北、内蒙古；南方有 6 个，包括安徽、江苏、四川、湖南、湖北、江西。但这一格局并非一开始就形成的。事实上，20 多年来，我国粮食主产区、主销区、产销平衡区三大粮食区域，经历了多次变迁和调整，相应政策也在不断调整。

技术变革带来的北方粮食增产，市场发展对资源的调配，以及政策对粮食生产的保障等因素，互相交织，互相作用，最终形成了新的粮食产销南北格局。

北方七省份，生产了全国一半粮食

2021 年 12 月，南方的晚稻销售已经结束，北方最北的黑龙江，农民的玉米也进入了销售季。在黑龙江省绥化市一个普通的村庄边上，码得整整齐齐的玉米垛开始装车运输。因为对气温的判断有误，一家农户的数万斤玉米有些发热，价格比正常的低了不少。

黑龙江是我国粮食产量最大的省份，国家统计局的数据显示，2021 年，黑龙江省粮食产量为 1573.54 亿斤，占全国粮食总产量的 11.5%。黑龙江省 2020 年的总人口只有 3185.01 万，人均粮食产量超过 2.4 吨，而全国人均粮食占有量为 474 公斤。这意味着，黑龙江生产的绝大部分粮食，是以商品粮的形式供给其他省份的。

整个北方 7 个主产区，人口总规模为 3.98 亿，但粮食总产量超过 6800 亿斤，占全国的一半。因此有观点认为，在粮食生产中，北方 7 省份养活了半个中国。

主产区粮食大量输出，意味着更多的地方粮食不能自给，需要输入粮食。中国统计年鉴的数据显示，我国多省粮食自给率低于 50%，最低的自给率只有 30% 左右。

以广东省为例，2021 年，广东省粮食总产量为 1279.9 万吨，而广东省总人口为 1.29 亿，人均粮食产量不到 100 公斤。在此前的 2019 年，广东全省净调入粮食量超过 3880 万吨，粮食自给率为 24%。浙江同样是粮食自给率较低的省份，2021 年，浙江省粮食总产量为 621 万吨，全省 6470 万人，人均产量 96 公斤左右。浙江省也是粮食消费大省，公开的报道显示，浙江省每年粮食输入数量占粮食消费量的半数左右。

除了直接调运的粮食之外，肉类也存在同样的问题。梅旭荣解释，"养殖禽畜需要消耗大量的粮食，南方市场上有大量的鲜肉。这些肉类产品，或许是南方本地养殖的，但饲料中，同样有来自北方的粮食"。

比较优势，北方产粮区的机会

浙江宁波舟山港，是北粮南运的承接港口之一。在这里，每个月吞吐的粮食数量达到近百万吨，仅 2021 年 1 月至 5 月，宁波舟山港吞吐粮食数量就达到 466.45 万吨。类似的粮食承接港，还有福建漳州招商局码头、广东黄埔港等。

南方粮食为何越来越少？有观点认为，北粮南运格局的形成，是市场优化资源、发挥比较优势的结果。

事实上，粮食的南下，确实给许多北方产粮区带来了农业产业发展的机遇。比如黑龙江这个中国最北的省份，据黑龙江发布的全省宏观经济运行情况数据，2021 年，黑龙江地区生产总值为 14879.2 亿元，其中农林牧渔业总产值 6460 亿元，占比接近一半。

而在广东，全年农林牧渔业产值为 8369.00 亿元，超过黑龙江，但在 124369.67 亿元的地区生产总值中的占比不到 0.07%。

"从有益的方面看，粮食生产区的变化，使不同区域可以根据自身的特点，发展不同的产业。比如南方，更多种植效益较高的经济作物，河南、河北、东北等拥有广袤的平原，采用机械化的方式种植粮食更有优势。"

然而，比较优势真的是粮食主产区的机会吗？2021 年，黑龙江 GDP 只有广东的约 12%。

"北方的经济不能一直比南方差，这不应该成为规律。"梅旭荣说。粮食主产区和主销区经济差距的形成，也并非只有市场因素，钟钰表示，"粮食主产区保障了全国的粮食安全，但承担了经济跟不上、工业化慢等机会成本。"

北粮南运，运去的不仅仅是粮食

2021 年，我国实现粮食 18 连丰，粮食产量超过 13.6 万亿斤。然而，丰收的背后，是粮食产区资源环境的超负荷利用。尤其是北方粮食主产区，土壤退化、地下水超采等问题严重。

众所周知，北方地区普遍干旱缺水，而生产粮食需要大量的水。

梅旭荣解释，在中国农业生产的版图上，秦岭、淮河、昆仑山以北的旱作区，占国土面积的 65%，耕地面积的 56%，但水资源只有 19%。更重要的是，这个区域，生产了全国 58% 的粮食，其中旱地生产了全国 43% 的粮食。

在粮食生产中，有一个名为"虚拟水"的概念，即凝结在产品和服务中的虚拟水量。

"从数据上看，我国几个重要的南水北调工程，每年可以从南方调 300 亿方的水，但北粮南运中，每年从北方带到南方的虚拟水达到 500 亿立方至 600 亿立方。这意味着，缺水的北方，在不断地为不缺水的南方生产粮食。"

吨粮千方水，这是一句农业生产中的俗语，意为每生产 1 吨粮食，都要消耗 1 千立方米的水。事实上，随着科技的进步，这一消耗正在减少。梅旭荣告诉记者，当前我国旱地农业中的自然降水利用率提升到了 65%。"我们的示范区中，甚至可以达到 70% 以上，吨粮耗水平均为 500—600 方，甚至可低至 300 方，远比全球平均先进水平要高。即便如此，水资源的匮乏，仍是我国农业生产中最大的难题之一。"

除了虚拟水，还有大量的氮、磷、钾等营养元素，也随着北粮南运转移到南方，这同样加剧了北方土壤肥力的下降。以黑土地为例，原本肥沃的黑土地，正在快速退化。在黑龙江绥化，一位村党支部书记告诉记者，现在的黑土地，不上化肥，玉米只能长 1 米多高。而在五常大米的产地，当地农民告诉记者，原本的黑土地，现在已经成黄土地了。

北粮南运，还可能给未来的碳中和带来压力。梅旭荣介绍，大规模地调运粮食，会带来碳足迹的变化。从生态可持续的角度看，北方长期向南方运输粮食，也就意味着南方在向北方持续输出碳排放。

粮食自给，正在接近危险的红线

多个省市粮食自给率的不足，正在影响着全国粮食安全的保障。

数据显示，2021 年，全国进口粮食数量达到 1.6 亿吨。尽管小麦和水稻两大口粮可以完全自给，但从总的粮食需求看，我国的粮食自给率正在降低，"总的粮食自给率已经逼近 80% 的底线了，对一个大国来说，这是不可接受的。"

粮食安全是大国基石，任何一个大国，都不可能依赖外部实现粮食安全。中国是人口大国，14 多亿人的饭碗，不可能依靠外部保障，"进口比例如果过高，进口的粮食买顺手，吃顺嘴，离不了，会很麻烦，一旦断供，就非常危险。"梅旭荣说。

粮食安全也是保障未来的基础，所以粮食问题，从来都不只是经济问题。钟钰介绍，美国大体每 5 年修订一次农业法案，通过各种方式扶持粮食种植，其他各国也都类似。不太可能完全通过市场调配资源的方式实现粮食的稳产增产，"事实上，如果完全依靠市场，更大的可能是，谁都不愿意种粮食。"

"南方种粮越来越少，北方不堪重负，已经到了非解决不可的时候了。"梅旭荣说，"这也是今年中央一号文件特别强调主产区、主销区、产销平衡区都要保面积、保产量的原因。这是强国政策，是大国基石。"

守住底线，粮食问题不能纯靠市场思维解决

北粮南运，南北产销的差异，渐渐显现出背后的忧患。如何未雨绸缪，改变粮食格局不平衡的现象？

"要有底线思维。"梅旭荣说，"各个区域，对粮食生产的要素，都要加强保护，包括耕地、水资源等，比如说各个区域要给粮食自给率划底线，包括生鲜蔬菜等，也要有最低保障线，比如 30%。"

国内不同区域的自给率提升，对粮食输入的需求降低，同样也意味着进口依赖将会降低，"在我们的发展过程中，不能光用经济学的思维去考虑粮食问题，更不能认为粮食问题就是市场问题。事实上，粮食从来就不是单纯的经济问题。当前，我国粮食生产过度集中在北方，出现风险和波动的可能会更大。尤其对南方来说，不能把经济安全和粮食安全对立起来，这两者并不是矛盾的，不是非此即彼的。"

2022年中央一号文件提出，要落实"长牙齿"的耕地保护硬措施。钟钰认为，这其实也是在保护各地的粮食生产。

"党政同责，怎么落实，2022年中央一号文件中也有非常明确的表述。"钟钰说，"这对加强粮食安全的保障是有益的。粮食安全过去一直在强调，但在具体的推进层面，还存在可操作性等方面的问题。所以2022年中央一号文件中就提出了很多具体的措施。在未来，还需要严格考核，做到的，该奖就奖，做不到的，该罚就罚。通过严格考核、独立评估、信息反馈、社会公开等措施，让各个地方的粮食生产，真正得到有效的提升。"

（摘编自《新京报》2022年2月22日）

国家粮食安全与种业创新

黄季焜，发展中国家科学院院士，北京大学新农村发展研究院院长、
中国农业政策研究中心名誉主任

一、引言

粮食安全始终是国家经济社会稳定和发展的基础，在全面推进乡村振兴的过程中，确保国家粮食安全是首要任务。党的十九大报告提出实施乡村振兴战略，指出产业兴旺是重点，而"确保重要农产品特别是粮食供给，是实施乡村振兴战略的首要任务"。在随后中央出台的多个关于乡村振兴的指导文件和多个重要会议中，均对国家粮食安全提出了具体要求。《乡村振兴战略规划（2018—2022 年）》提出，粮食及重要农产品需求仍将刚性增长，保障国家粮食安全始终是头等大事。坚持立足国内保证自给的方针，牢牢把握国家粮食安全主动权。突如其来的新冠肺炎疫情发生后，粮食安全引起了社会各界广泛关注，国内媒体和学术界对粮食安全的不同观点使社会对粮食危机的担忧四起，甚至出现了部分消费者、贸易商、粮食加工企业和农民的囤粮现象。这愈加凸显了国家粮食安全的重要地位。2020 年中央经济工作会议和中央农村工作会议，都高度关注粮食安全保障问题，提出要牢牢把住粮食安全主动权，粮食生产年年要抓紧，提高粮食和重要农副产品供给保障能力。2021 年中央一号文件再次聚焦乡村振兴，对提升粮食和重要农产品供给保障能力提出了更加细致的要求。2021 年 6 月起实施的《中华人民共和国乡村振兴促进法》更以法律形式再次明确了粮食

安全在乡村振兴中的重要地位。

现代种业是促进农业生产力稳定增长、保障国家粮食安全的重要技术支撑产业。早在 2013 年中央农村工作会议上，习近平总书记就强调："要下决心把民族种业搞上去，抓紧培育具有自主知识产权的优良品种，从源头上保障国家粮食安全。"有人把种子比作粮食的"芯片"，新冠肺炎疫情发生后，粮食市场和农产品国际贸易都受到影响，种子问题再次引起政府和社会的高度关注。在 2020 年中央经济工作会议上，中央明确强调要解决好种子问题，加强种质资源保护和利用，加强种子库建设，立志打一场种业翻身仗。2021 年中央一号文件和政府工作报告再次强调种业创新，要求打好种业翻身仗，加强种质资源保护利用和优良品种选育推广。

基于以上背景，本文将从中国农业发展的客观事实出发，分析我国粮食安全现状，判断我国中长期粮食供需变动趋势，讨论种业在保障粮食安全中的作用和种业做大做强所面临的问题，最后提出相关政策建议。

二、农业发展成就与粮食安全现状

（一）农业发展成就

改革开放以来，中国农村的面貌深刻改变，农业发展取得举世瞩目的成就。过去 40 多年来，农、林、牧、渔业实际总产值年均增速 5.4%。农业在数十年内以如此高的速度增长，这是世界农业发展的奇迹。同期，粮食产量年均增长为 2.1%，人口年均增速只有 1.0%；在保障粮食安全（特别是水稻和小麦口粮安全）的情况下，棉花、油料和糖料作物以更快速度增长，年均增速分别达到 3.8%、6.4% 和 5.3%。在"吃不饱饭"的问题得到解决后，蔬菜、水果、猪牛羊肉、家禽、奶产品、水产品等劳动和资金密集型的高价值农产品增速更快。高价值农产品生产增长丰富了居民饮食的多样性，同时促进了农民的充分就业与农业增收，对社会稳定也起到了重要作用。

（二）粮食安全现状

研究粮食安全，首先要明确粮食安全的定义。在国际上，通常使用 Food Security（食物安全），这里的食物不仅包括谷物，也包括谷物以外的所有食物。我们通常关注的是谷物，因为谷物为人类提供主食，也为畜牧业提供饲料。在国内，Food Security 通常被翻译成"粮食安全"，常常把粮食等同于食物，但谈到粮食安全时，一般指的是谷物（水稻和小麦等口粮以及玉米等饲料粮）、薯类和豆类（主要指大豆）。在 20 世纪六七十年代，中国要解决温饱问题，当时政府把国际通用的食物安全等同于粮食安全，是可以理解的。政府对粮食安全的关注范畴和目标是根据中国经济社会发展和形势变化的需要不断调整的。"十一五"期间发布的《国家粮食安全中长期规划纲要（2008—2020 年）》提出粮食自给率稳定在 95% 以上，主要指的是谷物、薯类和豆类。党的十八大以来，以习近平同志为核心的党中央提出新粮食安全观："谷物基本自给、口粮绝对安全"。粮食安全和食物安全在研究范畴、具体理解以及时代背景方面，存在一些差异。粮食安全的概念在深度和广度上有必要进行延伸。从深度上讲，需要强调稻谷和小麦的口粮安全，也要关注饲料粮和畜产品安全。从广度上讲，应进一步关注食物安全和食品安全问题。

虽然水土资源相当短缺，但中国农业取得了巨大成就，保持了快速增长，满足了不断增长的国内食物需求并大幅度地减少了农村贫困人口。中国耕地资源约占全球 8%，淡水资源仅占全球 5%，却为全球 18%（2020 年）的人口提供了高达 95% 的食物。然而 2020 年以来，受国际粮价波动等影响，特别是叠加新冠肺炎疫情冲击，粮食安全问题又受到社会各界和学术界的广泛关注及担忧，甚至出现了对粮食安全问题的误判和误导。

首先，我国口粮绝对安全，近期中国粮食安全有充分的保障。2020年中国粮食生产总量6.695亿吨，比2019年增长0.9%，再创历史新高。粮食人均占有量达到480公斤左右，高于国际上认可的人均粮食基本安全线（400公斤）20%。国家有关部门多次强调，2020年底两大口粮（小麦和稻谷）库存量相当于全国人民一年的消费量；国家粮食战略储备库存与消费比远高于联合国粮农组织提出的20%左右的安全水平。近年来，小麦和稻谷生产量超过需求量，库存剧增，口粮安全不但不存在问题，反而存在库存压力和去库存难题。

其次，玉米基本可以自给。2020年玉米产量达到2.61亿吨，与2019年数量基本持平。随着国内生猪生产逐渐恢复，玉米饲料需求将有所增加，玉米部分需求缺口需要通过进口弥补。2020年玉米进口1130万吨，占国内玉米消费量的近4%，虽然未来几年还会有所增长，但玉米供需基本平衡。过去两年在国际玉米价格低于国内价格的情况下，增加玉米进口对近期恢复生猪生产、稳定以至降低猪肉价格起到了积极作用。但随着生猪生产进入新的过剩时期，猪肉价格下降，生猪生产对饲料需求会有所下降，玉米进口在今后几年可能将保持在2000万吨左右。

最后，大豆进口逐渐恢复。过去两年，大豆进口也随着国内生猪生产的恢复相应增长，虽然2020年大豆进口量高达10032.7万吨，比2019年高13.3%，但比2017年进口量（9953万吨）只高5%。2021年大豆进口还会有所增加，但要发展我国畜牧业和满足国民对畜产品和食油需求，进口超亿吨大豆将会成为大豆贸易的常态。

三、国内粮食安全趋势判断与种业创新

虽然近期我国口粮绝对安全，谷物基本自给，但未来仍面临诸多

挑战。第一，在口粮方面，随着居民收入不断提高，对优质大米和特种小麦（如强筋和弱筋小麦）的需求仍在增长。第二，随着畜产品需求的不断增长，我国对饲料粮（玉米与大豆）的需求也将不断增加，粮食安全主要是饲料粮安全，但适度进口玉米是可控的，大豆主要依赖进口的局面难以改变。第三，农业水土资源短缺是中长期粮食安全面临的最大挑战。第四，农业技术进步创新体制机制不顺，生物育种技术产业化应用滞后，农业基础和应用基础研究投入不足。

（一）国家粮食安全趋势判断

北京大学中国农业政策研究中心（CCAP）近期对我国主要农产品中长期需求、生产和自给率做了预测，其中在基准方案假设下（即在正常情况下）的预测结果分别如图1、图2、图3所示。预测表明，到2028年左右，全国人口将达到峰值后缓慢下降，而城镇人口比例将上升到74%左右，同时由于收入不断增长，对口粮（大米和小麦）的需求将会下降。从产量预测数据看，大米和小麦也呈现一定的下降趋势。由于两大口粮的需求和产量都呈现下降趋势，自给率仍保持在98%以上，进口的主要是优质大米和特种小麦，我国中长期的口粮也是绝对安全的。

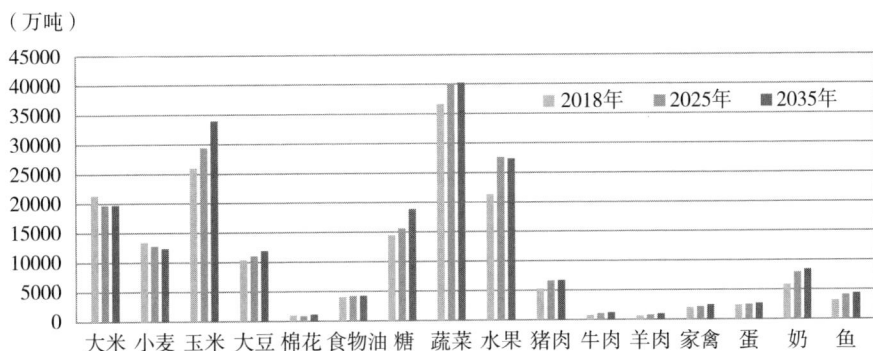

图1　2018年、2025年、2035年主要农产品需求情况

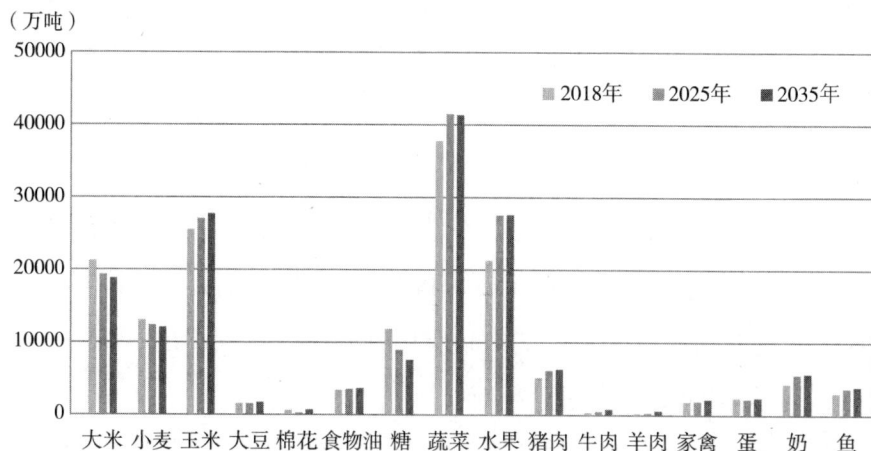

图2　2018年、2025年、2035年主要农产品产量

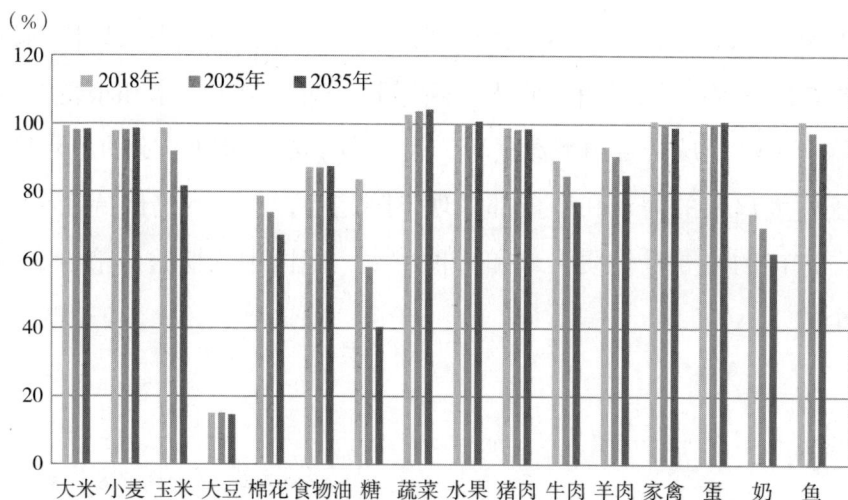

图3　2018年、2025年、2035年主要农产品自给率

　　我国中长期对畜产品的需求不断增长，对饲料需求也将持续增长。虽然玉米产量有所增加，但不及需求的增长，玉米自给率预计将从2018年的99%降到2025年的92%和2035年的82%。大豆需求预计也将继续增长，虽然大豆产量也将增长，但占大豆消费量的比例很

小，自给率长期保持在 15% 以下。玉米和大豆是我国主要进口的农产品。我国对畜禽产品的需求还将持续增长，虽然到 2030 年后增幅有所下降，但畜产品（特别是牛羊肉与奶等）需求增长超过生产增长，自给率将逐渐下降。未来，农产品进口的压力主要来源于消费者对畜产品需求的增长。满足畜产品需求有两种途径，一是加大对畜产品的直接进口，二是加大进口饲料粮以促进国内畜牧业的发展。因为前者往往会面临全球频繁发生的动物疫情而带来的贸易禁运风险，因此后者更为可行有效。发展畜牧业以保障畜产品基本自给和实现玉米自给与提升大豆自给率是两个难以同时实现的目标。饲料可分为饲料粮和饲草，目前我国畜牧业对饲料过于依赖饲料粮。我国草地占国土面积的41%，加大对农牧区牧草的供给能显著降低养殖业蛋白饲料过度依赖进口大豆的现状，同时可提升牛羊肉与奶的生产能力和自给率。应该在保障草地生态安全的前提下，加大对草牧业基础设施建设和科技投入，促进草牧业发展。

（二）我国种业创新能力

过去 40 多年中国农业取得巨大成就主要有"四大驱动力"：农村制度创新、农业技术进步、农产品市场化改革和提升农业生产力的农业基础设施等投入。农业基础设施等投入对农业增长的促进作用是显而易见的，农村制度创新和农产品市场化改革对提高农业生产力、农业生产效率和农业资源配置效率发挥了积极作用。本文重点关注农业技术进步。我国农业科技发展取得了显著成就，建立了庞大的、学科分类齐全的公共农业科研体系，覆盖全国乡镇的农业技术服务推广体系，农业科技运行机制不断完善，政府和企业投入资金不断增加。农业科技创新为中国农业增长起到了极其重要的作用。过去 40 多年，中国农业产值年均增长 5.4%，其中，农业投入年均增长 2.4%，农业全要素生产率（Total Factor Productivity，TFP）年均增长 3.0%。在国际上，一个国家有 2% 的长期农业 TFP 增长率就已经是非常了不起的，而农业 TFP 增长主要来自技术进步。

种子技术是农业科技进步中最重要的技术，育种研发和种子产业发展为支撑我国农业生产力增长起到了重要的作用。随着种子产业和市场规模的扩大，我国良种水平显著提高，品种改良在农业生产增长中起重要的作用。种子市场商业价值从 2000 年的 250 亿元增加到了 2008 年的 350 亿元左右。2000 年第一部《中华人民共和国种子法》（以下简称《种子法》）颁布后，种业市场快速发展。为做大做强种业，2011 年发布了《国务院关于加快推进现代农作物种业发展的意见》（国发〔2011〕8 号，即"种子 8 号文"），提出公共部门退出商业化育种，提高种业门槛，开始规范农作物种业工作。2016 年，原农业部还发布了修订后的《主要农作物品种审定办法》。

过去 20 年，尽管国家高度重视种业发展，但做大做强种业还困难重重。图 4 展示了 1986—2020 年全国省级以上政府审定的三大作物每五年的品种数，1986—2020 年小麦、水稻和玉米种子数稳步增加，增幅平稳。2000 年实施《种子法》后，种子市场在扩张的同时，种子企业数和品种数量也进入快速增长阶段，到 2010 年种子企业数增至 8700 多家；2006—2010 年，单审定的玉米新品种就高达 3699 个（见图 4），平均种子企业规模越来越小。为做强种业，2011 年发布了《国务院关于加快推进现代农作物种业发展的意见》，种子企业数降到 2016 年的 4200 多家，但之后又出现逆转趋势，种子企业数到 2019 年上升到 5500 多家，2020 年更超过 6000 家。

种业是农业的"芯片"，我国在种业自主创新方面与发达国家还有较大差距，种业创新还面临诸多挑战。虽然党中央、国务院高度重视我国种子发展问题，中央也明确要求打好"种业翻身仗"，但要做大做强种业，提升种业创新能力，需要深化种业研发的体制机制改革，厘

（个）

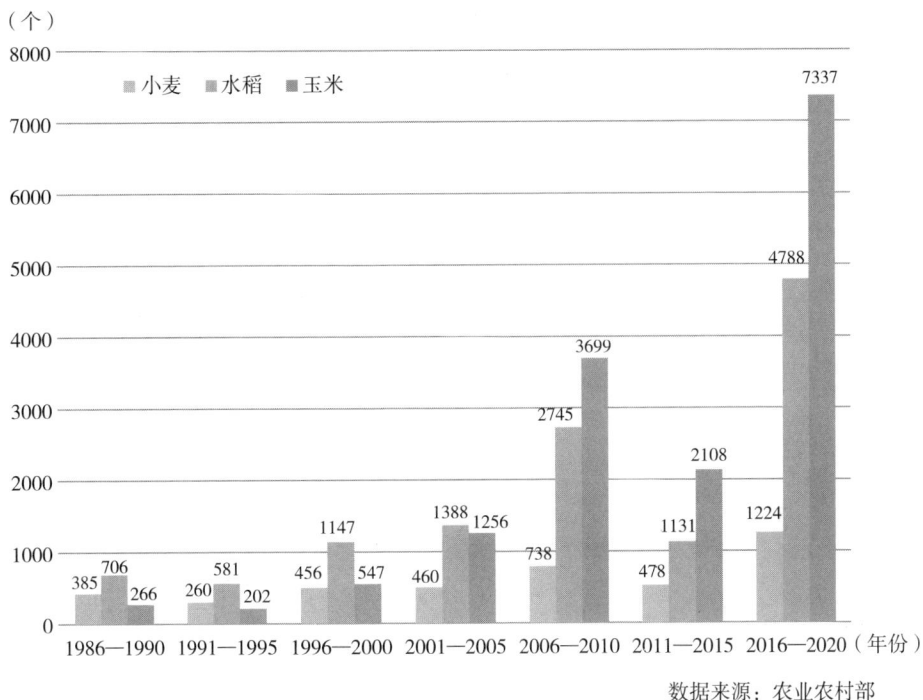

数据来源：农业农村部

图 4　1986—2020 年全国省级以上政府审定的三大作物品种数

清政府与市场的作用。同时，要强化知识产权保护，使企业成为创新
主体；否则，大量中小企业在研发中靠侵犯他人知识产权而获利，甚
至包装其他企业种子进行销售（套牌）或直接制作假包装进行生产经
营（冒牌），严重影响了企业科研投入的积极性及发展壮大动力。

四、结论与政策建议

本文对我国粮食安全现状和中长期形势进行了分析，对种业创新
能力及存在的问题进行了梳理，主要结论如下。

第一，近期和中长期我国口粮都绝对安全。虽然大米和小麦总需
求将下降，但优质大米和特种小麦等高品质口粮需求将逐渐增长。

第二，近期玉米基本可以自给，随着对玉米的需求增长，玉米进

口将逐渐上升，但适度进口玉米是安全可控的。

第三，中国粮食安全的主要问题是保障畜产品安全供给带来的饲料短缺问题，其中大豆作为主要蛋白饲料，高度依赖进口的现象将长期存在。

第四，种业创新是提升农业全要素生产率的重要途径之一，也是减少玉米等农产品进口的主要措施。

第五，虽然种业发展对保障国家粮食安全极其重要，但我国种业小且不强，要做大做强还面临诸多挑战，特别是缺乏现代种业的研发体制和有效的知识产权保护措施。

基于上述分析，本文就保障粮食安全和种业发展提出如下政策建议。

第一，夯实"藏粮于地"战略。坚守18亿亩耕地红线的制度保障和主要政策措施，关注耕地的数量与质量，加大高标准农田的建设和低产农田改造的投入。完善灌溉设施，创新灌溉管理制度，促进水资源高效、可持续利用。

第二，夯实"藏粮于技"战略。要加快生物技术（特别是育种技术）、数字技术和装备技术在农业中的应用，大幅提高农业全要素生产率。

第三，深化种业研发体系改革，真正做大做强种子产业。企业是创新的主体，应建立产学研相辅相成、以企业为主体的创新体系。要加强知识产权保护，为企业投资农业科研（特别是育种研发）提供制度保障和激励机制。

第四，在口粮安全保障方面，要促进优质大米与特种小麦生产。我国口粮数量安全能够得到绝对保障，但大米品质和特种小麦供给还难以满足社会需求。应从供给侧结构性改革入手，启动水稻、小麦购销改革，实施"价补分离"政策，建立稻麦生产者收入补偿和优质优价机制，创造优质优价的生产与市场环境，提升种粮农民收入。

第五，在饲料安排保障方面，要促进饲料多样化，保障国家畜产品和饲料供给安全。饲料粮是我国粮食安全面临的最大挑战，尤其是作为蛋白质饲料的大豆，建议加大油料和牧草等非大豆蛋白饲料生产力度，提升国内饲料总供给能力，降低养殖业蛋白饲料对进口大豆的高度依赖。积极推进草地农业发展，在保障草地生态安全的前提下，加大对草牧业基础设施建设投入，促进牧区草地农业发展。对于大豆进口，适当扩大贸易国数量，使进口多样化。

第六，高度关注全球粮食安全和贸易治理体系，积极推进粮食贸易国际治理体系的构建。建立应对国际突发事件响应与预案机制，帮助发展中国家发展农业生产力，提高这些国家的粮食产量，提高全球粮食供给能力。

（摘编自《社会科学家》2021 年第 8 期）

我国种业安全目前形势如何

钱前，中国科学院院士、中国农业科学院作物科学研究所所长

"只有用自己的手攥紧中国种子，才能端稳中国饭碗，才能实现粮食安全。种源要做到自主可控，种业科技就要自立自强。这是一件具有战略意义的大事。" 2022 年 4 月 10 日，习近平总书记在海南省三亚市崖州湾种子实验室考察调研时，再提种子。

当前，我国种业发展基础仍不牢固，保障种源自主可控比过去任何时候都更加紧迫，粮食安全这根弦比过去任何时候都要绷得更紧。我国种业安全目前形势如何？如何用自己的手攥紧中国种子，端稳中国饭碗？中国科学院院士、中国农业科学院作物科学研究所所长钱前作出了自己的分析。

当前我国种业安全形势如何，面临哪些问题和挑战

"十三五"期间全国审定主要农作物品种 1.68 万个，比"十二五"期间增加了 1 倍多，新品种的育成为保障"中国粮"主要用"中国种"作出了积极贡献。在产能方面，2021 年我国粮食总产量超过 6.8 亿吨，创历史新高，有力支撑了从"4 亿人吃不饱"到"14 多亿人吃得好"的转变。

但我国粮食丰收没有改变粮食供求紧平衡的格局。近年来，我国粮食需求呈持续增长态势，2021 年粮食进口量突破 1.6 亿吨，对外依存度超过 19%。预计到 2030 年我国水稻、小麦、玉米等主要作物生产能力须提高 20% 以上才能满足基本需求。

现阶段我国在种业原创方面取得了哪些成果

以水稻为例，我国水稻常年种植面积稳定在 4.5 亿亩以上，2021 年稻谷平均单产达到 474 公斤 / 亩，在全球水稻种植面积前十的国家中单产水平最高，为确保口粮绝对安全作出了战略贡献。水稻的稳产增产背后发挥关键作用的，正是一代又一代的水稻原创性新品种。

我国的水稻育种经历矮化育种、杂种优势利用和超级稻培育三次飞跃，也是水稻产业原创种子的成功实践。

此外，面向植物工厂和未来太空育种，适应水稻品种满足一年多代、多层立体种植的条件需求，我们创制了两份适于室内种植的水稻新种质"小薇"和"小美"。

习近平总书记在考察海南省三亚市崖州湾种子实验室时，询问了"小薇"水稻的产量和品质。请介绍一下"小薇"

"小薇"是我们团队经过十余年的攻关，通过 EMS（一种烷化剂，用于化学诱变）诱变和遗传突变筛选获得的新型水稻品种。该类型品种仅为野生型水稻株高的 1/4，其早熟材料的抽穗期为 46 天，具有生长周期短、株型和生物量小、空间利用率高等优势，可以像双子叶模式植物拟南芥一样，在实验室内进行大规模种植和筛选，并且实现表型精确鉴定，是开展遗传育种研究和实现室内水稻工厂化生产的理想种质，满足未来育种需求。

当前，我国农业生产用种安全总体情况如何，还存在哪些差距和短板，需要在哪些方面进行攻坚

目前，我国农作物种子年进口量约占国内用种总量的 0.1%，总体

上农业生产用种安全有保障，风险可控。所谓的"卡脖子"问题，在我们看来，更体现在质量水平上的差距。因此从严格意义上来讲，不存在致命性的"一卡就死"的卡点，但必须正视我们在玉米、大豆等作物种子的整体水平方面与国际先进水平存在的差距，并聚焦短板着力攻坚。

一是加强种质资源鉴定评价，加强重大应用价值基因的挖掘。目前，我们在资源收集与保存方面做了很多工作，但种质资源鉴定的广度和深度均不够。"十三五"时期，我国开展了主要农作物和畜禽种质资源精准鉴定，但精准鉴定比例均不足10%，种质资源优势有待转化为基因资源优势，从而进一步转化为育种创新优势。

二是瞄准突破性品种选育开展核心种源的改良创新。从种质资源到突破性品种的选育，中间还有一个种质创新的过程，这是一个优良基因发掘与利用的过程，也是彰显各国育种水平的重要方面。

三是加强前沿育种技术的研发。生物育种技术是保障未来粮食安全、选育破解资源环境约束重大品种的关键技术，是新一轮农业技术革命的竞争焦点。美国等发达国家为了抢占生物育种发展先机，相继出台政策、法规鼓励生物育种发展。国际生物育种产业市场已经向少数大企业集中，产业的集中度越来越高，规模化、集团化和全球化成为生物育种发展的大趋势。

当前，我国在种子的新品种选育中存在的突出问题是什么

我国尚未成为种业强国，主要原因是种业发展基础不牢固。当前，我国种业企业多、小、散、弱，且多处于产业链下游，企业自主创新意愿不足、能力不强，有不少实质性派生品种的品种同质化问题严重，成为我国新品种选育中的突出问题。

2022 年 3 月 1 日，最新修改的《中华人民共和国种子法》正式施行。本次修改进一步强化了对于种业原始创新、种质资源的保护，这对促进种业振兴、确保粮食安全有何意义

新修改的《中华人民共和国种子法》遵循种业发展客观规律，一方面，明确强调要加强种质资源保护，把基础性源头性工作做好，这些珍稀、濒危、特有资源中蕴含的遗传物质恰恰是最有可能育成优质品种的遗传材料；另一方面，适应种业振兴新形势新要求，聚焦保护植物新品种权，进一步加强知识产权保护，健全激励种业原始创新的法律制度。

此次修改是我国植物新品种保护制度建设的标志性事件，对推进种业振兴具有深远意义，为我国加强植物新品种权保护，促进种业自主创新，推动实现种业高质量发展，最终牢牢掌握粮食安全和农业现代化主动权提供了法律保障。

此次《中华人民共和国种子法》修改对加强品种权保护作出了哪些规定

加大保护力度是此次《中华人民共和国种子法》修改的重中之重，这是令我印象深刻的一个方面，特别是"重点收集珍稀、濒危、特有资源和特色地方品种"。新修改的《中华人民共和国种子法》全面强化了品种权的保护力度，为权利人提供了更多行使权利的机会，同时让侵权者付出更加沉重的代价，将保护水平推向新高度。

再者就是对知识产权的保护与育种原始创新的激励。新修改的《中华人民共和国种子法》第一条开宗明义，"加强种业科学技术研究，鼓励育种创新"。

新修改的《中华人民共和国种子法》最大的调整在于建立实质性

派生品种制度。在国际植物新品种保护联盟（UPOV）78 个成员中，有 69 个已经实行这一制度。之前实质性派生品种制度的缺失是影响我国作物育种科技创新，造成突破性品种匮乏和植物品种权纠纷增多的重要因素。

　　（摘编自中央纪委国家监委网站 2022 年 4 月 20 日，原标题为《我国种业安全目前形势如何？如何用自己的手攥紧中国种子，端稳中国饭碗》，采访整理：陈瑶）

我国粮食安全形势、挑战及应对

蒲实，中共中央党校（国家行政学院）报刊社副总编辑、研究员

虞洪，四川省社会科学院农村发展研究所副所长、研究员

田媛媛，四川省社会科学院硕士研究生

当前，我国已进入新的发展阶段，粮食安全是国家安全的重要基础。近年来，我国的粮食安全治理工作取得了巨大成就，粮食安全基本得到保障，但我国粮食安全仍然面临播种面积难以得到保障、供应链完整性不足、粮食规模经营主体发展能力有待提高以及粮食供需结构性矛盾凸显等问题和挑战。

一、保障粮食安全压力不断加大

从宏观层面来看，粮食安全主要受国内供给、需求以及进出口的影响。因此，保障全国粮食安全，要统筹考虑国内粮食安全和国际粮食安全情况，尤其是新冠肺炎疫情影响而导致国际粮食流通受阻、粮食出口意愿降低的情况下，高度关注国际、国内粮食安全形势的变化，为判断未来的粮食安全形势提供依据。

（一）资源环境支撑能力下降

资源环境承载能力是影响粮食供给的基础性支撑要素，虽然通过土地综合整治尤其是高标准农田建设等增加了粮食生产能力，但从整体进行分析，资源环境对粮食安全的支撑能力趋于下降。

1.耕地资源持续减少

一方面，耕地数量持续减少。近年来虽然通过采取土地整理、高标准农田建设等措施增加了部分耕地资源，但由于耕地后备资源不足

和生态红线的制约，新增耕地的难度越来越大。同时，在基础设施建设、城市化和工业化发展等需求快速增加的背景下，耕地大幅减少，根据《第三次全国国土调查主要数据公报》，截至 2019 年底，全国耕地面积为 19.18 亿亩（12786.19 万公顷），相较于 2009 年同期数据减少了 1.13 亿亩（953.33 万公顷）（见图 1）。

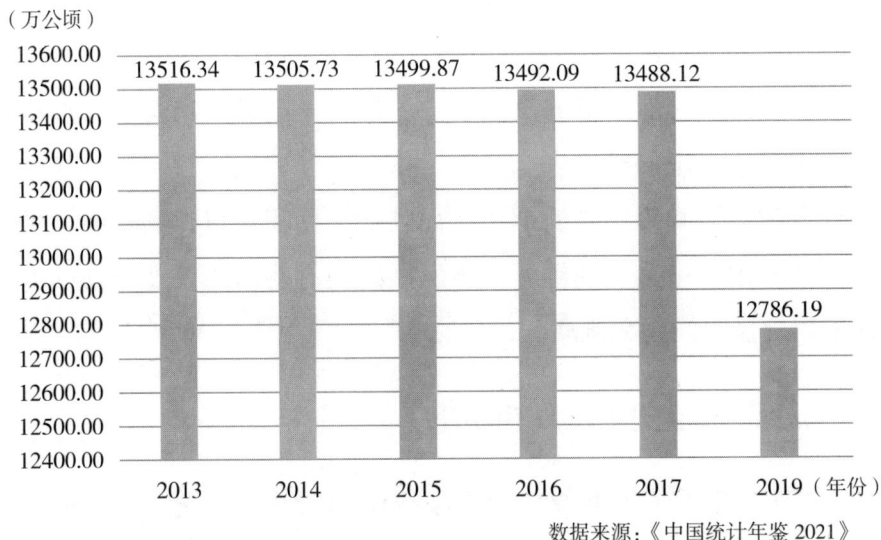

（万公顷）

年份	面积
2013	13516.34
2014	13505.73
2015	13499.87
2016	13492.09
2017	13488.12
2019	12786.19

数据来源：《中国统计年鉴 2021》

图 1　2013—2019 年全国耕地面积变化情况

另一方面，耕地质量偏低。从《2019 年全国耕地质量等级情况公报》来看，虽然全国耕地质量平均等级近年来有所提升，已达到 4.76 等，但一至六等的中差耕地和七至十等优质耕地的相对比例已达到约 8∶1。同时，如果考察七至十等优质耕地数量和占比变化，则会发现相较于 2014 年同期数据，七至十等优质耕地占比从 27.93% 下降到 21.95%，七至十等的优质耕地占比总体下降了 5.98 个百分点。

2. 水资源人均占有量少，时空分布矛盾加深

一方面，人均水资源占有量很低。2020 年，全国人均水资源量为

2239.8 立方米，相较于世界人均水资源量，我国人均水平仅有世界平均水平的 1/4。另一方面，水资源时空分布不均，由于降雨主要集中于 6 月—9 月，部分地区遭受暴雨灾害、另一部分地区却遭遇旱灾。2020 年全国共出现 58 次暴雨灾害且较常年（39 次）偏多 19 次，同时区域性和阶段性干旱明显，导致全国农作物受灾 1995.76 万公顷、绝收 270.60 万公顷。而且，2020 年 13 个粮食主产省份的粮食产量占全国粮食总产量的 75.43%，但水资源只有全国的 45.74%，随着粮食生产中心不断北移，北方缺水与粮食尤其是水稻生产用水的矛盾日益突出。

3. 农村劳动力持续净流出，结构性短缺加剧

从历次全国人口普查数据来看，乡村居住人口持续减少。第七次全国人口普查公报的数据显示，截至 2020 年底，全国居住在乡村的人口约为 5.10 亿人，相较于第六次人口普查，这一人口数据约减少了 1.64 亿人，乡村居住人口总体占比下降约 14.21%（见图 2）。

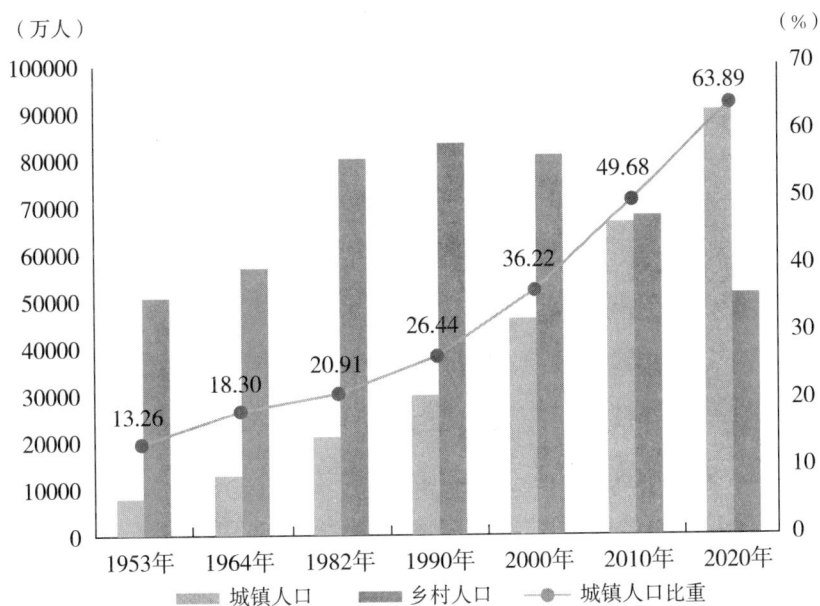

图 2　第一至第七次全国人口普查城乡人口数据及城镇人口比重

相较于第六次全国人口普查数据，第七次全国人口普查数据显示，在全国人口中，0—14 岁人口占比提高了 1.35%，达到 17.95%；65 岁及以上人口占比提高了 4.63%，达到 13.50%（见表 1）。在全国劳动年龄人口占比大幅度减少的同时，由于农村大量劳动力外出务工，农村老龄化现象比城镇更为严重，农村劳动力"过剩"的格局不仅扭转，而且"结构性短缺"日益加剧，2020 年，总抚养比达到 45.88%，比2010 年的 34.18% 提高 11.70%。我国地形以山区和丘陵为主，大多数地方粮食生产难以实现大规模机械化，劳动力短缺将直接影响着粮食生产经营方式，传统的以大量投入劳动力为支撑的粮食精耕细作模式快速减少。更为重要的是，随着城镇化的加速和"三孩政策"的实施，加上部分外出务工劳动力随着年龄的增长在丧失劳动力后返乡生活，在未来较长一段时期内，农村劳动力"结构性短缺"将持续加剧，这就要求粮食生产经营模式必须作出适应性的调整。

表 1　第六次、第七次全国人口普查年龄结构

年龄	第六次人口普查		第七次人口普查	
	人口数	比重（%）	人口数	比重（%）
0—14 岁	222459737	16.60	253383938	17.95
15—59 岁	939616410	70.14	894376020	63.35
60 岁及以上	177648705	13.26	264018766	18.70
其中：65 岁及以上	118831709	8.87	190635280	13.50
总计	1370536875	100.00	1411778724	100.00

数据来源：《第六次全国人口普查公报》和《第七次全国人口普查公报》

4. 主要农资投入超出合理水平，利用率偏低

化肥、农药是生产粮食的主要农资投入品之一，农药、化肥的使

用虽然在促进粮食增产中发挥了重要作用。但是，乱用、滥用农药、化肥不仅影响着粮食的质量安全，更为保障粮食的长期安全埋下了隐患。

从化肥的使用来看，世界平均水平每亩地使用化肥量为8公斤，根据2015年2月原农业部下发的《到2020年化肥使用量零增长行动方案》，2013年我国农作物每亩地平均使用化肥量达到了惊人的21.9公斤，远远高于世界平均水平。就具体数据而言，2020年全国农用化肥使用量5250.7万吨，若按照当年农作物播种面积16748.7万公顷计算，则平均每亩农作物使用化肥为21.25公斤。从横向来看，稻谷、小麦、玉米三大粮食作物亩平投入化肥折纯用量达25.49公斤，高出平均水平4.24公斤；从纵向来看，全国农用化肥使用量在2015年出现拐点（见图3），整体呈现下降趋势，但就三大粮食作物的化肥使用量而言，平均每亩的化肥折纯用量依然持续增长（见图4）。同时，化肥利用率并未得到明显提升，依然保持在一个较低水平，2020年，水稻、玉米和小麦三大粮食作物的化肥利用率仅为40.6%。

（万吨）

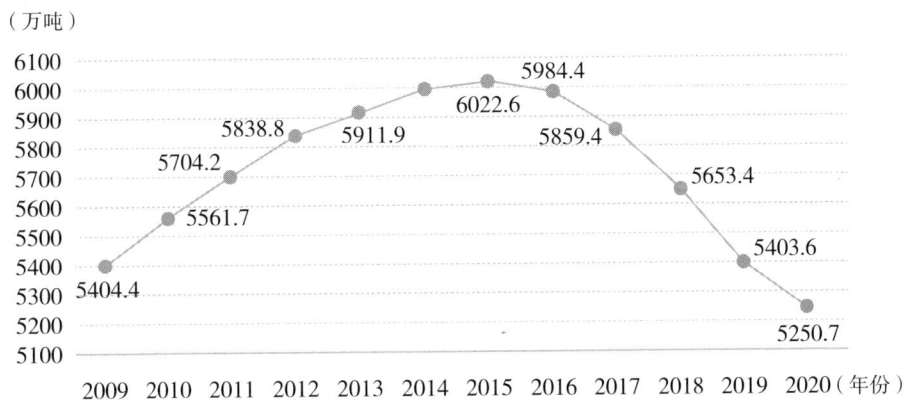

数据来源：《中国农村统计年鉴2021》

图3　2009—2020年全国农用化肥施用量（折纯）

在过量使用化肥的同时，也是有机肥使用不足。从《到 2020 年化肥使用量零增长行动方案》中的数据来看，2013 年全国有机肥资源总养分体量较大，达 7000 多万吨，实际利用量却较小，不足 40%，其中畜禽粪便养分和农作物秸秆养分还田率分别为 50% 左右和 35% 左右。这不仅在一定程度上导致粮食品质下降，而且导致耕地板结、土壤酸化、有机质含量下降，从而降低耕地粮食生产能力，对长期粮食安全形成制约。

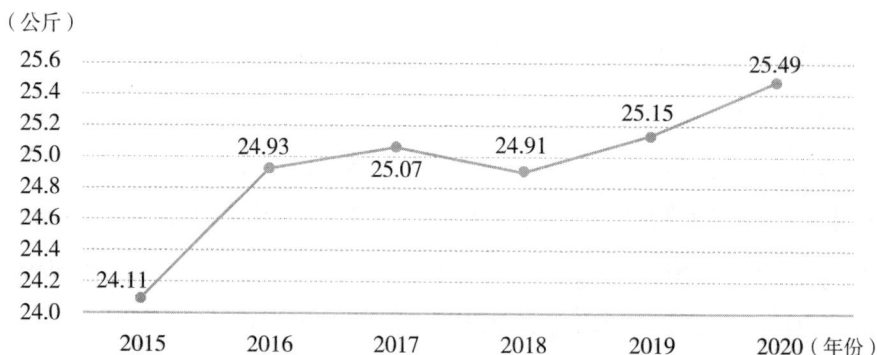

（公斤）

25.6
25.4　　　　　　　　　　　　　　　　　　　　25.49
25.2　　　　　　　　　　　　　　25.15
25.0　　　　24.93　　25.07　　24.91
24.8
24.6
24.4
24.2
24.0　24.11

　2015　　2016　　2017　　2018　　2019　　2020（年份）

数据来源：《全国农产品成本收益资料汇编2021》

图 4　2015—2020 年三大粮食作物平均每亩化肥折纯用量

从农药来看，我国农药消费量长期处于高位，2012—2014 年农作物病虫害防治农药年均使用量 31.1 万吨，亩均用药约 1 公斤，高出同期发达国家亩均农药消费 1 倍以上。从农药利用率来看，2013 年主要农作物农药利用率为 35%，到 2019 年这一数据为 39.8%，并没有出现显著变化。化肥和农药的大量、低效使用，不仅增加了粮食生产成本，还影响着粮食的质量安全，也影响着土壤、水等生态环境的安全，结果就是造成治理时间长、成本高、难度大。依靠大量使用农药、化肥等生产要素的生产模式，虽然可能在短期内提高粮食产量，但从长期来看，不仅生产能力可能受损，而且与安全、健康的粮食消费需求背道而驰。因此，需要从粮食生产经营主体的粮食生产行为着手，采取有效措施促进粮食生产经营模式转型，从而扭转化肥、农药等农资过度、低效使用的格局。

（二）消费需求快速提挡升级

保障粮食安全的目的就是满足粮食消费需求。粮食消费需求结构快速提挡升级，不仅提高了粮食总量、质量需求目标，而且加剧了供需结构矛盾，从而形成了部分粮食供给过剩与部分粮食供给不足并存的局面。

1. 人口结构变化带来消费结构转型

我国城镇化率的逐年提高（见图5）对粮食消费结构以及消费水平都产生了极大的影响。虽然城镇居民人均粮食（原粮）消费大幅低于农村居民人均消费水平，但在蔬菜及食用菌、肉类、禽类、水产品、蛋类、奶类食品等方面的消费均高于农村居民（见表2）。随着城镇化水平的提高，农民进城转化为市民，其饮食结构也会朝着城镇居民改变，由此促进消费结构转型。

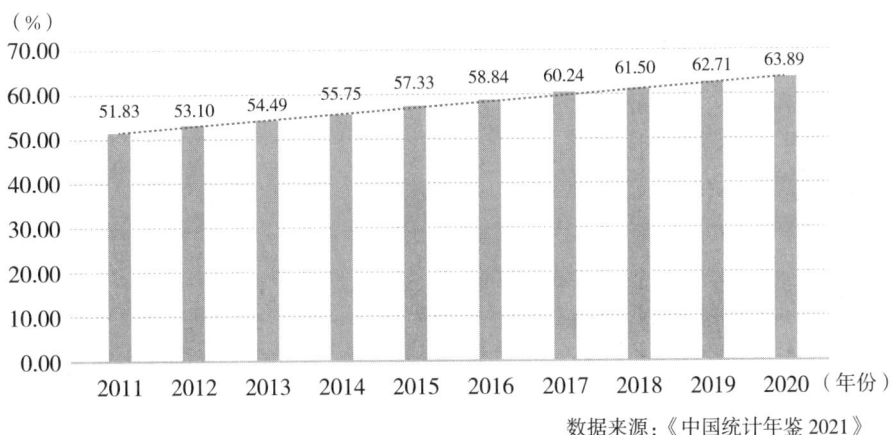

（%）

年份	城镇化率
2011	51.83
2012	53.10
2013	54.49
2014	55.75
2015	57.33
2016	58.84
2017	60.24
2018	61.50
2019	62.71
2020	63.89

数据来源：《中国统计年鉴 2021》

图5　中国 2011—2020 年城镇化率

表2　2013—2020 年全国城乡居民主要食品人均消费量对比

单位：kg/ 人 / 年

年份	居民类型	粮食（原粮）	其中：谷物	蔬菜及食用菌	肉类	禽类	水产品	蛋类	奶类
2013	城镇居民	121.3	110.6	103.8	28.5	8.1	14.0	9.4	17.1
	农村居民	178.5	169.8	90.6	22.4	6.2	6.6	7.0	5.7
2014	城镇居民	117.2	106.5	104.0	28.4	9.1	14.4	9.8	18.1
	农村居民	167.6	159.1	88.9	22.5	6.7	6.8	7.2	6.4
2015	城镇居民	112.6	101.6	104.4	28.9	9.4	14.7	10.5	17.1
	农村居民	159.5	150.2	90.3	23.1	7.1	7.2	8.3	6.3
2016	城镇居民	111.9	100.5	107.5	29.0	10.2	14.8	10.7	16.5
	农村居民	157.2	147.1	91.5	22.7	7.9	7.5	8.5	6.6
2017	城镇居民	109.7	98.6	106.7	29.2	9.7	14.8	10.9	16.5
	农村居民	154.6	144.8	90.2	23.6	7.9	7.4	8.9	6.9
2018	城镇居民	110.0	98.8	103.1	31.2	9.8	14.3	10.8	16.5
	农村居民	148.5	137.9	87.5	27.5	8.0	7.8	8.4	6.9
2019	城镇居民	110.6	98.5	105.8	28.7	11.4	16.7	11.5	16.7
	农村居民	154.8	142.6	89.5	24.7	10.0	9.6	9.6	7.3
2020	城镇居民	120.2	107.3	109.8	27.4	13.0	16.6	13.5	17.3
	农村居民	168.4	155.0	95.8	21.4	12.4	10.3	11.8	7.4

注：根据《中国统计年鉴 2021》整理

2. 收入水平提高带来消费结构升级

经济合作与发展组织（OECD）联合国粮食及农业组织联合发布的《经合组织—粮农组织 2020—2029 年农业展望》中预测："到 2029 年，

所有收入群体的主食在'食品篮'中的份额都将下降，尽管程度不同。"随着经济的发展和居民收入的增加，一方面，食品支出在城乡居民消费支出总额中的比重不断下降，城乡居民可以在食品消费上拥有更丰富的选择，近年来我国恩格尔系数呈现出持续下降的趋势（见图6）。另一方面，我国经历了"不得温饱""基本温饱""全面小康"三个发展阶段，粮食消费从"吃得饱"向"吃得好""吃得健康""吃得放心""吃得便利"转变，不仅饮食结构中主食和脂肪趋于被高价值食品所代替，大米、小麦等主粮消费占比减少，而营养更加丰富的熟菜、水果和动物产品消费占比增加，而且对粮食的安全性、健康性和品质性需求也趋于增加；在口粮、饲料用粮、工业用粮三大粮食消费结构中，口粮占比从2012年的50.5%下降到2018年的35.9%。李隆玲、武拉平等学者的研究成果也表明，城乡居民口粮消费比例逐渐减小，消费动物性产品引致的饲料粮需求比例不断增加。而且，从未来的发展趋势看，口粮消费还会趋于下降，而饲料用粮与工业用粮还会增加，这要求我国粮食生产必须随之作出相适应的调整。

注：根据历年国民经济和社会发展统计公报整理

图6　2009—2019年全国城乡居民恩格尔系数

　　长期以来，粮食产生"重量轻质"的导向，使粮食供给结构难以满足消费需求结构的变化，从而导致两个方面的矛盾。一方面，造成供求结构性矛盾。如水稻、小麦等产能过剩，形成大量库存积压，而玉米、大豆等国内供应却明显不足。2018年全国粮食产销总量上存在470亿斤的缺口，稻谷、小麦表现为产大于消，分别约为690亿斤和450亿斤；玉米和大豆，则表现为产不足消，分别约为660亿斤和1600多亿斤，2019年大豆进口量高达8851.1万吨。另一方面，造成品质结构矛盾。高品质产品的自我供给能力不足，高端大米、特种小麦、玉米等优质粮食进口量大。其中，2019年进口大米254.6万吨、小麦348.8万吨、玉米479.3万吨，同期出口则分别为274.8万吨、31.3万吨和2.6万吨。2021年，全国进口粮食总量高达1.6亿吨，创历史纪录。因此，以人口增加为基础、消费需求提挡升级为驱动的粮食消费总量刚性增长，加上资源环境的约束，同步实现增量提质保障粮食数量安全、质量安全和生态安全的压力趋于加大。

　　（三）国际粮市不确定性增加

　　当前，国际环境愈加复杂和充满不确定性，加上新冠肺炎疫情的影响，全球动荡源和风险点显著增多。在这样的形势下，泰国、印度等多个国家由于极端天气而导致粮食减产，部分国家采取了禁止粮食出口的措施，包括粮食在内的国际大宗商品价格受到较为严重的影响，国际粮食市场供给的不确定性增加。2020年1月—11月，全国出口粮食334万吨，同比减少15.6%；进口粮食12920万吨，同比增长29.6%。联合国粮农组织表示，2020年全年世界粮食价格指数平均为97.9点，创3年新高，到2020年12月，世界粮食价格录得连续第七个月上涨。国际粮食市场的波动直接影响着国内市场的粮食价格，即便在国内粮食生产连续增产的情况下，2020年1月—11月全国粮食类居民消费价格环比仍然上涨1.2%。在国际市场的不确定性影响下，我国采取了加强进口、减少出口的措施。根据海关总署官方网站数据，2021 年 1 月—5 月，全国进口粮食 6667.5 万吨、进口金额 277.42 亿美元，同比分别增加 50.65% 和 69.62%；出口粮食仅 135.7 万吨、出口金额 7.55 亿美元，同比分别减少 14.11% 和 11.94%。这不仅表明新冠肺炎疫情对我国粮食影响巨大，而且后期影响将不断显现，如随着进口量的增加，粮食价格可能延续上涨的势头。因此，在国际粮食市场供给量和价格双重不确定性增加的情况下，更需在以国内大循环为主体、国内国际双循环相互促进的新发展格局下增强粮食自给能力。可以说，构建粮食双循环新格局是一项涉及粮食生产、供应、流通和消费等各个环节，推动粮食产业改革开放、创新发展的新方略。

二、保障粮食安全面临五大中长期挑战

古往今来，粮食安全都是治国安邦的首要任务，因为粮食价格是"百价之基"，粮食安全是维系社会稳定的"压舱石"，是实现国家发展的"定海神针"。习近平总书记反复强调，保障国家粮食安全是一个永恒的课题。虽然全国粮食产量已经连续 7 年稳定在 1.3 万亿斤以上，但仍然不能轻言过关，尤其是新冠肺炎疫情等不确定因素对全球贸易和粮食安全造成极大风险，让粮食安全问题的严峻性进一步凸显。值得注意的是，新冠肺炎疫情已经对我国粮食生产造成了不同程度的影响（见表 3）。尽管新冠肺炎疫情并未对全球粮食生产造成整体性的影响，但已经出现部分粮食出口国禁止粮食出口和部分群众抢购囤积粮食的现象。因此，必须高度关注影响粮食安全的潜伏性、长期性影响因素，不仅做好当前的粮食安全保障工作，更要着眼中长期的挑战提高粮食安全保障能力，高度重视我国粮食安全面临的挑战性矛盾。

表3　新冠肺炎疫情对种粮主体粮食生产的影响

影响程度	种粮大户		普通种粮农户		粮食生产经营合作社		三大主体合计	
	样本（个）	占比（%）	样本（个）	占比（%）	样本（个）	占比（%）	样本（个）	占比（%）
非常大	32	6.94	87	16.32	13	8.07	132	11.43
比较大	65	14.10	153	28.71	37	22.98	255	22.08
比较小	158	34.27	222	41.65	59	36.65	439	38.01
非常小	39	8.46	63	11.82	11	6.83	113	9.78
基本无影响	167	36.23	8	1.50	41	25.47	216	18.70
合计	61	100	533	100	161	100	1155	100

（一）粮食播种面积难保障

在现有的基础设施和技术条件下，我国粮食供给能力的稳定必须以基本的粮食播种面积作为支撑。一些影响粮食播种面积的长期因素依然存在：其一，随着经济的发展和土地流转比例的增加，耕地"非农化"和"非粮化"加剧。其二，在脱贫攻坚战略中，扶贫产业的发展基本是"非粮化"导向。习近平总书记多次强调，"确保重要农产品特别是粮食供给，是实施乡村振兴战略的首要任务"。但在实施脱贫攻坚和乡村振兴战略过程中，脱贫和增收大都采取"非粮化"取向，"非粮化"趋势不但没有逆转，反而呈增长趋势。2010年以来，粮食播种面积占农作物播种面积的占比呈先升后降态势，2016年以来呈现明显下降趋势，从71.42%下降到2020年的69.72%，并且是10年来最低值（见图7）。其三，抛荒地日益增加，而且在利用抛荒地增加粮食供给能力上未取得实质性进展。如果说合理的轮作休耕有利于提高地力，那么，长期的抛荒则对生产能力造成了严重损害，如一些耕地已经自然形成了灌木林。这对于在外部粮食市场压力加大的情况下，试图通过扩大粮食种植面积来增加供给能力形成了严重的制约，导致"藏粮于地"大打折扣。而且，除了显性抛荒之外，还有粗放化经营等导致的隐性抛荒。

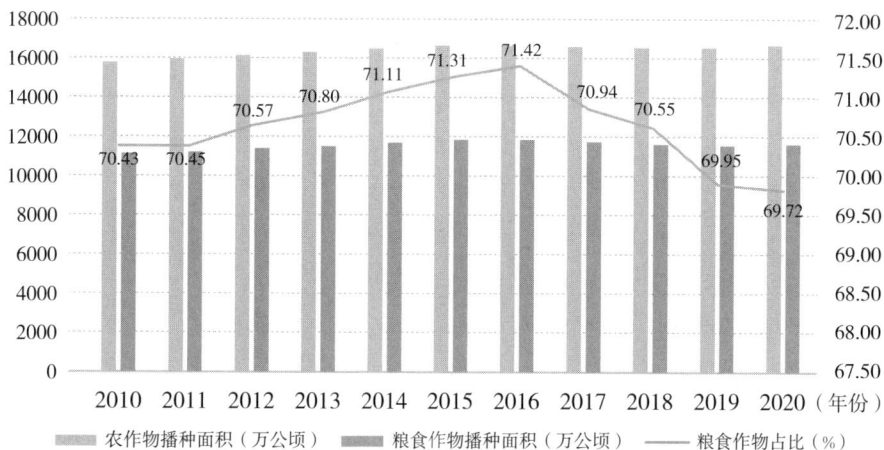

注：根据历年《中国统计年鉴》整理

图 7   2010—2020 年全国粮食与农作物播种面积

（二）粮食供应链面临全面冲击

粮食安全不仅需要生产环节的安全，更需要形成完整的供应链保持有序的粮食供给。从国内来看，由于复工复产的时序不一，粮食生产资料的供应受到一定程度的影响，加上粮食生产经营主体惜售和居民分散性储存增加，导致产业链在短期内难以恢复到正常水平。从国际来看，粮食价值链的复杂性以及贸易和运输的重要性，让新冠肺炎疫情影响下的国际粮食市场脆弱性前所未有地凸显出来。联合国粮农组织高级经济学家阿巴西安认为，现在国际粮食供应进入了一个相对脆弱的阶段。虽然稻谷、小麦等口粮库存充足，但大豆等加工用粮进口量大，很多粮食加工产品是进口粮食加工的，加上新冠肺炎疫情下越南、巴西等粮食出口大国禁止出口、运输受阻进一步冲击产业链安全。联合国粮农组织预测，全球粮食系统将遭受各种形式的检验和冲击。

（三）粮食规模经营主体发展能力不足

粮食生产的微利性特征突出，粮食生产的农资成本、人工成本上涨仍然会持续。尽管政府在这方面做了一些努力，但长期的基本趋势是粮食生产成本的"地板效应"不断抬升，而且粮食生产经营主体自身化解成本上涨因素的能力极其弱小。大量调查表明，绝大多数粮食规模生产主体主要依靠政府补贴来实现盈利甚至生存，仍然面临发展能力不足、带动性不强的突出问题，由此成为我国粮食供需平衡依然脆弱的重要影响因素。特别是在遭受新冠肺炎疫情冲击和整体经济运行不佳的背景下，粮食规模经营主体将面临更大困难和挑战。种粮是否增收以及增收的程度是农民是否种粮以及种多少粮的重要因素。2019 年全国粮食平均每亩总成本上升到 1108.9 元，是 2009 年 630.3 元的 1.76 倍，是 1999 年 370.7 元的 2.99 倍，更是 1991 年 153.9 元的 7.21 倍。生产成本具有刚性，呈现增长趋势是正常的。然而，与粮食生产成本持续大幅上涨相对应的粮食售价呈上涨趋势，与成本的上涨幅度完全不同步：2019 年每 50 公斤粮食平均售价为 109.4 元，仅为 2009 年 91.3 元的 1.20 倍、1999 年 53.0 元的 2.06 倍、1991 年 26.1 元的 4.19 倍。粮食售价的上涨幅度低于生产成本的增长幅度，即便在粮食亩产量增加的情况下，粮食生产仍呈现明显的微利性特征。1991—2019 年，每亩净利润最高的 2011 年也只有 250.8 元。更加值得警醒的是，2016—2019 年，粮食每亩净利润连续 4 年为负，而且最高亏损达到 85.6 元（见图 8）。在这种情况下，农民种粮的积极性不足，粮食规模经营主体的发展积累能力以及内生动力均受到了严重的影响。

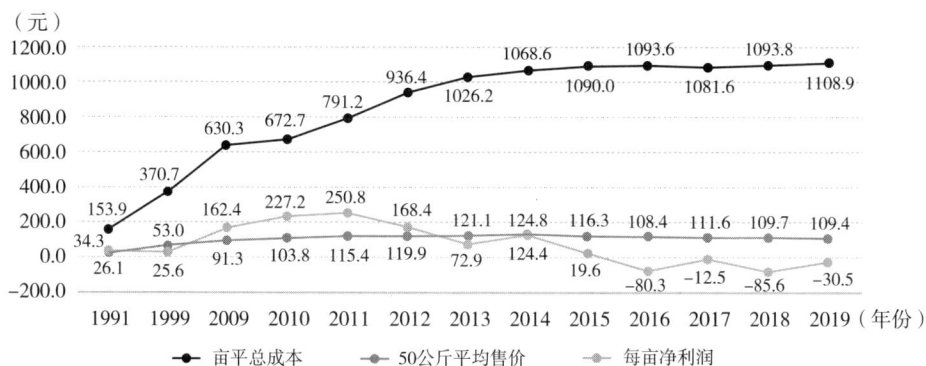

注：数据来自《2020 中国粮食和物资储备年鉴》

图 8　全国粮食生产成本、售价及净利润变化趋势

（四）粮食供需结构性矛盾凸显

从粮食总量来看，实现了口粮完全自给、谷物自给率保持在 95%
以上，而且在中央和地方政府储备品种结构中，小麦和稻谷等口粮品
种比例超过 70%。从短期来看，口粮供给不存在大的问题，但大豆进
口量超过 8800 万吨，进口依赖度超过 80%，且主要源于巴西、美国、
阿根廷。如果在新冠肺炎疫情影响下，其采取限制措施或延迟发货，
将导致国内大豆、豆粕价格出现波动，进而影响到养殖业的发展。此
外，在品种结构上，进口的主要是强筋弱筋小麦、泰国大米等，这意
味着我国粮食的品质结构有待调整优化。

（五）财政收支困难导致粮食产业投入增长受限

在新冠肺炎疫情的持续影响下，财政收支出现双重困难。一方面，
经济活动受到不同程度的影响，大量企业遭受重创，部分行业甚至出
现断崖式下滑，从而导致税基减小；为了促进经济恢复，助推企业渡
过难关，国家推出了大规模的减税降费政策，导致财政收入大幅减少。
另一方面，由于改善民生、推进巩固拓展脱贫攻坚成果同乡村振兴有
效衔接等刚性支出保障压力大，加上新冠肺炎疫情防控、自然灾害等

不确定性的必需开支，导致各级财政收支矛盾异常突出。然而粮食产业作为弱质产业，离不开政策的支持，尤其是在近年来三大粮食作物亩均利润率为负的情况下，更离不开财政大力支持。因此，财政收入来源收窄和支出需求增加双重压力的叠加式影响将导致粮食领域难以保持高强度的投入支持力度。如何在构建多元投资体系基础上着力提高财政投入的效率，是我国实施粮食安全战略应当高度重视的问题。

综上，在新冠肺炎疫情、气候变化等因素的综合作用下，国际粮食安全形势十分严峻。虽然我国在抗击新冠肺炎疫情方面取得了重大的阶段性成效，但全球新冠肺炎疫情蔓延对粮食安全已经形成一些值得引起高度重视的苗头性不利因素。为了增强粮食安全保障能力，针对面临的中长期挑战和近期不利因素，必须采取有效应对措施，在提高当前粮食保供能力的基础上着眼于增强国内粮食的供给能力。在粮食生产硬约束直接改变难度大、成本高的情况下，推动种粮主体分化和行为优化可能是提高粮食安全保障能力的一条重要途径。毕竟，一系列针对提高粮食生产能力的政策措施大多都要经过种粮主体的行为响应才能最终产生作用。

三、进一步提高粮食安全保障能力的建议

保障粮食安全是确保中国人的饭碗牢牢端在自己手里的需要，也是保障涉粮产业安全的需要，更是实现国家经济社会稳定和健康发展的需要。基于新发展阶段保障粮食安全的重大意义和当前我国粮食安全面临的挑战，提出以下几点建议。

（一）增加粮食播种面积

一是切实落实粮食安全省长责任制，调整优化考评激励机制，提高粮食主产县区的自我发展能力和粮食产业发展积极性。二是建立耕地保护基金，将土地出让金的一部分划拨出来，作为专项耕地保护基

金来源，落实轮作制度和休耕制度，同时完善工商资本租赁农户承包地的准入制度和风控机制，防止农地过度"非农化"和"非粮化"；结合农村集体产权制度改革、农村土地承包再延长 30 年具体办法出台和粮食综合补贴等政策法规建立耕地长期抛荒的约束机制，保障粮食生产能力。三是以新型业态植入为方向提高粮食生产经营综合效益，在大力发展"稻虾共生""稻鱼共生"及"稻菜轮作"等生态种植模式提高粮食生产质量效益的基础上，利用集中连片的粮食作物营造农田景观并融入农耕文化创意，因地制宜发展彩色水稻观光、玉米迷宫、秸秆画、农事体验等休闲农业、观光农业和体验农业。四是创新粮食生产经营模式，尤其是依托农村集体经济组织，通过托管、代耕、土地入股等多种模式提高农村抛荒土地的利用效率。

（二）增强粮食产业链稳定性

一是积极加强国际合作，弱化全球新冠肺炎疫情防控下贸易保护主义和物质流通障碍对粮食供应链的不利影响。二是在支持农资生产及粮食加工营销企业复工复产的基础上，支持粮食加工经营龙头企业做强做优，引导其通过自建联建粮食生产基地、开展粮食订单等方式带动粮食基地建设和生产发展，依托产供销一体化增强粮食产业链稳定性。

（三）强化新型粮食经营主体培育

一是针对普通农户种粮比例下降、新型农业经营主体快速发展的趋势，加强以种粮大户、家庭农场、粮食生产专业合作社为重点的粮食适度规模经营主体培育，充分利用粮食生产的规模效益弱化、微利性特征突出的不利影响。二是大力培育新型农业社会化服务组织，以农民专业合作社、供销合作社、专业技术协会、涉农企业等社会力量为主体，以粮食适度规模经营为导向，积极开展粮食生产产前、产中、产后服务，通过工厂化育秧、机插秧以及植保、机收、烘干、仓储等服务降低粮食生产流通成本。三是在强化粮食政策性保险的基础上，根据物化成本、人工成本、土地流转成本以及农产品收益等，构建具有更高保障水平、种粮主体自愿选择购买的补充保险，提高粮食生产风险防范能力。四是强化粮食生产经营主体融资支持力度，鼓励金融机构将种粮农户、合作社等纳入信用贷款支持范围，建立信用贷款和抵押担保制度，缓解种粮主体的季节性资金需求矛盾，对新型粮食经营主体用于扩大粮食生产规模、建设生产加工设施以及购置生产设备的贷款加大贴息力度，降低其融资成本。

（四）加大区域粮食调节

一是健全粮食监测预警机制，加强国际国内粮食市场监测和分析，完善粮食调控机制，提高粮食风险应对能力。二是充分利用中央储备粮的调剂作用，重点针对新冠肺炎疫情影响大、防控任务重的地区强化粮食保障能力。三是把新冠肺炎疫情下各地粮食应急供应保障体系有效性作为重要检验标准，针对短板和不足，进一步完善粮食应急供应保障体系，增强应急状态下的粮食供应保障能力。四是加强舆情监控和处理应对，严厉打击散布谣言、囤积居奇、哄抬粮价等扰乱粮食市场秩序的行为。

（五）健全粮食储备机制

一是强化粮食安全风险防范意识，尤其是要以此次新冠肺炎疫情为契机，有序加强引导，在增强领导干部粮食安全防范意识的同时，增强农民对粮食安全的忧患意识和防范意识。二是提高农民储粮水平，大力推广科学储粮技术，支持建设新型"家庭粮仓"，增大农户储粮能力，改变传统储粮设施和保管方法，减少由于鼠盗、虫蛀或霉烂变质造成的损失，减小政策性粮食储备体系的压力。三是在中央和地方储备粮食体系基础上，鼓励粮食加工营销企业建立现代化粮食仓储设施，鼓励种粮主体联合建立规模化储粮设施，大力推广"粮食银行"等储粮模式，充分发挥市场机制对粮食的调节作用。

（六）优化粮食生产结构

一是调整粮食品种结构，针对粮食结构性过剩与短缺并存的现实，适当调减玉米种植面积，增加水稻和大豆种植规模，并且因地制宜提高青贮玉米的比重，弱化粮食品种结构矛盾。二是优化粮食品种结构，瞄准粮食消费从"吃得饱"向"吃得好""吃得健康"转型的趋势，引导农业科研院校和种源企业加强对口感好、营养价值高等优质品种选育和推广力度，从源头上为种粮主体摆脱"重量轻质"导向提供技术支撑。三是优化粮食品牌结构，鼓励发展绿色有机粮食，在打造区域性优质粮食公共品牌的同时，依托新型经营主体打造特色化产品品牌，形成优质优价的良性循环，减小高端品牌对进口粮食的依赖性。

（七）加强低收入群体救助

一是积极研究价格上涨对城乡低收入群体的影响，落实价格补贴机制，尽可能保证低收入群体基本生活不因粮食价格及其他食品价格上涨受到影响。二是千方百计增强贫困家庭收入，尤其是对新冠肺炎疫情下增收困难的贫困家庭，要通过开发公益性岗位、组织外出务工、加强以购代捐等方式实现稳定增收。三是整合社会资源，形成多样化帮扶主体，打造"政府主动＋社会联动＋慈善带动"多元化救助帮扶模式。政府作为帮扶低收入群体的中坚力量，主动承担责任，通过发动社会力量参与，解决低收入群体急难愁盼问题，同时注重发挥慈善事业在第三次分配中的重要作用。

（八）完善财政支持政策

在财政支农资金难以大幅增加甚至减少的情况下，重点通过优化财政支持领域和方式、提高杠杆撬动作用提高财政资金绩效。一是针对中低产田比重高的现状，集成农业、水利、交通、国土等部门的项目和资金资源打捆使用，有效加强高标准农田建设和中低产田改造及耕地综合治理，推广节水技术和地力培肥，促进地力有效恢复甚至得到提升，让"藏粮于地"战略落地落实。二是转变惠农政策补贴形式，将与粮食实际种植面积、产量等与粮食生产脱钩的"普惠制"补贴政策调整为针对实际种粮主体并与粮食实际种植面积、产量和质量挂钩的农业支持保护补贴政策，切实提高补贴的精准性，形成"多种粮多受益""多产粮多受益""多好粮多收益"的政策导向。三是为适度规模经营提供政策支持，加大对新型粮食经营主体急需的机械化耕作、运输、晾晒、烘干和仓储等关键方面的政策支持力度，完善相关配套服务，政策要注重向种粮适度规模经营户特别是种粮大户和合作社倾斜。同时，将新型粮食经营主体作为高标准农田建设、高产示范创建等项目的起报单位，独立申报和自主实施。

（本文为国家社科基金"种粮主体分化和行为变迁下的粮食安全问题研究"资助项目成果）

内外统筹以我为主，
走中国特色粮食安全之路

粮安天下，农稳社稷。党的十八大以来，以习近平同志为核心的党中央把粮食安全作为治国理政的头等大事，确立了"以我为主、立足国内、确保产能、适度进口、科技支撑"的国家粮食安全战略，确保谷物基本自给、口粮绝对安全，走出了一条中国特色粮食安全之路。习近平总书记强调："保障好初级产品供给是一个重大战略性问题，中国人的饭碗任何时候都要牢牢端在自己手中，饭碗主要装中国粮。""决不能在吃饭这一基本生存问题上让别人卡住我们的脖子。"在外部环境复杂严峻、全球粮食危机日益加重的背景下，习近平总书记"端牢中国饭碗"的殷殷嘱托，有了具体而现实的情境。现在比任何时候都需要处理好发展与安全的关系。本辑主要聚焦中国的粮食安全战略，观察一个人口大国的粮食安全所处环境发生的深刻变化以及我们如何提高政治站位，因应形势，立足国内大循环，促进国内外粮食市场资源循环畅通，可从哪些领域、哪些环节不断提升粮食安全保障能力，当前面临的症结或短板在哪里……

提高政治站位，确保国家粮食安全

王宪魁，十三届全国人大常委会委员、农业与农村委员会副主任委员

党的十八大以来，习近平总书记围绕确保国家粮食安全发表了一系列重要论述，强调"粮食问题不能只从经济上看，必须从政治上看，保障国家粮食安全是实现经济发展、社会稳定、国家安全的重要基础"，"解决好十几亿人口的吃饭问题，始终是我们党治国理政的头等大事"，"中国人的饭碗任何时候都要牢牢端在自己手中，饭碗主要装中国粮"。2021年底召开的中央经济工作会议，要求各级党委和政府、各级领导干部要自觉同党中央保持高度一致，提高政治判断力、政治领悟力、政治执行力。我们要深入学习贯彻习近平总书记关于国家粮食安全的一系列重要论述，深刻认识粮食安全对于确保国家经济安全和社会稳定的重要性，切实提高保障国家粮食安全的政治判断力、政治领悟力、政治执行力，从战略层面把握、从政治高度考量、在工作中精准落实国家粮食安全战略。

从政治高度看待粮食安全问题

习近平总书记指出，"保障好初级产品供给是一个重大战略性问题"，"决不能在吃饭这一基本生存问题上让别人卡住我们的脖子"。提高保障国家粮食安全的政治判断力、政治领悟力、政治执行力，要善于从政治上进行分析和研判，确保中国人的饭碗任何时候都牢牢端在自己手中，中国人的饭碗应该主要装中国粮，始终掌握粮食安全的主动权。

近年来，我国粮食生产成效显著，口粮自给率达到100%，人均粮

食占有量高于人均 400 公斤的国际粮食安全标准线。2021 年，我国粮食产量实现"十八连丰"，达到 13657 亿斤。但应清醒认识到，我国粮食供求仍处于紧平衡状态。粮食品种结构上，稻谷和小麦两个主粮品种产量总体稳定、平衡有余；玉米存在产需缺口；大豆缺口较大，需大量进口。粮食生产区域结构上，粮食主产省份中粮食净调出的省份数量减少，产销平衡区和主销区粮食自给率下滑，粮食生产呈现进一步向主产区集中的趋势。进口持续增加，特别是产需矛盾大的大豆年度进口量持续保持高位，呈现出进口区域集中、进口渠道单一等特点。

提高保障国家粮食安全的政治判断力、政治领悟力、政治执行力，要从政治高度看待粮食安全问题，始终保持清醒头脑和清晰判断，不断提升见微知著的政治敏锐性和政治洞察力，清醒认识我国粮食安全面临的严峻形势。在世纪疫情冲击下，百年变局加速演进，我国发展面临的外部环境更趋复杂严峻和不确定。确保国家粮食安全，绝不能仅仅看口袋里有多少钱，而要看饭碗里有多少中国粮。要不断总结成功经验，找准抓落实的方法和路径，始终立足自身牢牢抓好粮食生产，补齐粮食安全中存在的短板和不足，确保中国人的饭碗主要装中国粮。

坚决扛起粮食安全的政治责任

习近平总书记指出："要坚持农业农村优先发展，推动实施乡村振兴战略"，"要扛稳粮食安全这个重任。确保重要农产品特别是粮食供给，是实施乡村振兴战略的首要任务"。习近平总书记的重要论述，明确了农业农村改革发展的重要功能定位，为深入实施乡村振兴战略指明了方向。提高保障国家粮食安全的政治判断力、政治领悟力、政治执行力，要善于运用政治思维思考问题，全面贯彻习近平新时代中国特色社会主义思想，准确把握党中央决策部署。

改革开放以来，随着我国人口增加、城镇化持续推进、人民群众生活质量提升和城乡居民消费结构不断升级，肉蛋奶等副食品消费持续增加，带动粮食需求不断扩大，粮食需求总量呈刚性增长趋势。1978 年，我国城镇和农村居民人均主要肉类、禽类、鲜蛋消费量分别为 13.7 公斤、1.0 公斤、3.7 公斤和 5.2 公斤、0.3 公斤、0.8 公斤。2020 年，我国城镇和农村居民人均肉类、禽类、蛋类消费量分别上升至 27.4 公斤、13.0 公斤、13.5 公斤和 21.4 公斤、12.4 公斤、11.8 公斤，均较改革开放之初大幅增加。由于每生产 1 公斤肉、禽、蛋、奶等动物性食品都需要几公斤的粮食，因此，居民对肉禽蛋奶需求的增加也带动了对饲料用粮需求的持续增加。

做好新时代粮食安全工作，要不断提高政治判断力、政治领悟力、政治执行力，深刻认识党中央对农业农村改革发展的功能定位和确保国家粮食安全的重要性，把确保重要农产品特别是粮食供给作为实施乡村振兴战略的首要任务来抓，不断增强使命担当，坚决扛起粮食安全的政治责任。树立大粮食安全观，适应不断升级的消费结构，进一步增加肉蛋奶等重要副食品的生产供应，更好满足人民日益增长的美好生活需要。大力清理整治大棚房、违建别墅、乱占耕地建房等打着各种旗号破坏、占用耕地的行为，解决耕地占补平衡等方面存在的问题，坚决遏制耕地"非农化"、严格管控"非粮化"，确保粮食种植面积不减少、产量不下降，持续提升粮食安全保障能力和水平，保证农产品供给充足，确保口粮绝对安全。

精准落实国家粮食安全战略

习近平总书记指出，"国家粮食安全这根弦什么时候都要绷紧，一刻也不能放松"，"应对各种风险挑战，必须着眼国家战略需要，稳住农业基本盘、做好'三农'工作，措施要硬，执行力要强，确保稳产保供，确保农业农村稳定发展"。提高保障国家粮食安全的政治判断力、政治领悟力、政治执行力，必须贯彻落实习近平总书记关于国家粮食安全的一系列重要论述和党中央决策部署，善于将党中央重大战略转化为推动工作的具体战术，以高度的政治责任感、历史使命感和现实紧迫感，扎实做好确保国家粮食安全各项工作，把国家粮食安全战略精准落实到具体工作中。

落实最严格的耕地保护制度，坚决遏制耕地"非农化"、严格管控"非粮化"。习近平总书记指出："保障国家粮食安全的根本在耕地，耕地是粮食生产的命根子。"落实国家粮食安全战略，根本在于保护好耕地。要采取长牙齿的硬措施保护好耕地，坚决守住18亿亩耕地红线。以提升粮食产能为目标，扎实推动高标准农田建设，加快推进黑土地保护法、耕地资源保护法、粮食安全保障法等立法工作，实施国家黑土地保护工程、高标准农田建设工程，不断健全农田水利体系，补齐防汛抗旱短板，持续提升耕地质量。严格规范耕地占补平衡，加强耕地用途管制，确保永久基本农田重点用于发展粮食生产。

稳定提高粮食综合生产能力、粮食供给保障能力，确保粮食产得出、供得上。调动地方党政重农抓粮的积极性和农民务农种粮的积极性，加大粮食生产政策支持力度，保障种粮基本收益，保持粮食播种面积和产量稳定。主产区要努力发挥优势，产销平衡区和主销区要保持应有的自给率，共同承担起维护国家粮食安全的责任。切实加强粮食综合生产能力建设，把综合生产能力作为硬指标，抓好现代种业、先进农机装备、高标准农田建设。创新经营方式，发展适度规模经营，培育新型经营主体，健全专业化社会服务体系，不断提高粮食生产供给的质量和效益。

加强粮食储备能力建设，确保口粮绝对安全。粮食储备是保障国家粮食安全的重要物质基础。要改革完善粮食储备管理体制，健全粮食储备运行机制，强化内控管理和外部监督，加快构建更高层次、更高质量、更有效率、更可持续的粮食安全保障体系。综合考虑国内粮食生产、消费、库存、市场供应和宏观调控等各方面因素，结合历史经验，科学确定粮食储备功能和规模，优化储备布局和品种结构，确保口粮绝对安全。不断健全完善粮食储备功能定位，坚持政策性职能和经营性职能彻底分开，强化政府储备公共产品属性，压实主体责任和监管责任。推动中央储备与地方储备、政府储备与企业储备互为补充、协同发展，增强调节市场稳定预期、服务宏观调控、应对突发事件和提升国家安全能力。加强储备安全管理，增强储备调节的灵活性和精准性，增强对粮食市场波动的快速反应和及时调节能力。优化储备区域布局，中央储备主要布局在战略要地、粮食主产区、交通要道和有特殊需要的地区，地方储备主要布局在大中城市、市场易波动地区、灾害频发地区和缺粮地区，做到关键时刻储备粮调得出、用得上。逐步完善分类管理、分级负责、属地保障的粮食应急管理体制，加快形成布局合理、运转高效的粮油应急保供网络。

合理利用国际市场资源，推动进口来源国和渠道多元化。积极支持粮食企业"走出去""引进来"，开展国际合作，合理利用国内国际两个市场、两种资源。优化粮食进口渠道，拓展多元化粮食来源市场，降低对单一国家和地区的进口依存度，确保粮食供应安全、价格可控，防止被"卡脖子"。深化与共建"一带一路"参与国家的粮食经贸合作关系，共同打造国际粮食合作新平台，促进参与国家的农业资源要素有序自由流动、市场深度融合。积极参与全球和区域粮食安全治理，积极探索国际粮食合作新模式，开展全方位、高水平粮食对外合作，维护世界贸易组织规则，促进形成更加安全、稳定、合理的国际粮食安全新局面，更好地维护世界粮食安全。

（摘编自《人民日报》2022 年 2 月 25 日）

筑牢国家粮食安全底线需要有战略思维

杜志雄，中国社会科学院农村发展研究所党委书记、副所长

《中共中央、国务院关于做好 2022 年全面推进乡村振兴重点工作的意见》将牢牢守住保障国家粮食安全与不发生规模性返贫一起作为"两条底线"任务来要求，更是将其作为全面推进乡村振兴的重点工作来部署。从责任体系上，文件规定粮食安全党政同责，同时强调，粮食等基础农产品稳产保供还是粮食主产区、主销区和产销平衡区的共同责任；从工作目标上，要确保粮食播种面积稳定，产量保持在 1.3 万亿斤以上；从保障体系上，强调要将农业支持向粮食等基础农产品供给倾斜，要保障农民种粮积极性；明确要严守 18 亿亩耕地红线，确保高标准优质农田种粮。

我国粮食产量已经连续 7 年保持在 1.3 万亿斤以上，尤其是 2021 年粮食产量再创历史新高，达到了 13657 亿斤，相比 2020 年增长了 2%，实际增加 267 亿斤。在粮食产量逐年增长、进口不断增加和粮食整体安全的背景下，中央为什么依旧特别强调保障粮食安全？对此，可能需要从战略高度和多个维度来认识和理解这个问题。

从战略高度多维度评估粮食安全

随着中国经济发展越来越接近世界第一大经济体，面临的问题和挑战也越来越多。我国农业发展，特别是粮食等基础农产品稳定供给在现有技术条件下也越来越接近资源约束的极限。但随着居民收入水平上升形成的消费提挡升级，对粮食等基础农产品的需求在不断上升。

粮食安全日益成为经济安全和国家整体安全的重要组成部分，从战略上维护粮食安全变得越来越重要。

首先，守住国家粮食安全的底线是应对世界变局和新冠肺炎疫情影响、推动经济社会持续稳定健康发展的国家重大战略需求。当前国际形势依然复杂多变，不稳定性不确定性明显增强。气候变化导致的极端自然灾害与经济下行压力更强化了政府保障粮食安全的责任和压力。我国要顺利推进"十四五"规划实施，实现 2035 年远景目标，以及 2050 年建设成为社会主义现代化强国的要求，就需要守住底盘，保障粮食、矿产及其他能源产品等初级产品的供给。因此，2022 年中央一号文件里明确提出粮食生产和供给总量仍然要求达到 1.3 万亿斤以上。从未来一段时期来看，粮食的核心问题仍然是总量问题，所以中央一号文件在强调保障粮食安全方面，不仅强调责任担当，还有具体的粮食产出数量要求。

其次，我国粮食稳产保供存在短板弱项以及挑战压力。从长远来看，我国粮食需求刚性增加，近几年更是持续上涨。据一些研究预测，未来可能会出现粮食需求的增加量超过粮食产量的增加量，这就要求我国提高粮食生产能力，以满足未来可能会出现的粮食供给缺口。然而，目前我国粮食稳增的基础比较薄弱，具体表现为粮食增产的自然条件趋紧，农机研发存在短板，粮食育种技术突破艰难，粮食单产较低以及农民种粮积极性不高等。以耕地为例，第三次全国国土调查公布的数字显示，过去 10 年（2010—2019 年）我国耕地面积减少了 1.13 亿亩，平均每年减少 1000 多万亩，部分省份耕地面积已经跌破了耕地红线，甚至可能有已经跌破永久基本农田红线的现象。此外，耕地占补平衡导致耕地质量下降问题也大量存在，占优补劣、占近补远、占平原补山区、耕地熟地变生地的现象依然不少。在农机研发上，我国自主研发的大马力机械与国际先进水平相比还有较大差距，特别是能够适应南方丘陵山区的小型机械仍未突破，但从南方要素比较价格演化趋势看，更需要用机械等资本来代替劳动。当前，我国的农机特别是优质大农机供给主要还是依赖于进口。此外，与主要产粮国家相比，我国农作物的单产水平较低，如大豆、玉米单产水平仅达高产国家的50%—60%。同时，农民种粮积极性不高也是我国粮食稳产保供面临的挑战之一。当前我国粮食生产成本不断上涨，相比于粮食主产国，我国粮食生产成本高出近1/3以上，但是我国粮食生产支持政策受世界贸易组织支持约束的影响，支持空间有限，直接收入支持的工具和办法还有待探索。在成本高企且上升加快、收益增长赶不上成本增长的前提条件下，农民种粮所得收益越来越低。因此，解决农民种粮不挣钱，提高农民种粮积极性，日益成为保障粮食安全的关键所在。

最后，全球粮食供应链存在诸多风险与不可控性，影响我国粮食的稳定供给。粮食安全保障当中，粮食进口是重要的一环。近些年来，我国粮食产量在达到历史新高的同时，包括粮食在内的农产品进口量也达到历史新高，粮食对外依存度越来越高。2020年我国粮食进口数量为1.43亿吨，相当于2020年我国6.7亿吨粮食生产量的21%，大口径的粮食对外依存度已经达到18%。大豆和油料是我国对外依存度最高的两种产品。2020年，我国进口大豆1.0033亿吨，进口依存度达到83%；植物油进口量983万吨，自给率约为40%。"适度进口"是新时期我国粮食安全新战略的重要组成部分，粮食进口越来越多，粮食安全对外依赖越来越高，对粮食安全可持续性的影响值得警惕和防范。气候变化以及战争等因素导致世界粮食供给变化，会直接导致世界粮食可贸易量变化，但其趋势难以确定，由此导致粮食国际供应链的运行风险。俄乌虽非我国农产品的主要进口来源地，但俄乌冲突导致的世界粮食总供给及可贸易量的减少几乎肯定会因世界粮食市场作为一个整体而对我国粮食进口产生不利影响。当前，复杂的国际局势与新冠肺炎疫情凸显了我国过去在国际农产品供应链上缺乏国外仓储物流、港口码头、国际贸易等国际供应链风险控制手段的短板，作为粮食进口大国在粮食定价、储运等方面缺乏相应的权利和保障，国际供应链风险大。目前，我国粮食类产品的进口渠道非常集中与单一，任何一个供应地区出现自然风险、市场风险或者政治风险，粮食供应链就可能中断，这加大了国际粮食供给风险。因此，在坚持适度进口的新时期粮食安全新战略要求的同时，也要正视包括粮食在内的农产品进口存在巨大风险的事实。

从现实来看，多维度的不确定性以及作为一个大国应以"确定性"应对不确定性的目标需求，都要求我国必须高度重视国内粮食的稳产保供问题，必须牢牢守住保障国家粮食安全的底线，坚持底线思维，增强忧患意识，不断增强国内粮食生产和供给的确定性。

保障粮食安全底线必须采取强有力的措施

第一，牢化责任体系。全面落实粮食安全党政同责，严格粮食安全责任制考核。要求粮食主产区、主销区、产销平衡区都要关注粮食生产，积极承担粮食生产和稳定供给的责任，在保障粮食安全方面作出贡献。保障"菜篮子"产品供给，加大力度落实"菜篮子"市长负责制。稳定"菜篮子"产品长效支持政策，防止产品生产、产品价格大起大落，有效衔接"菜篮子"产品生产链、供给链、利益链。

第二，优化生产条件。首先，要真正落实"长牙齿"的耕地保护硬措施，严守18亿亩耕地红线，严格耕地用途管制。把耕地保有量和永久基本农田保护目标任务足额带位置逐级分解下达，由中央和地方签订耕地保护目标责任书，作为刚性指标实行严格考核、一票否决、终身追责，确保农地用于农，高标准优质农田用于种粮。其次，要全面真实足额完成高标准农田建设阶段性任务，切实提高耕地质量，增强良田的粮食生产能力。加大中低产田改造力度，提升耕地地力等级。在水土资源条件适宜地区规划新建一批现代化灌区，优先将大中型灌区建成高标准农田。在丘陵山区结合高标准农田建设，开展宜机化改造，将"边际土地"真正改造成优质农田。

第三，强化科技支撑。大力推进种源等农业关键核心技术攻关，全面实施《种业振兴行动方案》，推进种业领域国家重大创新平台建设，提高粮食生产能力。加快实施农业关键核心技术攻关工程，开展长周期研发项目试点，强化现代农业产业技术体系建设。要注重提升农机装备研发应用水平。全面梳理短板弱项，加快大马力机械、丘陵山区和设施园艺小型机械、高端智能机械的研发制造，并纳入国家重点研发计划予以长期稳定支持，重点支持粮食烘干、履带式作业、玉米大豆带状复合种植、油菜籽收获等农机，推广大型复合智能农机。

第四，深化结构改革。继续推动农业供给侧结构性改革。大力实施大豆和油料产能提升工程，提升大豆和油料自给率。加大耕地轮作补贴和产油大县奖励力度，集中支持适宜区域、重点品种、经营服务主体，推广玉米大豆带状复合种植，开展粮豆轮作，推进水改旱、稻改豆试点，开发冬闲田扩种油菜。值得指出的是，供给侧结构性改革要重视处理好各种措施本身的科学合理性，以及农民接受和满意等一系列关系问题。

第五，核心在于利益调节。要建立健全农民种粮收益保障机制，合理保障农民种粮收益，切实提高农民种粮积极性。不断探索和创新农民种粮补贴或价格支持等手段；优化配置现有产粮大县财政奖补等激励措施并创设新的激励手段，按照让农民种粮有利可图、让主产区抓粮有积极性的目标要求制定并推行政策，持续发挥政策保障效能。

（摘编自《中国发展观察》2022年第4期）

在"两个统筹"中有效保障国家粮食安全

叶兴庆，国务院发展研究中心农村经济研究部部长

从统筹国内国际两个大局、统筹发展和安全两件大事（简称"两个统筹"）出发，从以下三个方面谈一下对有效保障国家粮食安全的看法。

一、我国粮食安全形势可用"近无忧，远当虑"六个字概括

"近无忧"，是指从当前看，我们有底气维护国家粮食安全，保障国内粮食供应稳定和价格稳定。因为我们有连续多年的粮食丰收作为基础，也有充足的库存做保障，还有强大的资源动员能力，有生产体系、储备体系和进口体系这三大体系做支撑。所以说，我们的粮食安全是有保障的。

至于俄乌冲突的影响，我认为俄乌冲突对我国粮食安全的影响确实是有的，但这种影响是在可控、可承受范围内的。之所以这么说，是基于两个角度的分析：一是直接影响。从俄罗斯、乌克兰进口的农产品占我国农产品进口的比例，部分品种的比重还是比较大的。例如，2021年我国从乌克兰进口了1460万吨的谷物，这个进口量相当于2021年我国全部谷物进口量的20%多。其中，玉米进口800多万吨，约占我国玉米进口的30%；大麦进口320万吨，约占我国大麦进口的26%；葵花籽油进口89万吨，约占我国葵花籽油进口量的70%。我们从俄罗斯也进口了一些谷物和油料，但总量不是太大。这组数据可以直观反映俄乌冲突对我们的影响。二是间接影响。我国的农产品进口

量比较大，自俄乌冲突爆发以来全球粮价进一步上涨，这会抬高我国粮食、其他农产品乃至钾肥的进口成本，因此输入性影响是比较明显的。尽管如此，相对我国国内庞大的产能和库存而言，这两方面的影响是可控的。

"远当虑"，是指从长远看要有忧患意识。之所以要有忧患意识，是因为我们的粮食需求峰值还没有到来。总的来看，国内粮食需求量会进一步增长。从国内生产发展来看，还有一定的增产潜力，但我们水土资源的有限性、气候变化的影响、农民老龄化和小农户分化程度的加剧、农业比较优势的下降等一系列因素都会对国内粮食增产潜能释放构成制约。需求峰值还没到来，未来还有增产潜力，但这个潜力释放出来要受到一系列因素的制约。在当前百年大变局的背景下，大国博弈会进一步加剧，大国效应会进一步彰显，所以，我国未来全球进口体系的重构也会面临很多挑战，外部的不确定性会带来进口的不稳定性，这也是值得我们忧虑的事情。

综上所述，我国粮食安全形势就是"近无忧，远当虑"。

二、用市场化思维提高国内可持续、有竞争力的粮食产能

做到"以我为主、立足国内"，应注重用市场化的思维来提高国内的粮食产能。这里有两个关系，当前尤其要引起我们的关注。

第一个关系，是处理好土地资源配置中行政规制与农民生产经营自主权的关系。按照国家的发展战略，对耕地利用实行规制，包括禁止非农化、治理非粮化，是完全有必要的。我国的资源特点决定了对土地资源的配置要有非常详细、严苛的行政规制，保护耕地资源的这根弦要始终绷紧，这毫无疑问是正确的。同时，农民从事农业生产，其出发点是要增加收入、有利可图。所以，我们要尽量适应农民的需要，在土地资源的配置上，国家的优先序与农民的选择权要统筹起来，

采取一系列的扶持政策，把国家的优先序转化为农民的自觉行动，转化为农民的生产经营选择行为。因此，很多的政策需要重塑，要围绕农民种粮有利可图来强化我们的农业发展政策。

第二个关系，是在粮食安全问题上，保重点和保多样、保数量和保质量的关系。2013年中央提出了新的粮食安全战略："以我为主，立足国内，确保产能，适度进口，科技支撑。"这是习近平总书记在2013年的中央经济工作会议和中央农村工作会议上提出的。这两个会议间隔非常近，两次会议上都阐述了我国为什么要重视粮食安全问题、如何保障国家粮食安全。在新形势下，为什么要继续坚持实施"五句话、二十字"的国家粮食安全战略？我们应该认真地回顾一下总书记当年提出"五句话、二十字"粮食安全战略的考虑是什么，当时的时代背景是什么。2013年前后，我国农业领域发生了很多转折性的变化。例如，出现了大宗农产品的成本和价格倒挂的拐点，我国农产品的成本和价格超过了国外，而我们的几大谷物，稻谷、小麦、玉米全面净进口的出现也大概是在那个阶段。因为在2013年之前，我国的粮食安全战略是在正常情况下保证95%以上的粮食自给率。这是1996年国务院新闻办发表的《中国的粮食问题》白皮书中提出的，而且当时的粮食包括谷物、大豆、薯类，也包括食用油脂，是一个很宽泛的粮食概念，也是一个很高的自给率要求。到了2013年的时候，我国农产品供需情况有了很大的变化，大豆以及其他一些谷物和油料品种的进口量在逐步增加，按以前的粮食口径要达到95%以上的自给率目标已经做不到了。所以，中央提出"谷物基本自给、口粮绝对安全"，本意是要集中力量保重点、保口粮、保谷物。大家知道大豆不是口粮，也不是谷物，把大豆算进来我们的自给率达不到95%。有鉴于此，我们实事求是地把粮食安全的口径调整为"谷物基本自给、口粮绝对安全"，本意是突出集中资源保重点，突出将国内资源优先用来保我们的口粮和谷物这个重点。2022 年 3 月 6 日，习近平总书记在参加全国政协农业界、社会福利和社会保障界委员联组会座谈时发表的重要讲话中提出要树立"大食物观"。我个人理解，习近平总书记在这次会议上讲到的"大食物观"是有前提条件的，它是在确保粮食供给的同时，要保障肉类、蔬菜、水果、水产品等各类食物有效供给。习近平总书记在这个讲话中，多次用到了"粮食安全"概念，也用到了"食物有效供给"的概念。我认为，这两个概念是要做严格区分的。冠以"安全"的仍然是粮食，至于肉类、蔬菜、水果、水产品，习近平总书记用的概念是有效供给。我理解，上升到安全的高度，更多强调确保，更多强调的是政府的事权和责任；有效供给则更多的是要充分利用耕地之外的其他食物资源，包括木本油料、海洋、食用菌，甚至包括植物工厂，通过多种途径来满足人们不断增长的对其他食物的需求。我认为这是"大食物观"的本意。

现在提出的"大食物观"也是指"大农业观""大资源观"。我们要深化农业供给侧结构性改革，在保护和用好耕地的同时，也要充分利用其他非耕地资源。今天的会议标题是"从粮食安全到食物安全"，我建议还是要斟酌一下"食物安全"这四个字，因为习近平总书记并没有讲"食物安全"这四个字，而是"粮食安全和食物有效供给"。安全和有效供给在政策口径上、尺度上、国家资源分配上恐怕还是有差异的。因此，习近平总书记十年前讲的"五句话、二十字"，保证谷物基本自给、口粮绝对安全，这样一种安全观和安全战略要长期坚持，因为这是根据我国的资源禀赋、人口规模等基本国情制定的。还有保数量和保质量的问题。现在"量"当然仍很重要，但人的需求在变化。即使"口粮绝对安全"，其内涵也在变，要求也在提高。现在吃大米、吃面粉不仅仅是量够的问题，还有质量的问题，所以，在保证数量安全的同时，还要提高品质安全。质量的概念，除了产品本身的质量之外，还有发展方式，即农业和粮食的高质量发展。

三、用全球化的思维来提高海外粮食供应链的稳定性和安全性

在"五句话、二十字"的粮食安全战略中，有四个字非常关键也非常重要，即适度进口。从我国的资源禀赋条件，以及我国所处的发展阶段出发，"适度进口"这四个字怎么理解？适度进口跟"以我为主、立足国内"，跟"中国人的饭碗要牢牢端在自己手上"，"我们的饭碗主要装中国粮"这样的粮食安全观是什么关系？这中间的度怎么把握，怎么平衡？我认为，这是对我们粮食安全治理能力的一个挑战。当前要用好"适度进口"这四个字，可能需要从两个维度下功夫。

第一个维度，是积极推进进口品种、来源地和渠道的多元化，降低单一产品单一国家的进口依存度。应从统筹国内国际两个大局、统筹发展和安全两件大事这样一个站位来思考这个问题。其实，我们并非现在才意识到要这么做。近两年中美贸易摩擦加上 2022 年的俄乌冲突给我们带来很多警示。现阶段做到品种、国家和渠道的多元化有三点要注意。

第一，从品种角度，现在我国大豆和食用植物油的进口依存度明显超过了安全底线，应该亮起红灯，要扩大国内大豆和植物油料的生产，逐步降低对外依存度。现在还面临另一个比较难的选择，以玉米为主的饲料粮的进口和肉类进口，这两者之间怎么把握好平衡？从产品的可贸易性、从贸易的稳定性和可靠性的角度看，还是应该进口饲料粮，发展国内畜牧业，来满足对动物性产品不断增长的需求。从中国 14 亿多人口的大体量来看，恐怕要更多地注意进口的稳定性和安全性的问题。

第二，从国家角度，现在全球能够批量出口大宗农产品的地区有三块：北美、南美和黑海地区。这三个地区都是我们进口多元化的重

要目标区域，但这三块都有问题，需要引起警觉。对北美来说，我们在认真执行中美第一阶段经贸协议，这两年也扩大了自美农产品进口。农产品贸易是中美经贸关系的稳定锚之一，这符合双方的利益和需要，但中美关系又充满不确定性，既要进口美国的农产品，又要为中美关系的复杂多变预留空间，因此，要在南美或者黑海和其他地区有备手。南美地区是我国主要的农产品进口来源地，这个地区的生产和贸易增长的潜力非常大，但也有明显的短板。例如，化肥、种子、物流体系等都存在一些短板。所以，我们要提高从南美地区进口的稳定性、安全性、可靠性，就需要关注上游，在物流的关键节点提供帮助，这样才能稳固我们从这些地方进口的来源。俄乌冲突不管以什么方式结束，以美国为首的西方国家对俄罗斯的对抗都会长期化。黑海地区在进口多元化中能起到多大的作用，能够扮演什么样的角色，目前还面临很大的不确定性，但这个地区粮食生产和贸易增长的潜力很大，包括他们的小麦、玉米甚至未来的大豆，都是我国缺口比较大的产品，我们当然不能放弃这样一个地区。

第三，从渠道角度，我国作为农产品贸易渠道的后来者，在很多方面非常被动。近些年来，我们很重视培育国际大粮商，也采取了一些举措，一些企业在境外资源的掌控能力也在提高，当然还需久久为功。

第二个维度，是要引起智库和媒体重视的一件事情，即要积极营造于我有利的国际舆论环境和氛围。最近，以美国为首的西方国家试图把导致当前全球粮食危机的责任甩锅给俄罗斯，也试图把黑锅甩向中国。西方国家认为，中国大规模囤积粮食推高了国际粮价。对这样的论调，国内的媒体、专家、智库应该尽快站出来以正视听。

第一，我们要讲清楚，目前的国际高粮价到底是如何形成的。当前的国际高粮价是否和俄乌冲突有关系呢？当然有关系，但不完全因为俄乌冲突。使用联合国粮农组织食品价格指数测算，2022年1月份的指数跟2020年低点相比，食品价格指数涨了44%，但2022年3月份跟1月份相比，上涨幅度是17%，即在新冠肺炎疫情之后、俄乌冲突之前，全球食品价格指数已经上涨了44%，俄乌冲突后在此基础上又涨了17%，所以不能把涨了17%后的高粮价都归结到俄乌冲突上。从谷物价格看，与2020年低点相比，2022年1月份上涨了40%；3月份和1月份相比，也就是俄乌冲突后上涨了21%，在涨了40%的基础上最近涨了21%。从植物油看，2022年1月份和2020年低点相比涨了131%，2022年3月份和1月份相比涨了34%，在涨了131%的基础上又涨了34%。所以，俄乌冲突后全球粮价的上涨的确比较快，也比较明显。但是，目前全球的高粮价是多种因素起作用的结果。即使俄乌冲突以后产生的价格上涨，也要分清楚哪些是俄乌冲突导致的，哪些是以美国为首的西方国家制裁措施导致的。因此，我们要把涨价的逻辑讲清楚，责任自然就明晰了。

第二，我们有责任讲清楚最近两年中国的粮食进口和库存变化。近两年我国粮食进口增加较多，2020年进口的大口径粮食是1.4亿吨，2021年是1.6亿吨，但是我们增加的进口主要是玉米、大麦、高粱以及用作饲料的小麦和碎米。对其他国家口粮进口的挤出效应是不明显的，我们并未抢别人的口粮的市场份额。目前，我国粮食库存量和全球占比的确比较高，但这是多年来逐步积累的。自2011年全球粮价峰值过后，2012—2014年全球粮价呈现回落走势，2015—2020年上半年全球粮价处于持续低迷和低位波动格局，我国的粮食库存正是在此期间逐步建立起来的，并不是最近两年突然增加的。所以，我们要解释清楚目前的全球高粮价不是中国进口增加导致的，也不是中国的高库存导致的。同时，我们要落实好习近平总书记2021年9月首次提出的全球发展倡议和前几天刚刚提出的全球安全倡议，帮助低收入缺粮国家渡过目前的难关，并通过加大技术援助力度来帮助他们提高长期的粮食自给能力，这也是营造于我有利国际氛围的方式之一。

我国是一个大国，对全球贸易来说，我国的进口增长是一种增量贸易。我们有 14 亿多人的大市场，我们的进口量是百万吨级、千万吨级的增长，对国际市场的确有很大的影响。我们要在未来现代化的进程中用好"适度进口"这四个字，向国际社会说明我国粮食进口增长的具体情况。同时，我们要通过南南合作、中非合作来帮助低收入国家，提高他们的农业发展能力，提高他们减贫的能力。

（摘编自《中国经济时报》2022 年 5 月 10 日）

稳产保供事关我国自身粮食安全形势，更具全球意义

辛贤，中央农办、农业农村部乡村振兴专家咨询委员会委员，中国农业大学副校长

中央一号文件持续强调粮食稳产保供，通过不断压实地方责任和提高粮食综合生产能力来确保粮食种植面积和产量不下降。2021年我国粮食生产再获丰收。国家统计局发布的数据显示，2021年全国粮食总产量达到13657亿斤，创历史新高。粮食增产让国人的饭碗端得更稳。只要稳住粮食安全这块"压舱石"，我们就有了应对各种风险挑战的强大底气。

在粮食丰收的背景下，中央不但丝毫没有放松粮食生产，反而越来越加大了稳定和增加粮食产量的力度。2022年中央一号文件再次着重强调要全力抓好粮食生产和重要农产品供给，牢牢守住保障国家粮食安全底线。为什么粮食丰收了，而稳产保供的任务却越来越艰巨呢？这与我国所面对的纷繁复杂的国内外形势密切相关。许多学者从食物消费升级、种粮比较收益、国际市场的容量和稳定性等方面作了诸多阐释，这里主要从全球粮食供求角度谈谈我国粮食稳产保供的重要意义。

尽管近20年全球农作物产量增加了53%，但全球粮食安全状况并不乐观

联合国粮农组织统计数据显示，在新冠肺炎疫情暴发前的20年里（2000—2019年，以便剔除新冠肺炎疫情突发冲击的影响），全球主要

农作物产量从 62 亿吨增加到历史最高的 94 亿吨，增加了约 32 亿吨，增幅达到 53%。其中，谷物产量约占农作物产量的 1/3，在这 20 年中增长了约 43%。除了谷物外，由于对棕榈油的需求走强，植物油的产量也急剧上升，这 20 年间翻了一番多；全球畜产品产量同期增长了 44%。

随着农产品产量增长，农产品贸易也在快速发展，但谷物贸易量占产量比重很低。谷物是贸易量最大的产品，这 20 年间贸易量增加了 1.9 亿吨，但谷物贸易量占产量的比重仅从 13% 增加到 16%。而且谷物出口国非常集中，2019 年谷物前三大出口国出口量占全球出口量的比重分别为：玉米 66%、大米 51% 和小麦 46%。相比而言，进口国则比较分散。

尽管农产品生产和贸易有了显著增长，但全球粮食安全状况并不乐观，新冠肺炎疫情的突发冲击进一步恶化了粮食安全形势。2021 年 9 月联合国粮农组织等联合发布的《2021 年全球粮食安全和营养状况》报告中提到，2020 年世界上共有 7.2 亿—8.11 亿人面临饥饿，近 1/3 的世界人口无法获得充足的食物。总的来看，全球约 30 亿人对于健康膳食无法企及，尤其是贫困人群，这种状况遍及全球各个区域。

人口和经济增长将进一步刺激食物消费，全球食物需求仍将快速增长

人口增长必然带来食物需求的刚性增长。2000—2020 年，世界人口从 61 亿增长到 77 亿，增长了 26%；根据国际机构预测，到 2050 年世界人口将达到 97 亿，比 2020 年增长 20 亿。满足这 20 亿人口增长所带来的食物需求，本身就已经构成一个全球挑战。

经济发展和城镇化会带来食物消费升级。据统计，新冠肺炎疫情暴发前的 20 年间，国内生产总值（GDP）平均增速超过 5% 以上的国家和地区共有 47 个，这些国家和地区的人口约占世界人口的 57%。而

且，除了卡塔尔、新加坡等个别高收入国家外，其余国家人均 GDP 都处在中等收入国家水平。尤其要注意的是，处于中等收入阶段也是食物需求快速增长的时期。此外，全球城镇居民消耗了约 80% 的食品，城镇化的发展也会带动食物消费升级。联合国粮农组织 2021 年 12 月发布的《世界粮食和农业领域土地及水资源状况：系统濒临极限》报告显示，2050 年，全球将有 2/3 的人口生活在城镇，非洲和亚洲不发达区域的城镇化速度最为迅猛。未来随着收入水平进一步提高和城镇化的加快，食品需求转向了资源密集型的消费模式，动物蛋白、水果和蔬菜消费量不断增多，给全球食物安全带来的挑战更加艰巨。

全球土地和水资源系统濒临极限，粮食增产面临巨大资源压力

联合国粮农组织估计，到 2050 年，只有农业所生产的食物、纤维和生物燃料产量比 2012 年多出近 50%，才能满足全球需求，才能实现"零饥饿"目标。根据估计，南亚和撒哈拉以南非洲的农业产量至少要翻番，而全球其他地区至少需要增产 30%，才能满足热量需要。然而，纵观全球，多项因素相互交织，给土地及水资源带来了前所未有的压力，农业生产面临着严峻的资源挑战。

全球人均耕地面积持续降低。《世界粮食和农业领域土地及水资源状况：系统濒临极限》报告显示，2019 年全球约有 47.5 亿公顷的农业用地。其中，用于农作物生产的耕地只有 15.5 亿公顷，永久性草场和牧场约 32 亿公顷。在这 20 年间，尽管全球农业用地面积总体变化幅度较小，但用于农作物种植的耕地面积在增加，而永久性草地及牧场用地则在大幅减少，耕地的增加是以牺牲草地和牧场为代价的。虽然从总量上来看，耕地面积增加了，但人口增长和城镇化的推进使得人均耕地在这 20 年间减少了约 20%。

人为因素造成的土壤退化严重。随着农业逐步集约化，利用非有

机肥料来提高或维持产量的做法，已经对土壤健康产生了严重不良影响，土壤侵蚀、养分耗竭、盐碱度上升等问题突出。全球约34%的农业用地由于人为因素造成了显著退化。其中，退化的耕地占退化土地总量的29%，估计每年高达150万公顷耕地因土壤盐碱化而无法用于生产；13%的草地因受到较大人为压力而出现退化，34%因过度放牧和家畜流动性不足而造成土壤板结和侵蚀，严重影响土壤功能。

全球水资源面临区域性短缺压力。整体来看，全球水资源压力不算太大，但各区域之间存在着巨大差异。欧洲水资源压力程度较低，但相比之下，亚洲面临中等程度水资源压力，北非则面临较高程度的水资源压力。在开展集约化灌溉农业的所有流域地区和人口密度较高的城市里，对水资源的竞争十分激烈，导致水资源压力程度较高。在这20年间，全球人均淡水资源量减少大约20%。随着水资源取用量的加大，地下水耗竭速度也在加快。根据国家层面的汇总数据，在这20年间，全球用于灌溉农业的地下水抽取总量增加了19%。用于灌溉农业的地下水抽取量在农用淡水取用量中占比超过30%，并继续以每年约2.2%的速度增长。

稳产保供不仅事关保障我国自身粮食安全，更是对全球粮食安全的重要贡献

粮食安全是全世界的共同目标，但全球粮食安全状况并不乐观，特别是新冠肺炎疫情的冲击，让全球粮食系统表现出前所未有的脆弱性。对我们这样一个有着14亿多人口的大国来说，农业基础地位任何时候都不能忽视和削弱，"手中有粮，心中不慌"在任何时候都是真理。面对纷繁复杂的国内外形势，需要对粮食安全始终保持危机意识，不能高枕无忧，要未雨绸缪、永不松懈、久久为功，抓好粮食生产，端牢中国饭碗。

　　做好稳产保供不仅是保障中国粮食安全，更是对全球粮食安全的重要贡献。从"谁来养活中国"到"中国人的饭碗装中国粮"，中国粮食安全取得了举世瞩目的成就。中国人口约占世界人口的 1/5，而中国耕地面积占世界耕地面积的比例不足 1/10，中国立足国内资源实现了粮食的基本自给，不仅没有给国际粮食市场增加负担，而且有效分担了全球粮食供给压力，为世界粮食安全作出了突出贡献。放眼世界，全球粮食及农产品的需求在不断增长，土地及水资源生态系统正面临巨大压力，而且地区冲突和极端气候频发，国际市场存在很大的不确定性和波动性。在此背景下，做好稳产保供不仅是对国内负责，也是对国际社会负责。

　　做好稳产保供有助于保障低收入脆弱人群利益，巩固脱贫攻坚成果。从国际经验来看，粮食等重要农产品供给出现问题，首先受到冲击的是低收入脆弱人群。新冠肺炎疫情给全球粮食安全带来破坏性的冲击，食物的可获得性和健康膳食的经济可负担性都受到了影响。低收入和中等收入国家的粮食安全受到的负面影响最为严重，这些国家中面临食物不足、粮食不安全、一种或多种形式营养不良的人口比例最高。中国刚刚取得脱贫攻坚的伟大胜利，消除了绝对贫困，做好粮食等重要农产品的稳产保供有助于保障低收入脆弱人群基本利益，有助于防止规模性返贫，有助于巩固脱贫攻坚成果。

　　实现稳产保供首先要落实好"藏粮于地、藏粮于技"。"民非谷不食，谷非地不生"，耕地是粮食生产的命根子。粮食产量增长的背后是耕地资源的密集使用和耕地质量的退化。要采取"长牙齿"的措施，落实最严格的耕地保护制度，严守 18 亿亩耕地红线，遏制耕地"非农化"行为，扭转耕地"非粮化"趋势，要加大高标准农田的建设力度，提高耕地的综合生产能力，同时开展耕地土壤修复行动，推动绿色可持续发展。此外，加快技术进步，大力推进种源等农业关键核心技术攻关，提升农机装备研发和应用水平，提高农业生产的全要素生产率。

实现稳产保供要调动和保护好粮食生产的积极性。粮食生产需要"两个积极性"，一是要让农民种粮有利可图，二是让地方政府抓粮食生产有积极性。一方面，要健全农民种粮收益保障机制，不断完善稻谷、小麦最低收购价政策，改进玉米、大豆生产者补贴和稻谷补贴政策，扩大三大粮食作物完全成本保险和种植收入保险覆盖面，让农民务农种粮有钱赚；另一方面，全面落实粮食安全党政同责，压实地方党委政府重农抓粮义务和责任，建立粮食主产区、产销平衡区、主销区共同承担维护国家粮食安全责任机制。

实现稳产保供要充分利用好国内外两个市场两种资源。用好国际市场重在秉持人类命运共同体理念，建立多双边共赢的粮食合作机制，让各方有动力共同参与全球粮食安全治理。一方面，要主动布局国际粮食安全供应链建设，抓住粮食国际供应链的核心要素，增强供应链的可靠性，同时推动农产品进口国别和品种的多元化；另一方面，要推动"一带一路"沿线国家合作、参与全球粮食公共机构管理、相关标准和贸易规则制定、推动与第三世界的农业科技合作、强化农业技术和服务输出、提供全球粮食安全公共产品等，成为国际粮食体系的推动者和建设者，更好地为全球粮食安全作出中国贡献。

（摘编自中国农村网 2022 年 3 月 2 日）

对大变局下构建粮食"双循环"新格局的思考

丁声俊，中国人民大学中国合作社研究院首席研究员

在高远、宏观视角下，中国正处于中华民族伟大复兴战略全局、世界百年未有之大变局"两个大局"中，而且"两个大局"相互交织、相互作用、融合交汇，构成了事关中国向何处去、更具总体性的大局势和发展总走向。突然袭来的新冠肺炎疫情加剧了世界百年未有之大变局。疫情肆虐导致西方世界社会经济普遍衰退，而中国充分发挥制度优势，举国一心、万众同心，正确应对，逆行稳进，已取得抗击新冠肺炎疫情的重大战略成果，成为 2020 年世界主要经济体中唯一正增长的经济体。然而，新冠肺炎疫情的肆虐，以及贸易保护主义、单边主义、中美贸易摩擦等，阻碍产业链、供应链和物流链，甚至造成"断链"，给世界经济带来巨大冲击和不确定性。当前，中国仍面临"外防输入""内防反弹"的严峻形势。作为拥有 14 亿多人口的大国，确保国家粮食安全是治国理政头等大事，必须统筹谋划，把握未来发展的新趋势、坚守大方向、开启新思路、创造新机会，增强新动力，统筹构建粮食安全发展新格局。

一、东西方抗击新冠肺炎疫情呈现不同局面

面对新冠肺炎疫情，东西方国家采取了不同的两种观念、两种对策，导致形成了两种完全不同、对比鲜明的局面。

（一）"疫情"肆虐，西方经济陷入衰退

在新冠肺炎疫情的严重肆虐下，世界经济遭受重创。新冠肺炎疫

情给世界产业链、供应链、物流链、价值链等带来了大破坏，给世界经济政治带来了大冲击、大震荡和大灾难。发达经济体、新兴经济体及发展中经济体都无一例外地陷入同步性衰退。据世界银行预测，全球占93%的经济体萎缩，总计有190多个国家和地区人均收入下滑，降幅将达3.6%上下。经济合作与发展组织预测，全球经济2020年将下滑6%，欧元区将萎缩9.1%；美国将减低7.3%，在最坏的情况下将下降8.5%；日本经济将萎缩6%，在最坏的情况下将下降7.3%。德国多家经济研究所公布的联合预测结果显示，2020年全年德国经济将下滑约6%。迄今，经济学界几乎一致认为，新冠肺炎疫情造成了西方有史以来在没有战争影响下的最严重的损失，远远超过第二次世界大战造成的经济大衰退。

新冠肺炎疫情的蔓延肆虐，导致西方大企业集中化趋势加剧，其控制力迅速增强，而大量中小企业处境堪忧。如果中小企业长时间的经营状况没有大幅度改善，就会因债台高筑而不得不破产。经济危机持续的时间越长，接踵而至的破产浪潮必将越来越高，从而迫使大量员工失业，众多人口陷入绝对贫困的境地。面对疫情一波接一波地蔓延，以及与此相关的经济结构的深刻转变，一些国家开始采取措施。例如，在2020年，许多国家就采取了限制国际贸易、禁止粮食等农产品出口的措施。加上美国的贸易保护和单边主义，致使商品、服务、人员和资本的跨境流动都受到各种限制和阻碍，造成全球化逆行，更造成西方许多国家经济恢复的困难与人民生活的艰难。

西方国家特别是美国至今仍然深陷新一波疫情，局势仍十分险恶，他们不仅对新冠病毒的认识混乱，而且采取的措施也充满矛盾，由此带来的严重恶果是，新冠病毒感染者依然有增无减，丧生人数与日俱增；社会失业者越来越多，靠救济糊口者也创新高，民众愤怒示威游行，反抗声浪此起彼伏。

（二）逆势稳进，中国创造奇迹

与西方疫情一波未平一波又起、一次比一次更加凶险形成鲜明对照的是，中国抗疫成果显著，顺利度过了 2020 年，取得了重大战略成果。2020 年初，中国遭遇了新中国成立以来突然袭来的传播速度最快、防控难度最大的一次重大公共卫生事件。面对疫情，举国上下同心，沉着应战。从抗疫开始，国家就把人民群众生命安全和身体健康放在第一位，不惜一切救治生命，用 1 个多月时间遏制住疫情蔓延的势头，又 3 个月之后便进入"外控输入、内控反弹"的抗击疫情常态化阶段。我国稳健推进"两手抓""两手硬"的政策措施，把严格防控疫情和积极发展社会经济事业有机结合起来，通过实施"六稳"实现了"六保"，全国社会经济基本面保持稳定。

一是化险为夷，砥砺稳进，通过"疫情大考"。全国城镇就业率稳增，失业率稳降，劳动力市场活跃度稳升。"三稳"促进了稳健复工，推动国内各项经济指标逐步由负转正，创造出国内生产总值突破百万亿元大关的奇迹，超过欧盟 27 个成员国的总和，成为世界主要经济体中唯一经济正增长的国家。国外专家赞誉中国是世界大国中经济实现正增长的"领头羊"。二是粮食总产量再创新高，取得"十七连丰"。2020 年，我国粮食总产量达到 13390 亿斤，连续 6 年超过 1.3 万亿斤。全国 832 个贫困县全部脱贫，建卡贫困户全部脱离了"穷坑"，在世界扶贫减贫的史册上谱写了壮丽辉煌的篇章。三是物流市场规模扩大，促进了流通业兴旺繁荣。据中国物流与采购联合会数据，2020 年 1 月—10 月，中国社会物流总额达到 229.3 万亿元，在新冠肺炎疫情严重阻碍国内外经济发展的背景下仍保持 2.5% 的同比增速，增速比 1 月—9 月提高 0.5 个百分点。这意味着全国粮食等大宗农产品流通业的兴旺、活跃与繁荣。

二、构建我国粮食"双循环"新格局势在必行

随着我国进入新发展阶段，国内外环境发生深刻变化，既带来难得的新机遇，也带来严峻的新挑战。新冠肺炎疫情在全球肆虐，给世界带来严重风险，这迫使一般资本的逻辑、市场的逻辑，不得不在一定时期让位于政治的逻辑。加之贸易保护主义和单边主义，以及各类摩擦、冲突和贸易战的加剧，使经济全球化逆行，大国之间博弈也日益剧烈，造成更大的不确定性和波动性，给我国农业粮食产业带来冲击和风险。其应对的根本之法，就是构建我国粮食"双循环"新格局。

（一）构建粮食"双循环"新格局的内涵

面对世界百年未有之大变局，以习近平同志为核心的党中央准确识变、科学应变、主动求变、勇于改变，于变局中开创新局，首次提出构建"双循环"新格局的方略。2020年全国"两会"期间，习近平总书记在看望参加政协会议的经济界委员时提出面向未来，我们要把满足国内需求作为发展的出发点和落脚点，逐步形成以国内大循环为主体、国内国际双循环相互促进的新发展格局。此后，他又在多个场合对构建"双循环"新格局进行深入阐述。《中共中央关于制定国民经济和社会发展第十四个五年规划和二〇三五年远景目标的建议》明确提出，加快构建以国内大循环为主体、国内国际双循环相互促进的新发展格局。

在新冠肺炎疫情下，粮食等大宗农产品的产业链、供应链和物流链遭到冲击，产业链受损，物流链受阻，供应链受害，甚至"断链"等，致使原有的运行秩序、竞争与合作逻辑，都发生了或正发生着深刻的变化。一是货物供应链断裂，"倒逼"各国深度调整或重构供应链；二是市场垄断加剧，遏制经济发展活力；三是疫情下消费方式与生活方式趋于"内向化"，致使多在户外活动的服务业包括餐饮业、旅游业、

娱乐业等趋于萧条；四是挥舞霸权大棒的国家，必然更肆无忌惮地大搞单边主义、贸易保护主义。

深入观察和研究上述四大变化，明显可见，疫情下出现的新问题、新形势、新挑战异常错综复杂，使经济赖以发展的秩序失去了作用，同时加剧了经济发展的不稳定性、不确定性，且带有中长期性。基于此，构建我国粮食"双循环"新格局势在必行，这是一项涉及粮食生产、供应、流通和消费等社会生产的各个环节，推动农业粮食产业改革开放、创新发展的新方略。构建粮食"双循环"新格局，绝不是权宜之计，而是一项重大的保障粮食安全的新方略，还是应对百年未有之大变局的战略决策和战略部署。

（二）构建粮食"双循环"新格局需要实施的战略举措

构建粮食"双循环"新格局，既具有重大的现实意义，又具有深远的历史意义。必须多措并举，坚持实施粮食安全新战略和"双轮驱动"战略，处理好若干重大关系，全力构建粮食"双循环"新格局。

1. 坚持实施粮食安全新战略

全面坚持国家粮食安全新战略，是构建粮食"双循环"新格局的根本之策。我国2013年确立和实施的"以我为主、立足国内、确保产能、适度进口、科技支撑"的国家粮食安全新战略，与当前构建粮食"双循环"新格局是一脉相承、内涵相通的。

首先，充分体现了以习近平同志为核心的党中央关于保障粮食安全乃至国家整体安全的重要决策和部署。粮食安全必须立足国内，必须确保粮食自给，特别是口粮绝对安全，中国人的饭碗要牢牢端在自己手中，而且主要装自己生产的粮食。这一指导方针的实质和核心在于保障国家粮食的主动权，这是保障国家粮食安全的根本基础。

其次，更多强调顶层设计。要从全局和中长期高度理解和谋划国家粮食安全，尤其要适应我国由中等收入国家向高收入国家迈进，以及城镇化率不断提高的需要。按照我国城镇化发展目标，未来将有数亿农民变为市民。同时我国不仅人口规模继续扩大，而且中等收入群体比重显著扩大，追求更美好的生活，粮食需求总量将持续增长。从中长期视角出发，我国粮食将呈紧平衡态势。

最后，我国长期坚持实行立足国内资源、自力更生为主的粮食基本方针，同时又不失时机地进行调整和改革。粮食安全新战略更进一步强调了三点：强调集中国内资源保重点，做到谷物基本自给、口粮绝对安全；强调数量质量并重，更加要求农业粮食高质量发展，更加注重粮食等农产品质量效益；强调粮食安全与生态安全统筹兼顾，更加注重转变农业粮食发展方式，发展节水农业、绿色农业、循环农业，促进永续发展。

综合上述，粮食安全新战略的要义就是，构建完整的国内粮食产需协调、确保口粮绝对安全、实现平衡发展的格局。或者如前所述，中国人的饭碗要牢牢端在自己手上，而且主要装自己生产的粮食。然而，这并不意味着闭关锁国、拒绝对外开放。恰恰相反，要更大地打开国门，把适度进口明确为一个组成部分。这与实现国内国外粮食大流通相配合，是完全一致的。

2. 坚持实施"双轮驱动"战略

所谓"双轮驱动"战略，就是以科技创新和体制机制创新为动力，驱动社会经济发展的战略。从粮食产业视角看，全面深化改革和创新发展，是适应国际竞争激烈的大势所迫，也是满足人民群众对美好生活需要的民生所系，还是保障粮食安全乃至国家整体安全的形势所需。当然，构建粮食"双循环"新格局，必须放在自主创新、增强新动能和核心竞争力的基点上。

首先，要依靠科技创新推动五大转变。一是促进粮食发展方式转变。从以粮食规模扩张为主导的粗放式增长方式，向以质量效益为主导的质量数量并重的可持续发展方式转变。二是促进粮食结构转变，包括粮食品种结构、种植结构和分布结构。必须以科技创新为武器打好种子"翻身仗"，培育繁殖出农业粮食生产的"芯片"，同时要重视对小杂粮及木本粮油产业的开发研究。三是促进要素资源配置方式转变。从以传统要素投入主导型发展，向以创新要素投入主导型发展转变，依靠科技进步提高全要素生产率。四是促进流通模式转变。借助数字信息技术推广普及"互联网+"平台，实现产业链、创新链、资金链"三链"统筹配置，协调发展。五是促进创新主体转变。从粮食产业经济部门以专业科技人员的"小众"为主，向专业科技人员与企业、民间科研机构的"大众"相结合的创业和创新转变。

其次，要依靠体制机制创新创造优良环境。即建立健全要素优化配置和流动的优良生态系统：一是创造各种不同类型新主体之间协同互动、要素顺畅流动、高效优化配置的大环境条件；二是构建开放高效的创新网络，形成创新驱动发展的实践载体、制度安排和环境保障，以促进"双创"活动；三是构建资源统筹配置机制，进一步探索创新有效市场和有为政府相结合的市场经济制度，处理好市场与政府的关系；四是探索创新粮食产业经济发展的新思路，围绕广大民众关心的养身养生养老事业，为民众提供优质粮食及制品，使百姓能享有科学的健康生活；五是建立和完善激励创新的政策体系和保护创新的法律制度。要继续深化改革、改善营商环境、调整和创造鼓励创新的社会环境，激发创新活力。

最后，要实施"两轮驱动"实现发展动能、路径和目标的转变。就达到粮食产业经济的战略目标而言，必须有力抓住"两个头"，有效推进"两个藏"，即以"粮头食尾""农头工尾"为抓手，深入推进"藏粮于地""藏粮于技"战略。同时，必须辩证处理"两端"的关系，以粮食供给侧结构性改革为主线，以需求侧升级为引导，推动粮食产业创新发展、转型升级、提质增效，实现"三个转变"：在发展动能上，实现由以政策支持和要素支撑为主向以创新驱动为主转变；在发展路径上，实现由各产业链分散经营向"产购储加销"一体化转变；在发展目标上，实现由注重规模扩张向进一步集约集聚、降本增效、改善服务转变，加快推动农业粮食产业迈向中高端水平，提高其全要素生产率。

3.处理好若干重要关系

从我国粮食产业经济的实际出发，构建粮食"双循环"新格局，必须处理好以下若干重要关系：政府和市场的关系；国内与国外的关系；农业粮食产业与非农非粮产业的关系；粮食生产与粮食流通消费的关系；"两个市场、两种资源"之间的关系；粮食增产与农民增收的关系，三块粮食版图之间的关系；振兴粮食产业与保护生态环境的关系，以及目前与中长期粮食安全的关系等。

三、建立健全国内稳定的粮食产需平衡体系

无疑，我国目前的粮食安全是有保障的。然而，越是形势大好，越要清醒认清粮食形势。尤其是在全球产业链、供应链、物流链不稳定的后疫情时期，建立健全国内稳定的粮食产需平衡体系至关重要。粮食产需平衡体系既包括粮食产销区域间的稳定平衡体系，又包括粮食等大宗农产品品种间的稳定平衡体系。这两种平衡体系相互支持、相辅相成、相得益彰，是构建粮食"双循环"新格局的基础条件。

（一）我国粮食产需平衡状况

1.全国粮食产销地区分布结构现状

目前，全国大陆31个省（区、市），根据其粮食产需情况，大体可以划分为三块版图：第一版图是余粮调出省份，这一版图数量趋于减少，目前只剩6个，是保障我国粮食安全的柱石和基础，或者说是

"压舱石"。第二版图是粮食调入省份，目前有7个。这个地区是我国经济发达、市场发达、交通发达，以及商品粮需求量较大的地区，多年来输入粮食的数量趋于增加，因而是我国保障粮食安全的重点地区。第三版图是其余的10多个省份，属于粮食基本平衡区域。该地区资源丰富，但基础设施薄弱，粮食自给水平趋于降低，具有发展粮食生产的较大潜力。

深入观察分析以上三块粮食版图，可以清楚地看到，在其背后隐藏着粮食资源配置方面的短板。从粮食地区分布看，粮食越来越向北方集中，即"南粮北移"。南方地区雨水丰、积温高、土质肥，但一些农区粮食生产萎缩；而雨水少、积温低、土质薄的北方地区，保障全国粮食安全的责任越来越重。又由于多种原因，不少地方出现耕地撂荒现象，造成了稀缺资源的浪费。对于这种自然资源配置不对称及其浪费现象，若不尽快加以治理，不仅会给国家粮食安全带来负面影响，而且不利于构建粮食"双循环"新格局。从宏观视角看，这是粮食供给侧结构性改革需要面对的一个重要问题，怎样科学、合理、有效地解决这个问题，应引起足够的重视。

2.全国粮食产销品种结构现状

从粮食需求视角看，品种结构不平衡也是一大短板。就粮食品种而言，玉米由2016年前的供大于求转变为目前的供不应求，2020年以来玉米市场价格明显上涨。大豆缺口量巨大，进口量高达八九千万吨。主要用作口粮的稻谷和小麦，总产量稍大于需求量，但优质品种不足。这里要特别指出的是，品种繁多的杂粮迄今还未被置于应有的地位。像马铃薯、红薯、木薯等"三薯"作物，谷子、荞麦、燕麦、大麦等小品种谷物，绿豆、芸豆、红豆等豆类作物，以及茶籽油、橄榄油、核桃油、板栗、红枣、柿子等木本粮油作物等资源，都有待开发利用。

（二）有针对性地对三类粮食区域进行现代化治理

为建立健全国内粮食产需平衡体系，在更高质量上保障国家粮食安全，必须采取有针对性的措施，对上述三类粮食区域进行现代化治理。具体目标为：通过适当宏观调控措施，稳妥转变"南粮北移"的趋势；通过加大扶持力度，扩大余粮调出区的供给能力；通过发挥粮食调入区域的多种优势，扩大区域的粮食产能，减少粮食调入量；通过科技创新增产更多、更优的农产品，有效提升区域内粮食自给水平。

1. 大力实施具有共性的改革发展措施

我国三种不同的粮食类型地区，虽然经济发展水平不齐，资源状况存量各异，但都面临同样的时代任务，必须采取具有共性的改革和发展措施。主要包括：继续深化完善土地"三权分置"改革，保护好利用好"天下粮田"；培育造就一批现代职业农民，解决好"谁来种粮"问题；健全完善国家粮食储备体系，管好建设好粮食安全"压舱石"的"天下粮仓"；发展新型农业合作制，扩大适度规模经营，促进小农户与现代农业有效连接；探索"粮头食尾""农头工尾"的农业粮食产业化、融合化发展路径；落实粮食安全省长、书记责任制和考核制，提高粮食安全监管能力；深化以供给侧为主线、满足需求侧升级的"两端"发力的结构性改革；借助信息化、电子化技术推广"互联网+"平台的现代流通模式等。

这里，对"藏粮于地"战略稍作阐述。所谓"藏粮于地"，并不是不生产粮食，而是通过养护提高土壤肥沃度，提高土地的产出率，提升优质粮食产能。为落实这一重大战略，必须深化改革和创新土地制度。当前，要全面贯彻落实国家关于耕地的一系列法律法规，最严格节约耕地和最严格保护耕地。具体说，要守住18亿亩耕地总量和15.6亿亩永久基本农田数量不能减少。永久基本农田保护红线，必须与划定城市开发边界、生态两条红线协同开展。同时，在规范土地流转中，要坚决守住土地公有制性质不改变、耕地红线不突破、农民利益不受损失三条底线。总之，不仅必须坚守住耕地的"数量红线"，还要坚守住耕地的"质量红线"。

2. 对三类粮食区域有针对性地精准施策

针对上述三个农情和粮情各有特点、各不相同的地区，要采取不同的政策措施，促使各个地区深化改革、创新发展、扬长避短、优势互补，为建立健全国内粮食产需稳定平衡体系作出贡献。

首先，对于余粮调出区，要加大扶持力度，扩大供给能力。多年来，这些地区奉献担当，为国家粮食安全立下大功，但至今仍然比较贫穷，财政困难的境况仍未根本改变。鉴于此，国家要制定和实施多种有力的扶持措施，加大对资金投入、信贷融资、科技创新、加工技术改进等方面的支持力度，促进产业链、供应链、物流链和创新链等协调发展，并以多种形式有效激励粮食主产区和种粮农民"两个积极性"，稳定、持续扩大粮食优质产能、提高粮食供给调出能力。这意味着，要提升余粮调出区国家级粮食核心产区的地位和作用，使其成为高度发达的国家现代化农业粮食基地，更大地发挥国家粮食安全"压舱石"的作用。

其次，对于缺粮调入区，要提高农粮地位，促进产业协调发展。这一区域具有经济实力强、科技创新能力高、财政比较宽裕的优势，但粮食的地位因为比较效益低而降低，粮食生产逐步萎缩，自给率随之逐步下降。这一区域要处理好粮食与非农产业的关系，把粮食产业置于应有的重要地位，统筹各业协同发展。运用和发挥这一区域的多种优势，致力科技创新、科技兴粮，提高粮食生产力和全要素生产率，扩大这一区域的粮食产能，减少粮食调入量，力争基本解决这一区域内户籍人口的基本口粮需求。此外，开拓都市现代农业，积极发展现代化园艺业和规模化养殖业，增加优质副食品供应能力。

最后，对于粮食平衡区，要开发丰富资源，提升自给水平。这一区域宜农宜粮宜林，宜发展多种经营的资源丰富，但是山区多交通不便，基础设施落后制约发展，许多资源还在"沉睡"中。国家要积极采取支持政策措施，补足这一区域经济发展的短板，特别要大力加强粮食生产、市场流通、仓储物流、农产品加工等方面的基础设施建设，扩大粮食核心产区范围，提高粮食资源利用率和生产率，把资源优势变为经济优势。在注重提高大宗粮食产能的同时，还要发挥这一区域杂粮、薯类、豆类以及木本粮油的自然资源优势，因地制宜增产更多样、更丰富、更优质的农产品。这不仅能有效提升区域内粮食的自给水平，而且有可能输出一定量的粮食。

3. 建立健全粮食等大宗农产品品种间的稳定平衡体系

同构建国内粮食区域间的稳定平衡体系一样，构建粮食等大宗农产品品种间的稳定平衡体系，也是确保"粮安天下"和构建粮食"双循环"新格局的基本条件。粮食等大宗农产品是人民群众的生活必需品，更是稳定市场价格的拳头商品，要把建立国内三大谷物产需基本平衡置于优先和重点位置。

第一，从种植面积和总产量衡量，玉米、稻谷和小麦依次居全国第一、第二和第三位。2020 年，全国粮食总产量为 13390 亿斤。其中，稻谷产量 4237 亿斤，比 2019 年增加 45 亿斤，增长 1.1%；小麦产量 2685 亿斤，比 2019 年增加 13 亿斤，增长 0.5%；玉米产量 5213 亿斤，比 2019 年减少 2 亿斤。第二，从在民生和社会经济中的用途看，稻谷和小麦主要用作居民的主食口粮，是国家粮食安全的核心和重心，必须保持绝对安全。目前我国稻谷和小麦的自给率保持在 100% 上下。玉米则主要用作畜牧业饲料和新工业原料，也必须保障国内产需基本平衡。目前，玉米自给率保持在 95% 上下。第三，作为居民日用生活品的食用植物油，要通过广辟资源，包括增产大豆、油菜籽、花生乃至木本油料，扩大食用油总产能和油源，提升食油供给能力。需要特别强调的是，为开发利用资源、满足人民群众对多样、优质、营养、保健食物日益增长的需要，要着力开发茶籽油、橄榄油、核桃油、牡丹籽和文冠果油等木本粮油和林下经济产品，提升这一特色产业的竞争力、知名度、美誉度，使之获得更广泛的认可。

四、畅通粮食"双循环"新格局的战略大动脉

创新发展现代市场流通和现代物流产业，不仅是畅通国内粮食大循环，而且是畅通国内国外"双循环"的大动脉。

（一）清除阻碍市场流通的各种"路障"

现代市场流通业和现代物流业是国民经济的重要产业。农业生产是基础，发挥着决定性作用，现代市场流通业和现代物流业是关键。因为这个大产业是连接生产和消费的纽带，具有不可或缺的作用。当前，一要破除阻碍要素自由流动的各种限制。主要包括打破地方保护，消除各类行政藩篱和非公平竞争的限制，清除阻碍统一大市场流通的各种"路障"。二要普及推广新业态、新模式。要鼓励商贸流通企业采用电子商务等新兴市场交易方式，实施"互联网＋流通"模式。三要支持商贸企业"走出去"。鼓励流通企业与制造企业集群式"走出去"，开展境外营销和建立仓储物流网络。四要创新流通市场监管制度。建立全程追溯体系，推行产品质量承诺制度。五要加大支持小微企业的力度。包括减免税收、融资优惠等，为其创业创新减负，促使小微企业赢得发展的新未来。

（二）发挥中国超大规模市场流通的威力

我国市场体量超大。当今，我国已稳居世界第二大经济体、第一大货物贸易国，消费市场已跃居全球第二位。2019年全国社会消费品零售总额首次突破40万亿元人民币，比2015年增长42%以上。与此

相应，我国新建市场主体数量、质量同步提升，市场体量不断扩大。在新动能"快强新优"推动经济高质量发展的条件下，我国消费品市场迅速扩大。目前全国的市场主体超过1亿户，达到标志性新高点，更有蕴藏巨大消费潜力的14亿多人口，其中购买力更高的中等收入人口有4亿多，还有1.7亿多受过高等教育或拥有各类专业技能的人才。在国内市场体量扩大的同时，"互联网+"平台与实体经济日益融合，新业态普及推广，诸如智能零售、产能共享等新业态都呈快速发展态势。我国超大规模的内需消费市场，蕴藏着巨大的经济发展潜力与活力、动能与韧性、持续性和成长性。要通过推进更高水平的对外开放，扩大农产品对外贸易，稳定农业粮食产业链、供应链和物流链，促进其在后疫情时代保持行稳致远的发展态势。

（三）打通粮食"双循环"新格局的战略通道

构建以国内粮食大循环为主体、国内国际"双循环"相互促进格局不可或缺的条件，就是建立健全现代服务体系，特别是要建立高效、便捷、完备的现代粮食物流系统。构建"双循环"新格局，必须以"链接"和"联通"为纽带，一个关键就是"通"，包括市场联通、货物畅通。不管是国内粮食大循环，还是国际粮食大循环，都是实物意义上的流动和流通，是无法代替的。基于此，构建粮食"双循环"新格局，不仅需要健全和加强开放、稳定、安全、持续发展的产业链和供应链，而且需要打造四通八达的现代物流系统，现代粮食物流成为现代市场经济和"双循环"新格局的必要环节和有机构成内容。

1. 创新理念

创新理念是打造现代粮食物流系统的前提。改革开放40多年来，中国的粮食物流产业不断向前发展，像粮食现代化码头、集散枢纽，以及"四散"技术等都取得许多成果。但是，粮食物流设施多处于分散、孤立、互不连接的状态，还远谈不上形成了物流链。因此，必须转变和创新理念，树立"物流系统"的概念。所谓"物流系统"，是指在一定的时间和空间里，由所需位移的物资、包装设备、装卸搬运机械、运输工具、仓储设施、人员和通信联系等各种相互制约的动态要素构成的具有特定功能的有机整体。简而言之，即把各个物流节点和元素，按照一定的规律连接为一个整体。例如，通过现代物流技术，把公路、铁路、水路乃至航空运输"无缝"连接为有机系统。

2. 健全系统

健全系统是打造现代粮食物流系统的关键。现代粮食物流系统具有社会化、集约化、系统性等特点。具备这些特点的现代物流系统，大都是由企业承担完成的大物流职能，堪称粮食"双循环"新格局的大通道和大动脉。它提供第三方社会化服务，即采购配送物流和产品销售物流服务。由于涉及多部门、多环节，所以必须具有系统性特征。在社会化服务的条件下，商业、仓储、港口、码头、公路、铁路、航空以及会展等各种孤立的物流节点，相互连接起来，货物就顺着已开掘好的渠道，在运输工具的承载下流向目的地。如此，货物按照一定的程序，环环紧扣，形成一个完整的社会化物流系统。

3. 发挥功能

提高智慧物流的集成化、智能化技术创新能力，发挥更大的智慧物流系统功能。一是降低物流成本，提高企业利润；二是加速物流产业的发展，让其成为物流业的信息技术支撑；三是为企业生产、采购和销售系统的智能融合打下基础；四是使消费者节约成本，放心购物；五是提高政府部门工作效率，有助于政治体制改革。智慧物流可全方位、全程监管，使监管更彻底更透明；六是运用现代信息和传感技术，以及运用物联网进行信息交换与通信，实现对货物仓储、配送等流程的有效控制，有效提升自动化、可视化、可控化、智能化、系统化、网络化和电子化水平；七是建立智慧物流园，促进当地经济发展。

在建立健全物流网中，配置建立智慧物流园。借助它的共享系统、共享办公、共享设备、共享车辆、共享人才，成为智慧物流网络的枢纽，实现产业共享化、产业智慧化、跨界融合化。具有这样重要功能的智慧物流系统，无疑是粮食"双循环"新格局的大动脉。

（摘编自《中州学刊》2021 年第 1 期）

构建国家粮食安全新发展格局

崔宁波，东北农业大学经济管理学院、现代农业发展研究中心教授、博士生导师

粮稳国安，中国的粮食安全问题绝不能掉以轻心。过去两年，我国粮食供给保障体系经受住了新冠肺炎疫情带来的巨大考验，依靠"以我为主、立足国内"有效化解了潜在的粮食危机。"十四五"开局之年全国粮食总产量再创新高，比 2020 年增长 2.0%，特殊之年大国粮仓的根基更加牢固，为保供给、稳大局、增信心提供了有力支撑。成绩显著的背后是党和政府的高度重视和全力支持。同时，也应看到我国粮食安全的内部矛盾和外部风险相互交织，国内外环境条件正发生着深刻变化，这对未来保障国家粮食安全提出了更高要求。2021 年中央农村工作会议再次强调，要牢牢守住保障国家粮食安全的底线，坚持稳中求进工作总基调，稳定粮食生产，这为新时期稳住农业基本盘、端牢中国人饭碗指明了方向。

现阶段，国内外粮食市场的联系更加紧密，确保中国粮食安全必须立足全球视角。基于新时代的历史方位和大变局的战略定位，以习近平同志为核心的党中央从全局高度创造性地提出"构建以国内大循环为主体、国内国际双循环相互促进的新发展格局"。在此背景下，确保国家粮食安全不仅为"双循环"发展提供了坚实的物质基础，也是构建"双循环"新发展格局的重要因素和关键环节，同时用好"双循环"战略已成为保障国家粮食安全的重要路径。因此，审时度势加快构建国家粮食安全新发展格局，既是基于现实国情主动适应粮食安全新发展阶段要求的必然选择，也是积极应对复杂多变的国际形势尤

其在激烈国际竞争中占据优势、掌握主动的客观要求，将进一步促进我国粮食安全保障体系完善和保障能力提升。坚持党对国内粮食安全工作的全面领导，继续提高政治站位、坚定走好中国特色粮食安全之路，以更加积极的心态和更为开阔的视野统筹利用好国内国际两个市场、两种资源，需要我们立足新发展阶段，构建国家粮食安全新发展格局。

以辩证思维看待新发展阶段国家粮食安全的机遇和挑战

2021 年注定是"三农"发展非同寻常的一年，"后小康时代"第一个五年开启了全面建设社会主义现代化国家新征程，而国内"三农"工作重心也开始转向全面推进乡村振兴、加快农业农村现代化的历史新进程。站在新的历史起点上，中国的粮食安全事业迈入新发展阶段，把握好新发展阶段国家粮食安全面临的机遇和挑战，是明确当前及今后一段时间内粮食方针政策的重要依据，也是我们党领导国内粮食安全工作的出发点和落脚点。

我国粮食供需形势长期偏紧，可以预见今后相当长一段时间内仍将维持"紧平衡"。伴随人口增长和消费升级，城乡居民的粮食需求不断增长，需求结构也会发生巨大变化，但国内粮食供需错位、结构性矛盾依然存在。在当前技术水平和资源环境硬约束下，我国的粮食生产能力或已接近极限，粮食持续增产势头面临停滞，成本优势渐失、种粮收益下降、政策空间紧缩，未来"谁来种粮""如何种粮"的困境亟需破解。更进一步地，国内粮食产业尚处于成长和发展阶段、国际竞争压力大，粮食流通效率和现代化程度仍然不高，全产业链条较短、延伸不够，这些都制约了粮食产业经济的扩大化。从贸易形势来看，确保中国粮食安全尤其在饲料粮安全方面仍需借助国际市场。适度的粮食进口有其必然性和必要性，但我国粮食进口依存度增强、来源地集中和结构性失衡等潜在风险并存，参与全球粮食治理与贸易规则制定的角色定位有待深化。此外，节粮减损已成为迫切需要解决的重要问题，各种不稳定、不确定性因素叠加造成威胁或将成为常态。

构建国家粮食安全新发展格局必须保持高度战略定位

立足新发展阶段，始终把饭碗端牢在自己手上，只有坚持问题导向更好地在机遇和挑战面前迅速作出反应，才能在危机中育先机、于变局中开新局。粮食安全新发展格局与新时代国家粮食安全战略在内涵上高度契合，均主张"以我为主、立足国内"和充分利用两个市场、两种资源，不过前者更强调良性循环，即国内粮食经济循环为主与面向国际粮食经济循环相辅相成、双向联动，更好服务于国家粮食安全高质量发展。绷紧粮食安全这根弦，最大限度保持粮食安全的战略主动，要着重突出国内大循环的主体和基础地位，进而通过国内"自转"推动国际"公转"，共同努力维护好全世界粮食安全。

高水平自立自强是构建国家粮食安全新发展格局的本质特征。手中有粮、心中不慌在任何时候都是真理。大国发展规律也证明，真正强大的国家一定有能力解决自己的吃饭问题。打铁必须自身硬，靠别人解决吃饭问题永远无法立足，掌握粮食安全主动权就要实现粮食高水平自立自强，稳步提升国内粮食供给保障能力和抵御风险能力。另外，在"双循环"发展新格局中确保中国粮食安全本身就是在为世界作贡献，而且通过繁荣我国粮食市场也可有效带动世界粮食经济复苏和发展，保障粮食安全是中国对世界负责的态度。突出重点扎实推进新时期国内粮食安全工作，应从引擎支撑、源头控制和根基强化等方面持续奋斗：其一，充分发挥科技创新引领作用。粮食安全问题的根本出路在科技支撑，要加快自主创新为主导的农业技术进步，深入实施"科技兴粮"战略，加强粮食领域科研投入机制建设，聚焦前沿开展关键环节和领域"卡脖子"技术攻关，不断提高粮食全产业链的科技和物质装备水平，大力发展数字农业、智慧农业和设施农业。其二，坚决有力全面推进种业振兴。种为粮之源，粮以种为先，从源头确保国家粮食安全必须在良种方面挖掘潜力。要做好农作物种质资源保护利用，培育更具自主知识产权的优质粮食品种，集中力量联合攻关，形成产学研相结合、育繁推一体化机制，加快国家种业基地和重点工程建设，加强监管，不断优化种业市场环境。其三，毫不放松抓好粮食生产安全。粮食生产安全的根本在于粮食综合生产能力，要严格落实地方粮食安全主体责任，继续实施"藏粮于地、藏粮于技"战略，切实保护好粮食生产的命根子，确保耕地数量不减少、质量有提升，强化基础设施建设，改善粮食生产条件，协调好利益问题，提高农民种粮积极性，主产区、主销区、产销平衡区都要保面积、保产量，确保粮食产量保持在 1.3 万亿斤以上。

高质量供需平衡是构建国家粮食安全新发展格局的战略基础。高质量的粮食供需平衡不应是绝对的和静止的，而是动态的、变化的。加快构建国家粮食安全新发展格局的关键在于畅通国内粮食经济大循环，必须坚持辩证思维，处理好粮食供需之间的关系，在扩大内需的基础上着力提高供给体系质量，有效化解国内市场粮食供需匹配不合理和结构性矛盾，形成需求牵引供给、供给创造需求的高质量动态平衡。为此，从供需两侧双向发力畅通粮食经济内循环。首先，要抓好供给侧结构性改革这条主线：一是优化粮食生产经营结构，要紧贴市场需求动态调整种植结构和空间布局，增强粮食生产供给的优质化、安全化和适应性，积极培育新型职业农民，促进小农户与现代农业衔接和粮食适度规模经营协调发展，加快农业生产性服务提质增效。二是推动粮食产业做大做强，以乡村产业振兴和国家粮食安全产业带建设为契机，加快延伸粮食生产的前后向产业链条，不断提升粮食全产业链和价值链水平，大力开展精深加工，积极推进"优质粮食工程"，加强粮食品牌和产品销售体系建设。三是完善粮食收储制度改革，坚持市场化定价方向和分品种施策，逐渐理顺粮食价格形成机制，尽快形成优质优价的粮食收储机制，强化国家粮食储备轮换的灵活性，鼓励多元主体参与粮食收储，推动政策性农业保险逐渐向保总成本和收入转变。其次，要注重粮食需求侧管理，全力打通粮食需求侧方面的各种堵点，释放内需潜力，构建完整的粮食安全内需体系，在满足粮食需求增长和消费升级上做足文章，关注粮食需求差异化，在提高中等收入群体消费能力的同时加速农村消费市场培育，也要引导城乡居民合理消费、节约用粮和减少浪费。最后，要建立健全粮食供需平衡的动态监测机制和预警防控系统。

高水平对外开放是构建国家粮食安全新发展格局的必然选择。置身全球视角，中国与国际粮食市场紧密相连。一方面，国际市场对中国解决粮食安全问题的影响力与日俱增，当然，我们不能完全依赖粮食进口；另一方面，国内外粮食市场加速融合是大势所趋，中国始终是维护世界粮食安全的积极力量。长远来看，经济全球化仍是历史潮流，可以肯定中国粮食市场对外开放的步伐不会停滞。新时期以高水平对外开放打造国际合作与竞争新优势，开拓粮食合作共赢新局面，营造国际粮食贸易新环境，是促进国内国际双循环协调发展的应有之义，要在以下几点寻求突破：其一，妥善处理好大国关系。必须保持足够的清醒认知和战略定力，在相互尊重的基础上加强对话、积极磋商、管控分歧，努力畅通谈判渠道，解决双边及多边贸易摩擦，重点引导中美关系进入良性竞争轨道，建立均衡发展的新型大国关系框架。其二，深化粮食国际合作体系。设立专项粮食领域国际合作发展基金，扩大粮食贸易与海外投资的一体化联系，积极同粮食出口大国签订长期稳定的国家协定和贸易合约，广泛参与国际农产品产业链分工，打造国际大粮商和大型农业跨国企业，加强与国际粮食贸易巨头合作。其三，规避粮食进口贸易风险。建立更加自主的全球粮食供求信息系统，完善粮食贸易监测预警体系，促进粮食进口贸易风险防控关口前移，坚持粮食适度进口战略，优化粮食进口来源多元化布局，维护粮食等重要农产品贸易通道，用好用足政策空间，提升粮食进口调控能力。其四，积极参与全球粮食治理。明确角色定位，深度融入全球粮食市场，努力打破粮食贸易壁垒限制，谋求国际贸易规则制定调整的话语权和主导权，争取国际粮食定价权，推动改善广大发展中国家的粮食安全状况，提供粮食丰产增收的中国方案。

构建国家粮食安全新发展格局应着重处理好"五大关系"

面对新冠肺炎疫情和百年未有之大变局交织，端牢中国人的饭碗，坚定不移做好自己的事情，确保国家粮食安全被赋予了更多时代内涵。构建国家粮食安全新发展格局是新发展阶段粮食领域统筹发展与安全的重大战略问题，是粮食产业高质量发展和农业农村现代化建设"双轮驱动"的必由之路。在"双循环"发展新格局中要增强系统观念，将粮食安全置于全球农业开放大环境中，以更高历史站位、更广国际视野看待和处理粮食安全问题，以更实行动举措贯彻落实国家粮食安全战略，应着重处理好如下几组重大关系。

第一，处理好当前与长远的关系。粮食的基础性和战略性决定了粮食安全是一项常抓不懈的大任务。从粮食产量和粮食储备量方面看，近期国家粮食安全有充分的保障。从资源消耗、财政压力等角度看，取得这一成绩代价颇大。在严苛的环境制约和经济压力下，未来要用更少的资源生产出量更多、质更优的粮食。可以预见，确保粮食安全是一场硬仗，依旧任重而道远。在国家粮食安全新发展格局下兼顾好当前与长远，既不把长期目标短期化，也不把持久战打成突击战，应将满足当前需求与面向长期战略相结合，优化投入产出，不断提质增效，增强粮食经济竞争力和可持续发展能力，不断向更高质量发展迈进。

第二，处理好机遇与风险的关系。确保国家粮食安全仍处于一个重要战略机遇期，至少未来30年国内粮食需求仍会保持持续增长趋势，而且消费升级所带来的高品质、多元化、个性化粮食产品需求将对供给调整产生积极的促进作用。"双循环"发展新格局的构建为中国粮食产业更好、更快"走出去"提供了重要契机，在国内、国际双维度保障国家粮食安全中带来了内外循环互动机遇。可以肯定，未来机遇与风险并存且二者都会有新的发展变化，要清醒认识粮食安全挑战明显增多的复杂局面，积极防范化解重大风险，同时在应对风险中应进一步积累对做好粮食安全工作规律性的认知，提高抵抗风险能力。

第三，处理好国内与国际的关系。国内与国际两个市场、两种资源优势互补协调配合，是持续提升粮食供给能力和有效应对粮食系统性风险的最佳组合。在立足国内的坚实基础上，中国高水平开放趋势不会改变，应积极对接国际粮食贸易相关规则，树立明确的粮食安全观、粮食贸易观，提高全球范围内的粮食贸易稳定性。要以"一带一路"为重点，坚持粮食进口来源和品种多元化并举，并鼓励竞争力强的粮企通过境外农业合作示范区等方式"走出去"，积极参与全球粮食规则制定，有效嵌入世界粮食产业链、价值链、供应链，构建国际粮食产业风险预警防范体系，着力打造全球粮食安全命运共同体。

第四，处理好生产与生态的关系。粮食生产安全是粮食安全的核心。从现实来看，一味以粮食增产为目的的生产行为加剧了生态环境退化，若以此为代价，则不能称为真正的粮食安全。必须纠正粮食生产与生态环境对立的错误认知，统筹协调粮食产能增加与生态绿色发展之间的积极互动关系；推行科学理性的绿色粮食生产行为，降低或杜绝对生态环境的破坏，使透支的资源环境能够休养生息，实现绿色兴粮、质量兴粮。保护生态，道阻且长，行则将至。要以踏石留印、抓铁有痕的劲头推进生态文明治理，有序做好生态修复与建设工作，以生态环境高水平推动粮食生产绿色发展，擦亮粮食生产的生态底色。

第五，处理好政府与市场的关系。粮食兼具公共产品和私人产品特征，保障粮食安全不仅是政府责任，更是市场担当。构建粮食安全新发展格局要高度重视政府的引导作用，积极发挥市场的决定性作用，关键在于找到政府行为与市场功能的平衡点，避免政府过度干预与市场失灵。一方面，要完善和规范粮食利益补偿制度；另一方面，要充分利用市场的运作机制，强化市场调控以提升粮食安全的风险应对能力，并积极探索科学、合理的粮食产业利益分配制度，构建粮食产业利益共同体。有为政府和有效市场的双向促进推动我国粮食安全模式由被动型转向主动型，保障粮食安全新发展格局行稳致远。

（摘编自《人民论坛》2022年第1期）

从战略全局牢牢把住粮食安全主动权

杨建国，南京财经大学教授，中国企业改革与发展研究会高级研究员

粮食安全是"国之大者"

悠悠万事，吃饭为大。民以食为天。习近平总书记反复告诫我们，要高度重视粮食安全问题。习近平总书记将粮食安全列为"国之大者"，"十四五"规划首次将粮食综合生产能力作为经济社会发展约束性指标纳入其中，首次将实施粮食安全战略纳入五年规划，首次明确国家制定《粮食安全保障法》。2022年中央一号文件提出，2022年"三农"工作的首要任务是"全力抓好粮食生产和重要农产品供给"。只有稳住国内粮食生产供给基本盘，才能"端牢中国饭碗"，确保国家粮食安全。2022年政府工作报告再次着重强调，要加强粮食等重要农产品稳产保供，从各方面采取努力措施，装满"米袋子"、充实"菜篮子"，把14亿多中国人的饭碗牢牢端在自己手中。在2022年全国政协十三届五次会议联组会上，习近平总书记强调，实施乡村振兴战略，必须把确保重要农产品特别是粮食供给作为首要任务，在粮食安全问题上不能有丝毫麻痹大意，提出要树立"大食物观"。

粮食安全面临诸多新挑战

根据联合国农粮组织《2021年世界粮食安全和营养状况》报告估计，2020年世界上共有7.2亿—8.11亿人面临饥饿，近1/3的世界人口无法获得充足的食物，在多种主要因素的作用下，世界已无法实现

到 2030 年消除饥饿和一切形式营养不良的目标。根据有关国际组织发布的 2022 年风险报告，预计未来 10 年，人类将迎来频繁不断的极端天气、多种生物濒临灭绝且生态系统面临崩溃。中科院大气物理研究所发布 2021 年全球海洋变暖报告显示，2021 年全球海洋温度普遍升高且南大洋、地中海等海域均创下历史纪录，这些现象都将引发更大的灾难。未来 10 年，全球粮食安全形势尤其严峻。当前，百年未有之大变局与新冠肺炎疫情相互叠加，世界进入新的动荡变革期。新冠肺炎疫情仍然在全球肆虐，俄乌战争引发的一系列全球通胀、全球供应链断裂、中欧政治动荡、金融危机、地缘政治风险加剧等隐患风险加大，世界经济复苏动力不足，大宗商品价格高位波动，加之近年来灾害频发、生态环境恶化，全球粮食安全风险进一步上升，世界多国粮食安全正面临新的风险与挑战。

2022 是非常特殊的年份，这一年是新时代的序幕年，将奠定未来5—10 年的重要基础。虽然 2021 年我国粮食生产再获丰收，产量创历史新高，达到 13657 亿斤，在高基数上增加了 267 亿斤，同比增长2.0%，保障国家粮食安全的基础持续向好。但是，我们也要看到，我国粮食安全也面临多重挑战：不确定性的自然灾害、耕地保护形势严峻、水资源短缺和水土污染等各类资源与环境约束；人口基数大、城镇化率提高等造成的需求刚性增长；粮食能源化和金融化趋势加剧了粮价波动。从长期趋势看，我国粮食供求紧平衡的格局没有改变，今后一个时期粮食需求还会持续增加，供求紧平衡将越来越紧，加之国际形势复杂严峻，必须牢牢把住粮食安全主动权，以稳产保供的确定性来应对外部环境的不确定性。任何时候都不能轻言粮食安全已过关了，要始终紧绷粮食安全这根弦。

牢牢把握粮食安全主动权

把握粮食安全主动权，要立足战略全局从六个方面发力，并注重节约粮食。

一是耕地面积稳增提质。耕地是粮食生产的命根子。农田就是农田，农田必须是良田，坚决遏制耕地"非农化"、基本农田"非粮化"。粮食产量增长的背后是耕地资源的密集使用和耕地质量的退化。2022年中央一号文件指出，严守18亿亩耕地红线。中央和地方签订耕地保护目标责任书，严格考核、一票否决、终身追责。要采取"长牙齿"的措施，落实最严格的耕地保护制度，切实加强耕地用途管制。

树立"大食物观"，在保护好生态环境的前提下，要从耕地资源向整个国土资源拓展，宜粮则粮、宜经则经、宜牧则牧、宜渔则渔、宜林则林，形成同市场需求相适应、同资源环境承载力相匹配的现代农业生产结构和区域布局。要向森林要食物，向江河湖海要食物，向设施农业要食物，要从传统农作物和畜禽资源向更丰富的生物资源拓展，发展生物科技、生物产业，向植物动物微生物要热量、要蛋白。

通过合理布局，主产区、主销区、产销平衡区都要保面积、保产量。进一步加强耕地保护和质量建设落实，落实好耕地保护建设硬措施，严格耕地保护责任，加强耕地用途管制，建设1亿亩高标准农田。

二是攻关种子芯片。"解决吃饭问题，根本出路在科技。"种源安全关系到国家安全，必须下决心把我国种业搞上去，实现种业科技自立自强、种源自主可控。

农业种质资源是国家战略性资源，事关种业振兴全局。要集中力量破难题、补短板、强优势、控风险，在基础性前沿性研究、种质资源收集保护和开发利用、生物育种产业化等方面下苦功、务实功，打牢种业基础，守护安全底线，实现种业科技自立自强、种源自主可控，推动种业高质量发展。一方面，大力推进种源等农业关键核心技术攻关，推进种业领域国家重大创新平台建设；同时扶优企业强化骨干技术创新力量，推动品种创新。另一方面，种质资源保护是基础，供种安全是底线。贯彻落实种子法，加大种业知识产权保护，激励种业原始创新，实行实质性派生品种制度，依法严厉打击套牌侵权等违法犯罪行为。

三是保障农民利益。要调动农民种粮积极性，稳定和加强种粮农民补贴。其根本要求是提高农粮收益，保护农民种粮积极性，"让农民能获利、多得利"。

"藏粮于民"，劳动是财富之父，农民是粮食生产的主体。由于工业和农业的收入差距以及粮食作物和经济作物的比较效益差距，农村人口老龄化和耕地非粮化问题突出，农民粮食生产积极性不足。而农民种粮积极性与粮食播种面积和产量紧密相连，极大影响着我国粮食的稳定供给。

粮食生产需要"两个积极性"：既要让农民种粮有利可图，又要让地方政府抓粮食生产有积极性。一方面，要健全农民种粮收益保障机制，不断完善稻谷、小麦最低收购价政策，改进玉米、大豆生产者补贴和稻谷补贴政策，扩大三大粮食作物完全成本保险和种植收入保险覆盖面，让农民务农种粮有钱赚；同时要鼓励农民工返乡创业，尽一切可能吸引农村劳动力要素回流，大力开展职业农民培训，充分调动农民积极性，提高农作及田间管理水平。另一方面，全面落实粮食安全党政同责，压实地方党委政府重农抓粮义务和责任，建立粮食主产区、产销平衡区、主销区共同承担维护国家粮食安全责任机制。

同时，要改革农业生产力，强化农业科技支撑，大力推进农业关键核心技术攻关，提升农机装备研发应用水平，加快发展设施农业，强化农业科技支撑。

四是完善宏观调控。要提升收储调控能力，坚持完善最低收购价政策，扩大完全成本和收入保险范围。其根本要求是加强宏观调控的平衡与稳定能力，国家宏观调控力是保障粮食安全的"稳定器"与"压舱石"。

"藏粮于国"。粮食安全是具有特殊自然属性的公共物品，保障粮食安全是各国政府的职责和义务。粮食储备是粮食宏观调控的重要物质基础，是粮食安全体系的一个极其重要的组成部分，是连接生产、流通、消费所不可缺少的环节，是维护粮食市场稳定的"压舱石"。要进一步完善储备粮规模布局结构调整优化，夯实国家粮食宏观调控的物质基础，完善储备粮应急动用预案，强化储备粮的管理和调控，建立健全中央储备与地方储备协同运作机制，确保储备粮数量实、质量好、管得住、调得动、用得上，加强仓储流通设施建设，增强服务保障国家粮食安全的战略能力。同时，要择优确定一批信誉度高、综合实力强、辐射带动作用大的骨干企业，纳入粮食市场调控体系。健全产销合作机制，鼓励产销区建立多层次、多渠道、多形式、互惠互利的粮食产销合作关系。加强粮食市场监测预警体系建设，提高科学决策能力，要密切监测国内外粮食市场价格和供求关系，超前研判市场变化趋势，及早发现苗头性、倾向性、潜在性问题并采取对应措施。

五是加强国际合作。要支持企业走出去。其根本要求是提高企业国际竞争力，增强国际话语权。

充分利用好国内外两个市场、两种资源。用好国际市场重在秉持人类命运共同体理念，建立多双边共赢的粮食合作机制，让各方有动力共同参与全球粮食安全治理。一方面，要主动布局国际粮食安全供应链建设，抓住粮食国际供应链的核心要素，增强供应链的可靠性，同时推动农产品进口国别和品种的多元化。另一方面，要推动"一带一路"沿线国家合作、参与全球粮食公共机构管理、相关标准和贸易规则制定、推动与第三世界的农业科技合作、强化农业技术和服务输出、提供全球粮食安全公共产品等，成为国际粮食体系的推动者和建设者，更好地为全球粮食安全作出中国贡献。深入融合参与全球粮食产业链的构建与全球粮食安全治理，加强多边关系维护，维护世界粮食安全并展示大国形象，努力争取国际话语权。

六是注重粮食节约。习近平总书记多次提到"餐饮浪费"问题。制止餐饮浪费是一项长期任务，要坚持不懈抓下去，推动建设节约型社会。弘扬勤俭节约的好风尚，实施全面节约战略，加强节约粮食工作，狠刹浪费之风，从餐桌抓起、从每个人做起，树立节约观。要坚持不懈制止餐饮浪费行为，倡导形成"浪费可耻、节约为荣"的社会新风尚。既要吃得丰富多样，又要吃得适度适量，这是与每个人、每个家庭息息相关的，也是对劳动的尊重、对美德的尊崇。对粮食而言，日常生活中的每一次"开源节流"，都是在加重安全的砝码、安心的保障。

坚持大历史观看待"三农"问题

保障粮食安全是一个永恒的主题，任何时候都不能放松。保障粮食安全是一个系统工程，要树立全局和战略思维。要以战略思维谋全局，以辩证思维看问题，以底线思维育新机。必须看到，全面建设社会主义现代化国家，实现中华民族伟大复兴，最艰巨最繁重的任务依然在农村，最广泛最深厚的基础依然在农村。习近平总书记指出，历史和现实都告诉我们，农为邦本，本固邦宁。我们要坚持用大历史观来看待农业、农村、农民问题，只有深刻理解了"三农"问题，才能更好理解我们这个党、这个国家、这个民族。

所谓大历史观，就是将以往历史的内在逻辑和现在作比较，再用现在所发生的历史与未来作比较，从而对未来社会的走向作出一定预测的历史观。坚持大历史观，关键在于肩负起时代赋予我们的历史使命，深入贯彻落实习近平总书记关于粮食工作最新重要论述和党中央决策部署，进一步提高政治站位，强化政治责任担当，始终从政治上、战略上、全局上对待粮食问题，自觉从统筹两个大局的高度看待粮食工作，从战略全局牢牢把住粮食安全主动权。

（摘编自中国农网 2022 年 4 月 14 日）

夯实农业生产基础，保障国家粮食安全

柯炳生，中国农业大学原校长

党的十八大以来，以习近平同志为核心的党中央始终高度重视粮食安全，把解决好吃饭问题作为治国理政的头等大事。"十四五"时期，在开启全面建设社会主义现代化国家新征程的重要历史关口，粮食安全问题更是丝毫不能放松。国务院印发的《"十四五"推进农业农村现代化规划》（以下简称《规划》）提出，立足国内基本解决我国人民吃饭问题，既保数量，又保多样、保质量，并对夯实农业生产基础、提升粮食等重要农产品供给保障水平作出系统安排，充分彰显了端牢中国人饭碗的坚定决心和信心。

一、充分认识保障国家粮食安全的重要意义

保障国家粮食安全是农业农村现代化的首要任务。增加粮食等重要农产品供给，是农业的基本功能。不管农业现代化发展到什么程度，这一基本功能永远不会改变。从需求端看，温饱需求是最基本的需求，其中刚性最强的需求就是吃饭需求。别的需求都可以暂缓、可以克制，唯有食物需求每天必不可少。从生产端看，由于我国人地关系紧张，粮食安全的压力将长期存在，粮食供求紧平衡将是我国粮食安全的长期态势。推进农业农村现代化，必须首先抓好粮食生产，把确保重要农产品特别是粮食供给作为第一要务。

保障国家粮食安全是维护经济社会稳定的基础。习近平总书记强调，保障国家粮食安全是实现经济发展、社会稳定、国家安全的重要

基础，任何时候这根弦都不能松；一个国家只有立足粮食基本自给，才能掌控粮食安全主动权，进而才能掌控经济社会发展这个大局。粮食安全问题影响的是全体14亿多人口，包括农村人口和城市人口。在市场经济条件下，如果出现粮食安全问题，首当其冲影响的就是城市人口。

保障国家粮食安全是应对国际风险挑战的"压舱石"。当前及今后一个时期，世界百年未有之大变局加速演进，国际环境日趋复杂，新冠肺炎疫情影响广泛深远，贸易保护主义抬头，世界进入动荡变革期，包括粮食等产品在内的国际产业链供应链不稳定性不确定性日益增加。我国部分农产品对外依存度还比较高，如作为饲料粮的大豆，2021年进口量达到9652万吨。对这类依赖进口的重要农产品，也要稳定提高自给率、拓展多元进口渠道，不能受制于人。

二、提升粮食保障水平面临的突出挑战

改革开放以来，我国农业发展成就巨大。最突出的标志是，在耕地面积显著减少、人口规模大幅增加的情况下，人均农产品产量大幅度提升，其中粮食增加了50%，肉类增加了5倍，水产增加了8倍，水果增加了19倍。2021年，粮食产量继续高位增产，创下13657亿斤的历史新高，比2020年增加267亿斤，增长2.0%，水稻、小麦等口粮自给率超过100%，人均粮食占有量超过480公斤，比世界平均水平高出37%，肉蛋奶、果菜茶品种丰富、供应充裕，有效满足了人民群众日益增长的消费需求。这些巨大成就证明，改革开放以来，党领导的一系列农业农村重大改革和方针政策是正确的，是必须要坚持和强化的。

同时也要看到，我国农业发展面临诸多挑战，突出表现在耕地少、规模小、成本高、单产低等方面。"三调"数据显示，我国耕地面积为

19.18 亿亩，占世界耕地面积的 9% 左右，其中陡坡耕地和梯田占 1/4 以上，土地不足压力将长期存在。我国农户平均经营规模为 9.8 亩，不到欧盟农场平均规模的 5%、美国农场平均规模的 0.4%，农业经营者具有高中以上文化程度的仅占 8%。我国主要粮食作物单产水平高于世界平均水平，但同发达国家比较差距仍然很大，其中小麦单产约为欧洲的 80%，稻谷约为美国的 80%，玉米和大豆约为美国的 55%。展望未来，我国农业生产面临的突出挑战，可以用一句话概括，就是如何用越来越少的耕地、越来越少的水资源、越来越少并且越来越贵的农业劳动力，生产出更多、更好、更安全的农产品。

三、提升粮食保障水平的重点任务和措施

《规划》提出，"十四五"时期，粮食等重要农产品供给有效保障，粮食综合生产能力稳步提升，产量保持在 1.3 万亿斤以上，确保谷物基本自给、口粮绝对安全。为实现以上目标，必须深入实施国家粮食安全战略和重要农产品保障战略，落实藏粮于地、藏粮于技要求，健全辅之以利、辅之以义的保障机制，夯实农业生产基础。

稳定粮食播种面积。这是基础性要求。要落实地方政府抓粮食生产的责任，《规划》强调，压实粮食安全政治责任，落实粮食安全党政同责，健全完善粮食安全责任制，细化粮食主产区、产销平衡区、主销区考核指标，完善粮食主产区利益补偿机制，鼓励粮食主产区主销区之间开展多种形式的产销合作。这就再次明确粮食生产不仅是主产区的责任，而是各地共同负责，共同加强粮食生产能力建设，守住谷物基本自给、口粮绝对安全底线。调动农民种粮积极性，《规划》提出完善粮食生产扶持政策，稳定种粮农民补贴，完善稻谷、小麦最低收购价政策和玉米、大豆生产者补贴政策。扩大稻谷、小麦、玉米三大粮食作物完全成本保险和种植收入保险实施范围，支持有条件的省份

降低产粮大县三大粮食作物农业保险保费县级补贴比例。

加强耕地保护与质量建设。18 亿亩耕地必须实至名归，这是从更长远的角度来强化粮食等重要农产品生产能力建设。要严格数量保护，《规划》要求，坚守 18 亿亩耕地红线，落实最严格的耕地保护制度，加强耕地用途管制，实行永久基本农田特殊保护。建立健全耕地数量、种粮情况监测预警及评价通报机制，坚决遏制耕地"非农化"、严格管控"非粮化"。永久基本农田重点用于发展粮食生产，特别是保障稻谷、小麦、玉米等谷物种植。强化质量建设，《规划》提出提升耕地质量水平，推进高标准农田建设，加大农业水利设施建设力度，实施国家黑土地保护工程，推进耕地保护与质量提升行动，加强南方酸化耕地降酸改良治理和北方盐碱耕地压盐改良治理。在耕地占补平衡方面，不仅数量要平衡，也要有质量要求，严禁以劣补优。

保障其他重要农产品有效供给。全面建成小康社会后，人民群众消费需求结构加快升级，对肉禽蛋奶水产和果菜等方面的需求日益增加。《规划》提出，要发展现代畜牧业，健全生猪产业平稳有序发展长效机制，防止生产大起大落。实施牛羊发展五年行动计划，大力发展草食畜牧业。加强奶源基地建设，优化乳制品产品结构。加快渔业转型升级，保持可养水域面积总体稳定，推进水产绿色健康养殖，到 2025 年水产品年产量达到 6900 万吨。促进果菜茶多样化发展，强化"菜篮子"市长负责制，构建品种互补、档期合理、区域协调的蔬菜供应格局，因地制宜发展林果业、中药材、食用菌等特色产业，提升茶业发展质量。

优化农业生产布局和协同推进区域农业发展。从农业生产尤其是作物生产的自然条件特点出发，《规划》对农业生产区域布局作出部署。加强粮食生产功能区建设，加大对水稻生产功能区、小麦生产功能区、玉米生产功能区等政策支持力度，打造国家粮食安全产业带。加强重要农产品生产保护区建设，稳定提升大豆、棉花、油料、糖料、天然橡胶等重要农产品生产能力，提高国内自给水平。加强特色农产品优势区建设，发掘特色资源优势，建设一批特色农产品标准化生产、加工和仓储物流基地，培育一批特色粮经作物、园艺产品、畜产品、水产品、林特产品产业带。

此外，针对农业面临的自然风险和市场风险，《规划》提出，增强农业防灾减灾能力，强化农业气象服务，健全动物防疫和农作物病虫害防治体系，加强监测预警网络建设。提升重要农产品市场调控能力，深化农产品收储制度改革，加快培育多元市场购销主体，加强粮食等重要农产品监测预警。开展粮食节约行动，有效降低粮食损耗。稳定国际农产品供应链，实施农产品进口多元化战略，健全农产品进口管理机制，稳定大豆、食糖、棉花、天然橡胶、油料油脂、肉类、乳制品等农产品国际供应链。

（摘编自《农民日报》2022 年 2 月 16 日）

青麦青贮事件突发，如何统筹保障
粮食安全与农民增收

马朝良，中国（深圳）综合开发研究院、中国通证数字经济研究中心经济学博士后

李小东，安徽工程大学副教授

2022 年 5 月中旬，网络上关于"收割青麦作青贮饲料"的短视频引起大众广泛关注。根据农业农村战略专委会调研发现，目前仅在河南省南部地区和山东省部分地区存在个别青麦被毁现象。针对此现象，农业农村部已下发通知，要求各地进一步全面排查毁麦开工、青贮小麦等各类毁麦情况，对违法违规行为，发现一起处理一起。"青贮小麦事件"表面看是农民个人行为，背后却关乎国家粮食安全。只有让农民种粮有"钱景"，粮食安全才有更坚实保障，中国人的饭碗才能端牢端稳。

一、全球性粮食危机正在逼近

1. 俄乌冲突显著加剧全球粮食短缺

世界粮食生产布局不平衡问题突出，粮食出口国高度集中，而消费进口国较为分散，使粮食供需的区域性矛盾凸显。乌克兰和俄罗斯均是位列全球前五的主要粮食出口国，且其出口对象主要为发展中经济体。根据美国农业部（USDA）数据，2021 年，俄乌两国小麦、大麦和玉米的出口量占全球出口量的总比重分别为 26%、30% 和 16%，葵花籽油占比更高达 76%。《2022 全球粮食危机报告》显示，2021 年全球接近 1.93 亿人遭遇严重粮食短缺。基于俄乌在全球农业贸易中的重要地位，全球遭受粮食短缺的可能性大幅提高，经济体系脆弱的国家

将受到较大打击。

2. 农业贸易保护主义初现端倪

作为世界第二大小麦生产国的印度，在 2022 年 5 月 13 日突然宣布禁止小麦出口，而且即刻生效。印度此举让全球对粮价上涨的担忧再起，使全球粮食供应形势一下子紧张起来。2022 年 5 月 14 日，七国集团会议议题之一，便是讨论俄乌冲突导致的全球粮食安全问题。在一系列突发事件冲击下，国际小麦价格一路飙升。美联社数据显示，2022 年初以来，全球小麦价格上涨已超过 40%。5 月 16 日，美国小麦期货涨停，所有未来月份期货价格均创新高。

二、国内粮食安全压力依然存在

在目前的国际特殊形势下，"中国人的饭碗任何时候都要牢牢端在自己手中"有了更加具体而现实的情境。

1. 供需平衡压力仍在

截至 2021 年，我国粮食产量已实现"十八连丰"，连续 7 年保持在 1.3 万亿斤以上，供给总量十分充足。但粮食单产、人均粮食产量增速放缓，部分农产品进口量增加。最近两年，中国粮食进口依存度显著提高，2021 年已升至 19.1%，粮食安全压力凸显。从主要粮食类型看，2021 年，玉米、稻谷、小麦三大主粮的进口依存度只有 6.5%，但大豆进口依存度则高达 85.5%，成为可能影响我国粮食安全的关键农产品之一。

2012—2021 年中国粮食产量、进口依存度表

年份	产量（万吨）	进口量（万吨）	出口量（万吨）	进口依存度（%）
2012	61223	8025	277	11.2
2013	63048	8645	243	11.8

续表

年份	产量（万吨）	进口量（万吨）	出口量（万吨）	进口依存度(%)
2014	63965	10042	211	13.3
2015	66060	12477	164	15.7
2016	66044	11468	190	14.6
2017	66161	13062	280	16.2
2018	65789	11555	366	14.5
2019	66384	11144	434	13.9
2020	66949	14262	354	17.2
2021	68285	16454	331	19.1

数据来源：国家统计局、中国海关

2. 种业科技支撑存在短板

我国主要农作物自主选育品种达到95%以上，主要粮食作物良种基本全覆盖。但优质新品种培育缓慢，单产仍有较大提升潜力，尤其是大豆、玉米等进口占比较大的农产品单产水平和国外存在较大差距。2021年，我国大豆单产只有1.95吨/公顷，尚未达到美国60%的水平。此外，面对人民生活的多样化需求，一些适宜设施栽培、加工专用的蔬菜品种也仍需进口。

3. 农民种粮积极性不高

农民是粮食生产的真正主体，农民关心的是种粮食能否获得可接受的收益。近几年，土地、劳动和农资等种粮投入要素价格大幅增加，而粮价提升空间相对有限，使农民种粮收益受到了较大挤压，直接导致农民种粮积极性下降。尤其随着农村人口大量涌入城市，"80后"不想种地，"90后"不懂种地，"00后"不问种地的困境将是农业发展不得不面对的现实。从经济利益看，近期的青贮小麦一亩收入可达到

1500 元，也是极个别农户选择卖青苗的主要原因之一。

三、统筹保障粮食安全与农民增收

粮食安全是关系国运民生的"压舱石"，是国家安全的重要基础。2021 年底的中央经济工作会议强调，保障种粮农民合理收益，中国人的饭碗任何时候都要牢牢端在自己手中。2022 年政府工作报告提出，粮食产量保持在 1.3 万亿斤以上，同时要保障粮食等重要农产品供应。4 月召开的中共中央政治局会议再次要求，要做好能源资源保供稳价工作，抓好春耕备耕工作。在外部环境发生深刻变化的复杂形势下，更要做好生产保供，守住粮食安全底线，保障农民权益。

1. 坚守耕地保护红线，把稳"命根子"

一是全面压实耕地保护责任。18 亿亩耕地是退无可退的底线，守住了耕地红线，才能守住粮食稳产的基础。坚决遏制耕地"非农化"、严格管控"非粮化"，采取奖惩分明的"长牙齿"硬措施，压实各级地方党委和政府耕地保护责任，落实最严格的耕地保护制度，守住粮食安全底线。对肆意破坏耕地农田，毁坏农作物的行为，绝不姑息。

二是落实"藏粮于地、藏粮于技"，严格实行土地用途管制，优化农村用地布局。把高标准农田建设作为落实"藏粮于地、藏粮于技"战略的重要抓手，高标准农田原则上全部用于粮食生产。加快推动农田建设立法，明确农田建设相关主体权利和责任。

三是加大粮食安全宣传力度，提高农户防范粮食安全风险意识。手中有粮、心中不慌，应借力媒体宣传引导，深入宣传国家关于粮食安全的决策部署，营造重粮兴粮、爱粮节粮的良好氛围。

2. 紧盯产量储量质量，拉动"牛鼻子"

一是稳定粮食播种面积和产量。2022 年 3 月印发的《国家发展改革委关于进一步做好粮食和大豆等重要农产品生产相关工作的通知》

强调，主产区要不断提高粮食综合生产能力，主销区要切实稳定和提高粮食自给率，产销平衡区要确保粮食基本自给。要加快落实粮食安全党政同责，制定出台省级党委、政府粮食安全责任制考核办法，落实粮食安全责任制考核。健全种业政策制度体系，培育壮大种业企业，建立商业化育种体系，加快培育优质新品种，提高粮食单产水平。

二是完善粮食储备制度。综合考量国内外形势变化，科学确定粮食储备功能和规模，优化粮食储备布局和品种结构。完善粮食储备功能定位，构建中央与地方、政府与企业互为补充的储备机制。完善乡村藏粮设施建设，加大农户藏粮的扶持力度，加快构建新时代"藏粮于民"机制。

三是加强科研技术攻关，提升粮食品质。粮食生产根本在耕地，出路在科技。加快农业关键技术的推广应用，推进农业产业数字化，开展绿色增产模式攻关。顺应新时代居民食物消费升级需要，树立"大食物观"，做好粮食和重要农产品的质量保障和营养安全保障，开展优质粮食工程，实施品质品牌、健康消费、质量追溯等提升行动。

3. 提高农民种粮所得，夯实"钱袋子"

一是加大强农惠农政策支持力度。加强对耕地保护的补偿激励措施，扩大种粮农民补贴的范围和幅度，适当提高稻谷、小麦最低收购价，确保种粮农民有合理的收益，提高农民种粮积极性。把尿素、复合肥、农药等农资保供稳价政策落到实处，加强农资价格调控，降低种粮成本。

二是加快引导金融活水流向农村。把加大粮食生产的信贷投入作为支持乡村振兴的硬举措，精准信贷投放，让农户"贷得到"。做实农业信贷融资担保体系，降低农村金融服务准入门槛和融资成本，健全政策性农业担保风险补偿机制。

三是健全农业社会化服务。在家庭承包经营的基础上，做好农业社会化服务的有效供给，实现农业生产经营专业化、组织化、集约化发展，带动小农户提高种粮综合效益。创新经营方式，培育数字农业、农村电商等新产业新业态，挖掘新的增长点。

（摘编自《经理人》2022 年 05 月号）

我国小麦种业自主创新水平如何，有何短板

赵振东，中国工程院院士，山东省农业科学院作物研究所一级研究员、首席专家

小麦是我国两大口粮作物之一，全国 40% 的人口以小麦为主食。2020 年，我国小麦播种面积 3.51 亿亩，产量 2685 亿斤，产需平衡略有盈余。2021 年，受小麦、玉米价格倒挂等因素影响，小麦饲用替代、酿酒制曲明显增多，产需形势由宽裕转为趋紧。

种子是农业生产的源头。在人多、地少、水缺但食物需求持续增长的情况下，确保 2022 年粮食产量稳定在 1.3 万亿斤以上，需要用足用好种质资源，培育出更多突破性小麦良种。

农业农村部 2021 年 12 月印发的《"十四五"全国种植业发展规划》提出，到 2025 年，小麦播种面积保持在 3.5 亿亩以上，产量 2800 亿斤以上。大力发展优质强筋弱筋小麦，持续优化品质结构。围绕我国小麦种业自主创新现状、如何用足用好种质资源突破"卡脖子"瓶颈等问题，《瞭望》新闻周刊记者专访了中国工程院院士，山东省农业科学院作物研究所一级研究员、首席专家赵振东院士。

小麦品种种源完全自主可控

《瞭望》：近年来小麦育种行业发展情况如何？小麦品种种源是否实现了自主可控？

赵振东：小麦是我国三大主粮之一。小麦和水稻一样，在品种种源方面实现了完全自主可控。

经过我国小麦育种工作者共同努力，已经育成并推广了一系列优

质、高产、兼抗多抗、抗旱节水等小麦优良新品种，为保障我国粮食安全作出了突出贡献。

我国小麦品种培育大致经历了抗病稳产、矮化高产、优质高产、高产广适，到目前的多元化这 5 个阶段，主产区也经历了 8 次至 9 次品种更新换代。我国的小麦育种工作在一年两熟的生产制度下，利用有限的光、热、水、土资源，支持和引领小麦生产持续发展，育种水平国际领先，小麦不存在种业安全问题。

作为小麦育种工作者，我很自豪的是，我国小麦口粮自给率达到了 100%，种子自主率同样达到 100%，口粮绝对安全，做到了"中国粮主要用中国种"。

在基础理论研究和育种技术创新方面也不断取得重大突破。山东农业大学教授孔令让团队从小麦近缘植物长穗偃麦草中成功克隆出了抗赤霉病基因，已被多家单位用于小麦抗病育种；山东省农业科学院作物研究所研究员李根英团队在小麦多重基因编辑研究方面取得突破，为小麦定向改良提供了技术支撑；山东省农业科学院与中国农业科学院合作，建立了分子标记辅助选择的精准育种技术体系，并成功育成了黄淮麦区第一个分子标记新品种济麦 23。

科研育种领域的不断创新突破，巩固扩大了小麦育种业发展的领先优势，也增强了我们打好种业翻身仗的信心和实力。同时，我们也需正视国情，在耕地与资源约束条件下，应加强科技研发投入，加快新技术应用，培育突破性新品种，继续保持我国的小麦种业优势，保障国家粮食安全。

两个短板有待强化

《瞭望》：我国小麦种业自主创新水平如何？

赵振东：当前我国小麦种业自主创新水平不断提高。

在基础理论与技术研究方面：在国际上率先完成了高质量小麦 A、D 基因组精细图谱绘制，获得了染色体级别的高质量基因组参考序列，为功能基因组和全基因组选择育种提供了基础；普通小麦属于自花授粉作物，由于遗传基础狭窄，致使高产杂交育种研究的难度非常大，寻找雄性不育遗传资源是攻克这个难关的首要问题。

1972 年，山西省太谷县农业技术员高忠丽在田间发现了一株天然雄性不育小麦，后被命名为"太谷核不育小麦"。山东农业大学教授付道林团队成功克隆了"太谷核不育"基因，并对其机理进行了探讨，为将来实现小麦等作物的杂交创造了条件；基因编辑技术也取得了一系列突破性进展。

总的来说，在小麦基因组测序、基因克隆、高通量分子标记检测等方面，我国与欧美发达国家保持同步，部分领域处于领先水平。但整体自主创新水平与发达国家还存在一定差距，主要表现在种质资源的规模化、精准化鉴定不系统，优异关键核心基因挖掘数量少；育种核心技术创新不足，育种同质化较为严重，派生品种占比较高，原始创新品种少。

造成差距的主要原因是：育种规模化、组织化程度低，商业化育种体系不健全。先进育种技术方面我们与发达国家同步，但目前只有"点"的应用，缺少"面"的普及，应尽快促进先进育种技术与常规育种的融合，推动我国小麦育种全面进入 3.0 时代。

《瞭望》：我国小麦育种产业链方面还有哪些短板？

赵振东：我们在小麦育种方面保持了领先优势，但从种业产业链发展来看，对标现代农业对小麦品种提出的高产稳产、绿色优质、高效安全要求，对标国内外种业先进水平，小麦育种亟待突破的短板主要有两个。

一是种质资源的利用和创新不足。我国种质资源重要性状的精准鉴定和全基因组水平上的基因型鉴定尚处于起步阶段，针对重要性状的新基因发掘尚未规模化，种质资源转变为基因资源的道路比较漫长。同时，我们对已有种质资源的鉴定、利用率只有10%左右，种质资源保护体系尚未建立。如何利用好已有的种质资源、为培育突破性新品种提供坚实的科技基础，未来还有很多工作要做。

二是现代育种技术与常规育种技术尚未充分融合。当前，世界种业正迎来以基因编辑、人工智能等技术融合发展为标志的新一轮科技革命。种业发达国家育种手段已实现常规育种、生物技术和信息化技术的融合，而我们仍处在以杂交选育为主的常规育种阶段。基础理论和原始技术创新落后，原创性的基因编辑技术缺乏，商业化全基因组分子标记开发和实用化分子育种技术应用较少，育种大数据分析、信息化以及相关系统开发与应用规模小。研究多、论文多，育种应用少。这些成为我们育成更多突破性小麦品种的制约因素。

育出更多突破性良种

《瞭望》：要用好种质资源，你对挖掘小麦种质资源中的抗逆、高产等优质基因有何建议？

赵振东：种子是农业的"芯片"，种质资源是芯片中的"硅片"。农作物种质资源是农业科技原始创新和现代种业发展的物质基础。种源的安全和自主可控，核心在于对自主知识产权基因的掌控。

我国目前保存的种质资源位居全球第二，但对其特性的精准鉴定和利用不足。今后我们应加强对核心种质资源的精准鉴定和创新利用，从核心种质中挖掘出抗逆、高产等优质基因，并形成具有自主知识产权的专利产品加以保护，从而在种业自主创新上拥有话语权。

目前，我们正在利用多项新技术开展远缘杂交。例如，在国际上率先开展小麦与小冰麦杂交，育成了普冰系列小麦，正在推广利用。

我们非常期待能创新出像小偃 6 号、矮孟牛之类的骨干亲本，从而育出突破性品种。

《瞭望》：面向现代农业对种质资源提出的新要求，在育种观念方面需要作出哪些转变？

赵振东：在作物育种观念方面，我们正在从"地适应作物"到"作物适应地"的转变。过去，不少审定的小麦品种属于传统的高肥水类型，资源消耗量大。如今，我们小麦科研工作者也培育出了一系列抗旱节水耐盐碱的小麦品种，在中轻度盐碱地上表现不错。下一步，我们还将加强这方面资源的搜集、筛选和利用，培育出适应盐碱地种植的品种，为盐碱地综合利用提供品种支持。

近年来，气候复杂多变。为应对气候变化，在育种方面，我们应更加注重品种的稳产、节水、抗旱、抗穗发芽、抗倒春寒能力，培育出政府愿意推、企业愿意卖、农民愿意种的放心好品种。

《瞭望》：保持小麦品种竞争优势，你建议国家优先启动的攻关任务有哪些？

赵振东：打好种业翻身仗，是一个综合性的系统工程。在加快启动实施种源"卡脖子"技术攻关时，建议优先启动突破性优良品种培育工程、种质资源的创新利用及功能性基因的克隆与保护工作。

在新品种培育方面，我认为需要注重"四个并重"：产量与效益并重、高产与优质并重、生产与生态并重、资源环境与绿色并重。

同时，以高产优质绿色可持续思路为引导，尝试建立高端引领的品质改良路线。尤其是在品质改良方面，应注重优质与高产的协调、优质与抗病的协调。可以实施良种联合攻关行动，构建"企业＋科研＋推广""三位一体"的良种联合攻关机制，围绕主要农作物和特色作物，坚持以市场为导向，瞄准现代农业生产关键需求，统筹利用种质创制、品种选育、试验测试、展示评价、示范推广等多方资源优势；逐步突破限制品种的光、热、水、肥、土等关键核心技术问题，尽快筛选推广一批满足市场迫切需求的突破性新品种。

此外，培育壮大种业企业，实现高端引领的产业化发展。我们可以遴选发展后劲足的创新型企业，建设一批商业化育种中心，强化提升企业自主创新能力，加快创新成果转化和生物育种技术产业化应用；支持企业与科研院所紧密合作，推动育种人才、技术、资源等创新要素向企业聚集；扶持优势种业企业，改善基础设施和装备条件，提升种子生产加工能力；加大种业知识产权保护力度和良种推广补贴力度，为种业创新发展营造良好环境；以高端引领为抓手，加强高端品牌建设，落实优质优价、按质论价，促进高端品牌的产业化发展。

（摘编自《瞭望》2022年第8期，采访整理：叶菁）

国家粮食安全视角下我国种业发展的思路与政策建议

蒋和平，中国农业科学院农业经济与发展研究所教授、博士生导师

蒋黎，中国人民大学应用经济学院副教授、硕士生导师

王有年，北京农学院教授、博士生导师，山西大同大学乡村振兴研究院首席专家

詹琳，福建农林大学马克思主义学院副教授、硕士生导师

粮食安全是治国理政的头等大事，确保粮食和主要副食品安全是稳定经济社会大局的关键。党的十八大以来，在国家粮食安全战略和"确保谷物基本自给、口粮绝对安全"的新粮食安全观指导下，中国粮食安全成就斐然。习近平总书记强调，保障粮食安全，首先要解决好种子和耕地两个要害问题。种子是农业的"芯片"，种业是粮食产业的源头，是扛稳国家粮食安全重任的基础产业。但近年来中国种业发展短板逐步显现，面临严峻的挑战。2021年7月9日，中央全面深化改革委员会第二十次会议审议通过了《种业振兴行动方案》，充分体现了以习近平同志为核心的党中央对我国种业发展的高度重视，彰显了中央推进我国种业振兴的坚定决心，为我国种业可持续发展指明了方向。

一、我国种业发展亟待解决的六大问题

从总体来看，近年来虽然我国种业在国家有关政策扶持下，取得了较快发展，但随着全球化进程和现代生物科技迅猛发展以及严峻的国际种业竞争形势，我国种业科技创新和种业经营发展面临的新问题日益凸显，具体表现为以下六个方面。

（一）农作物种质资源流失与种质资源研究薄弱

种质资源是提升种业竞争力的基础，是保障国家粮食安全、支撑现代种业发展的战略性资源。我国拥有丰富的种质资源，但由于早年国内对种质资源的保护意识不强、保护措施不力，导致部分种质资源不慎流失到国外。跨国公司对原有的种质资源进行改良，培育出更高产的粮食品种，转而将作物出口到我国并对国内粮食产业造成冲击。20世纪70年代美国科学家以中国野生大豆"北京黑小豆"的遗传资源为基础，找到了抗大豆胞囊线虫病的基因，使美国解决胞囊线虫病危害大豆生产之苦，并一跃成为世界大豆生产第一强国，成为世界上对中国出口大豆最多的国家，并对国内大豆市场造成挤压。根据国家统计局和海关总署的数据，2020年，我国全年累计进口大豆10032.82万吨，首次超过1亿吨。此外，各地传统农业多样性品种消失严重。据中国农业科学院统计，20世纪50年代初全国推广种植的1万余个小麦品种，减少至现在的400多个，我国主要粮食作物地方品种在1954年有近16000个，到2015年只剩下3420个，损失比例高达71.8%。部分地方土品种几乎灭绝。《全国农作物种质资源保护与利用中长期发展规划（2015—2030年）》指出，1981年广西壮族自治区野生稻分布点有1342个，2015年仅剩325个。第三次全国农作物种质资源普查数据显示，湖北、湖南、广西、广东、重庆和江苏6省区市375个县，71.8%的粮食作物地方品种消失。粮食作物的地方土特品种的多样性流失，给我国农作物种质资源保存和农作物育种带来了相当不利的影响。

我国种质资源研究相对薄弱。一是高品质种质资源开发利用不足，更多种质资源处于"被保护"状态，未将资源优势转化为品种优势。据统计，2012年，全国共收集种质资源41.2万份，但只有1.21%的种子能够成为骨干育种材料。当前，中国农业科学院国家作物种质资源库的种质资源已经达到52万份，仅次于美国，但对国外优质种质资源的引进和利用率远低于美国等发达国家，且完成资源精准鉴定比例的也仅有 2.88%。二是低水平重复性、同质化种质资源研究较多，创新型种质资源稀缺。我国选育和审定的粮食品种多，但能够适应我国农业生产需要的品种较少，尤其是适应农业机械化收割、高品质需求发展趋势的品种较少。

（二）农作物育种科技创新体系不健全

第一，国内农作物育种基础性研究落后于很多发达国家。我国公共科研主要集中在新品种选育等应用领域，对种质创新和改良、现代育种理论和技术方法、功能基因的挖掘和基因编辑技术创新、种子质量标准与检测技术等基础性研究重视程度不足，研究力量较为薄弱。

第二，农作物育种协同攻关体系薄弱。国内育种资源分布相对分散，缺乏系统性和协同性。具体表现为中央和地方育种单位之间分工不明确、科研院所和企业之间融合程度不足、种业科技创新各环节之间衔接不紧密、科技创新与市场需求脱节。新品种的选育一般通过课题或项目的模式开展，各研发团队未形成规模化商业育种的体制机制。种质资源开发、品种研发、产品研制、推广应用的农作物育种产业链条有待构建。由于作物大数据库未完全开放，各科研单位和企业重复建设较多，技术力量分散，造成科研投入多而成果产出低的内在矛盾。

第三，科研育种评价体系待完善。我国种业科研成果与市场需求联系并不十分紧密，粮食作物新品种的推广和实际应用是以其市场表现和种植收益为根本的，种业科研成果无法直接转化为经济效益。种业科研与生产衔接不畅，与种子市场需求不十分吻合，种业自主创新和成果转化有待加强。

（三）农作物核心生物技术及育种领域水平较低

我国关键和前沿生物技术及育种领域水平较低。发达国家种业已进入育种"4.0 时代"，即将生物技术与人工智能、大数据信息技术相结合的智能化育种。但我国在新品种选育过程中，传统方法应用多，生物技术应用少；从事传统育种的科研人员多，生物育种的科研人员少。种业核心技术仍以杂交选育和分子技术辅助选育为主，农作物的生物技术与选育规模落后。

转基因育种是当前育种领域的先进技术。其具有传统育种技术无法比拟的优势，如抗病虫害、产量和抗逆性提高、缩短育种周期等。美国已经成为全球转基因作物播种面积最大的国家，但我国在转基因育种领域困难重重。主要表现在：一是转基因技术的核心专利都集中在跨国种业公司和发达国家科研院所，我国使用需要支付高昂的专利使用费用，阻碍了转基因技术在我国的深度研发和转基因育种在我国的推广；二是目前国内消费者对转基因作物的接受程度较低，由于国内对转基因作物育种技术的科普宣传不够，使国内消费者对转基因农产品消费心存疑虑，顾虑重重，影响了对转基因农产品的消费需求，也影响了转基因作物育种的商业化推广应用；三是虽然我国已建立了较完善的转基因安全管理制度和体系，但在实际管理过程中，由于执法不严，使不少农户辨别不清种植转基因农作物的优劣区别，使转基因农作物种子的非法种植有了可乘之机。

我国在生物技术及育种领域水平上与发达国家之间的差距，造成了我国粮食单产与发达国家之间的巨大差距。2020年，我国大豆和玉米的单产水平不足美国单产水平的60%。我国良种在粮食增产中的贡献率占比为45%，而发达国家已经超过60%。我国对国外玉米种子的依赖度加深，如美国杜邦先锋公司的玉米品种"先玉335"在中国的推广面积最大值可达到4000多万亩。这些数据表明，我国粮食育种领域仍需提升，还有较大的发展潜力。

（四）农作物育种企业缺乏核心竞争力

经过多轮大型种子企业的并购重组，全球种业资源越来越集中到少数国际种业巨头中。随着中国市场的对外开放，跨国种业集团凭借其资本和技术优势，进军中国种子市场，挤占本土种子企业的市场份额。与国际种业巨头相比，我国农作物育种企业仍然缺乏核心竞争力，种业研发资源缺乏国家经费支持，多源于企业自筹，且其本身原始创新的实力有限。企业总资产少、研究人员少、研究经费投入少三大因素制约了育种企业竞争力的提升。以孟山都公司与国内种子企业对比为例进行分析。

2017 年，美国孟山都公司市值为 514.44 亿美元，总资产 213.33 亿美元，营业收入和利润分别为 146.40 亿美元和 22.60 亿美元，同比增长 8.4% 和 69.2%。2021 年 3 月，我国隆平高科公司市值为 227.70 亿元人民币，2019 年总资产和营业收入分别为 154.95 亿元人民币和 31.3 亿元人民币，但生产经营出现亏损，净损失 2.98 亿元人民币。孟山都公司凭借其强大的资产支撑，在种业领域具有巨大的研发优势。在全球拥有 106 个种子研发中心，科研团队人数超过 2 万人。2018 年，我国研发人员数量排名前五的公司为大北农、隆平高科、登海种业、丰乐种业和荃银高科，研发人员数量分别为 1200 人、453 人、196 人、160 人和 156 人。

一般而言，国际企业研发经费投入在主营业务收入中占比达到 5%，而我国持证种子经营企业 8000 余家，70% 是小企业，拥有研发创新能力的种子企业不到总数的 1.5%，大部分种业企业的研发投入占比低于 3%，很多企业靠直接购买种子经营权来获得种子销售资质。2018 年，只有隆平高科和神农基因两家种业龙头企业研发投入占营业收入的比例超过 10%，隆平高科和大北农研发总投入超过 4 亿元。

（五）农作物优良品种及推广与售后服务模式落后

农作物新品种的引进推广是连接种子研发与种子生产应用的桥梁和纽带，新品种的推广效率直接影响新品种的采用效果。在传统的推广模式中，存在三大问题需要改进。一是忽视市场导向的推广模式，不能较好地适应农业供给侧结构性调整与农民增收的需要。以往的新品种引进与推广重视新品种的产量，以是否高产作为唯一的评价标准，导致农民增产不增收、供需结构失衡等矛盾凸显。二是种业管理不规范，种子基地建设需重新规划。良种繁育基地规模较小，无证生产、抢购套购等现象普遍存在。三是推广程序不规范，推广方式落后。新品种的推广一般要经过引进、试验、示范、繁育推广等科学步骤，选择与当地自然环境相匹配的配套技术措施，需要良种、良田、良制、良法和良机的有机结合以有效发挥新品种的优良性状，目前的方式无法达到这一目标效果。

售后服务是种子产业链中的最后环节，但并没有得到种业企业和经销商的重视。一般所采用的使用说明书、一次性培训等服务模式，难以解决农民在生产种植过程中遇到的各种复杂性问题，无法从根本上解决困难。分散且小规模的农户无法得到充足的售后服务，严重影响了种子潜力的发挥。

（六）农作物育种的知识产权保护滞后

知识产权是企业能否在激烈的种子市场竞争中占据主动权的"利器"，是抢占市场的主要手段。我国农作物育种的知识产权保护仍处于起步阶段。在制度层面，种业知识产权保护政策不完善，体系化程度较低。种业企业知识产权意识不强，未营造维护育种知识产权的良好氛围。一方面，国内种业市场表现为种业市场农作物品种多而杂乱，假冒伪劣、套牌剽窃等侵权行为频发，导致很多企业不愿意原创性研发，打击了种业科技创新的积极性。科企之间缺乏知识产权的转化机制，使育种成果转变为实际价值的比例相对较低。另一方面，国际种业市场表现为中国在国外申请品种保护权与专利的步伐较慢。当前，跨国种业集团已不满足于仅在本国国内申请知识产权保护，继而转向国际，通过申请品种权和专利以抢夺全球种质资源。根据国际植物新品种保护联盟（UPOV）的数据，截至 2018 年底，我国共向欧盟、越南、美国等 19 个国家和组织申请品种权 249 件，其中授权 98 件，授权比率为 45.16%。申请数量和授权数量比 2015 年增加了 103 件和 42 件。国外企业和个人在中国的植物新品种权申请量和授权量呈现波动性上升趋势。

2019 年，拜耳公司、巴斯夫公司、陶氏杜邦公司在全球涉农专利申请量分别达到 14.81 万件、8.86 万件和 8.19 万件，而中国化工集团收购的先正达集团在全球涉农专利申请量为 6.10 万件，与大型跨国农业公司之间存在较大差距。将国内外农业生物技术领域的专利授权情况对比分析可知，我国农业生物技术领域发明专利占国内授权总量的比例为 29.31%，国外这一比例为 48.01%。

二、建立以国家粮食安全为目标的我国种业发展新思路

2021 年中央一号文件对种业发展提出新的要求，新时代应树立以保障国家粮食安全为目标的我国种业发展新的思路，着重抓好如下重点。

（一）保障国家粮食安全应创建中国特色种业新机制

第一，构建中国种业科技创新和特色商业化育种新机制。一是加快我国种业科研体制改革，科学界定种业基础科学研究与商业化育种明确界限，厘清种业基础科学研究与商业化育种涉及重点内容和核心技术攻关重点，明确我国种业基础性研究和商业化育种主体分工，对于粮食作物种质资源保护与基础性、公益性研究和技术创新应由国家级科研教学单位承担，重点突破我国基础性和公益性研究难题。商业化育种即以育种为核心的应用技术、粮食作物品种创新，通过市场化机制，以市场为导向，由国家级农业产业化种子龙头企业承担。二是

建立健全中国特色商业化育种体系。对以三大粮食作物（水稻、小麦、玉米）品种为核心的应用技术、粮食作物品种创新，以国家级和省级农业产业化种子企业为创新主体，依托国家农业科研和教学单位，加强国家种业科技创新联盟建设，协同攻关对于三大粮食作物"卡脖子"技术，建立商业化育种模式。因此，需要遴选一批创新能力强、发展潜力大、育繁推一体化的国家和省级种业龙头企业，支持产学研深度融合发展，促进技术、人才、资金等创新要素向种业龙头企业集聚，使之尽快成为我国种业创新的重要力量，并构建公益性基础性研究与商业化育种有效衔接机制与平台。三是改革种业科研考核体制，建立以市场需求为导向的育种新机制。对我国种业的基础研究和应用研究应建立分类考核的标准，不搞一刀切。建立和完善育种科技人员激励政策，改变"唯论文""唯项目"的考核标准，将科研成果转化效率纳入考核指标。在科研院所管理制度上，鼓励优秀科研人员到种业龙头企业兼职任职，采用报备名额制＋双聘＋任务聘用相结合的用人制度，灵活配置人力资源。构建开放畅通的人力资源使用渠道。创新分配与共享机制，真正激发科研院所人员的创新能力。

第二，构建种业科研攻关靶向招标制。科研攻关靶向招标制即政府或企业在全社会范围内公开征集种业科研难题解决办法的一种特定靶向招标模式，是一种引入市场机制的办法。针对粮食作物的重大攻关育种核心技术，进行市场化靶向招标具有较大的应用价值。一是靶向招标制由于引入市场机制，更加开放灵活，具有较强的生命力。二是靶向招标制打破陈规、跳过管理过繁过细的制约，注重目标和成果管理，减少种业科研管理中过多干预，能够大大提高种业科研效率。三是靶向招标制解决的是种业科研具体难题，从提出种业攻关问题、解决问题到种业成果应用的纵向模式，可加强种业创新活动与粮食作物生产实践相融合，解决当前我国种业科技攻关与实践脱节的问题，有效提升种业科研成果转化率。这一特定招标模式引导科研攻关与国家需求、社会需求和行业需求相吻合，打破专业门槛和界限，最大限度调动社会创新资源活力，是课题和项目式科研的补充，旨在调动种业科研的积极性和创新性。

第三，构建种业人才培养机制。一是注重种业人才的培养，将培养引进种业科技人才、专业育种团队作为核心战略，充分发挥种业领域领先人才和杰出人才的引领作用，加大国家自然科学基金、国家科技创新计划、种业领域人才工程和农业农村部现代农业产业技术体系等科技项目和课题的培养人才力度。二是将专业型人才和综合型人才并重、研发型人才和市场推广型人才并重。加大与种业相关的农学、植物保护等专业的招生与培养力度，为种业发展提供充足的后备军。三是转变种业人才培养模式和方法，注重理论与实践的结合，尤其注重从种子研发、品种培育到营销推广多环节、全过程的系统性教学，培育既掌握前沿育种理论和技术，又掌握现代种业企业经营管理的高质量种业人才。四是加大对种业销售人员、管理服务人员的培训，不断丰富和更新种业知识，提升种业人才的层次。五是实施种业人才分类评价制度，创新和完善种业人才评价指标体系向成果转化和实际应用效果倾斜。六是加大落实国家对种业人才培育的政策扶持力度，将人才培育纳入财政预算，设立专项资金，建立长效投入机制，根据种业发展和需要建设生产型、经营型人才培育平台。

第四，构建种业知识产权保护机制。构建种业知识产权统一管理体系，设立种业知识产权管理部门，制定种业知识产权管理法律法规，形成权责统一、运行有序的种业管理体制。大力宣传种业知识产权的重要性，提高研发主体申请品种权和专利保护的敏感性；完善种业知识产权保护的法律法规，对种业知识产权的所有权、处分权和利益分享机制作出明确界定；支持自主创新品种，激发创新热情。坚持中央统筹、分级负责，深入开展种子市场监督抽查工作，依法查处和打击假冒伪劣、套牌剽窃等侵权行为，加大违法侵权行为的处罚力度；维护种业市场公平公正的市场秩序，有效保护广大农民的利益；支持和鼓励育种研发单位和企业申请国外知识产权，维护并发展壮大我国民族种业品牌。

同时，尽快修订《中华人民共和国植物新品种保护条例》，将转基因品种、自交作物品种纳入植物新品种保护。由于目前我国仅加入了《国际植物新品种保护公约（1978 年文本）》，其中新品种及品种权的定义范围较为狭窄，应考虑适时加入《国际植物新品种保护公约（1991年文本）》，完善我国品种权保护界定，强化对原始创新品种权人利益的保护。通过引入《国际植物新品种保护公约（1991 年文本）》内容，建立实质性派生品种制度，保护原始创新；加强市场监管，营造良好的营商环境。

（二）保障国家粮食安全的重点应由种业的数量安全向兼顾数量安全和质量安全转变

为保障国家粮食安全，种业发展既要注重种子数量安全，又要重视种子质量安全。一是发展绿色、生态、安全、优质的水稻和小麦。在口粮生产能力得到保障的前提下，增加以绿色生态为导向的育种研发奖励力度，依靠分子育种技术，选育环境友好型、资源高效利用、抗逆性强的水稻和小麦品种。二是重点发展用于农产品加工的小麦和水稻，如强筋、中筋、弱筋三种优质小麦等。以"粮头食尾、农头工尾"为抓手，以延长粮食产业链为农民增收新途径。三是重点发展适用于机械化操作的小麦和水稻。为适应水稻和小麦从播种到收获的全机械化操作，减少粮食损耗和不必要的浪费，需促进品种与农业机械相适配。四是提高种业全产业链的质量。加大对种业全领域监管，保障粮食品种的良种率，从源头维护粮食产业的良序发展。

（三）保障国家粮食安全的重点应破解和消除种质资源引发的国家种业源头安全风险

为保障国家粮食安全，保护好本国粮食作物种质资源是第一要务。为降低种业源头安全风险，一要加强"摸底"和普查，即通过调研对当前国家种质资源现状进行了解和汇总，广泛搜集种质资源。种质资源保护秉承应保则保、应收则收的原则，对特有、珍稀、重点种质资源进行抢救性收集和计划性保存，并将其纳入种质资源保护体系。二要加强"保护"，进一步加大对粮食种子的登记备案，加强种子库建设，及时整理分类和建档，使每份种质资源拥有唯一的"身份"标识、详细的档案和资料。严格规定种质资源使用规则，严禁不合法出口行为，加强对本国种质资源开发利用的主动权和控制权。三要加强"开发"，鼓励企业和科研单位对种质资源库的挖掘，对种质资源进行有目的、更细致的加工和创造。解析和阐释重要性状和基因表达的分子基础。充分利用优良作物品种和具有区域特色的品种，颁布地理标志证明商标，将种子打造成地区"名片"。四要加强"交流"，形成精准高效的工程化育种平台和可共享、可利用的种业大数据平台。将现代生物育种技术与信息技术、大数据技术有机融合，打造现代作物种业信息基础平台，畅通资源引进和利用通道，实现种业资源信息的共享和开发。

（四）保障国家粮食安全的重点应在育种基础研究和关键技术上有所突破

为保障国家粮食安全，育种基础研究和技术研发要紧盯高尖端前沿育种科技，向发达国家看齐并不断超越，抢占生物育种技术制高点。当前正处于第四次种业科技革命时代，应加快创新，寻求突破。首先，建成世界一流、全国最强的种业战略技术力量，打造科研力量雄厚、产学研深度融合、资源要素丰富聚集、具有较强示范引领作用的国家种业实验室和国家种业技术创新中心。打造市场化运行、产业化运作的关键共性技术平台和融合科研院所、种业企业为一体的国家种业产业创新中心。制定实施种业基础研究十年行动方案，在不同区域建设一批种业基础学科研究中心。强化作物种质资源形成与演化规律、作物优质高产改良理论等基础性研究，加强种业的源头创新。其次，精确瞄准基因组学研究应用、遗传细胞和遗传育种、合成生物、品种设计等前瞻性技术项目和科学工程。最后，以粮食主产区为重点，规划建设国家粮食安全产业带，推进新一代生物技术与信息技术结合，将基因育种纳入种业国家战略布局，争取在新一轮种业科技革命中居于主导地位，使国家粮食安全的保障有底气、有实力。

（五）保障国家粮食安全的重点应在发展生态高值粮食育种产业上有所突破

为应对"十四五"时期我国粮食生产面临的新挑战和新形势，我国粮食安全战略必须适时进行调整，化危为机，应该从"温饱型"粮食生产向"优质高产型"与"功能型"粮食生产结合转变，从传统的"高产"粮食产业向"优质高产"与"生态高值"粮食产业二者并重定位转变，从"追求粮食产量"转向"优质高产"与"藏粮于技、绿色生产"二者结合定位转变，从关注"粮食产量连增"到"优质高产"与"粮食安全与营养价值"二者结合的方向转变。因此，发展生态高值粮食育种产业，是"十四五"时期我国现代农业发展的一个重点突破领域，也是我国现代种业科技创新重点突破的方向。

生态高值粮食产业是充分应用现代化及未来新育种技术、生物技术、信息技术等武装起来的农业高新技术体系和新型粮食产业生产模式，构建生态高值粮食产业体系要解决的重点：一是把握好生态高值粮食产业的发展方向。在生态高值粮食育种基础理论、育种攻关技术和生物技术上有突破，为发展壮大生态高值粮食育种产业提供关键性技术支柱。二是利用新育种技术和新生物技术培育出富硒、富锌、降血糖、降血压、降血脂的水稻和小麦新品种。三是在追求生态高值粮食高产的基础上，更加重视其品质、功能和效益，要加快培育生态绿色、环境友好、资源高效、优质特色和高附加值专用，以及适宜轻简栽培和粮食作物机械化生产方式等突破性新品种，重点培育优质功能水稻、降糖降血脂的小麦、优质蛋白玉米等重要功能粮食作物新品种。

三、建立保障国家粮食安全视角下我国种业发展的政策建议

在新的粮食安全观主导下，构建新时代我国种业安全可持续发展体系，为国家粮食安全保障的长治久安奠定坚实基础，应从以下八个方面入手。

（一）科学编制我国种业"十四五"时期发展规划

农业农村部印发的《2020年推进现代种业发展工作要点》，提出要研究编制"十四五"时期我国种业发展规划，做好"十三五"时期我国种业发展规划完成情况评估工作。组织开展"十四五"时期现代种业发展规划的前期调研和规划研究，分物种、地区和专题形成系列种业发展规划，剖析发展短板和主要制约因素，明确发展目标任务。一是做好我国种业发展顶层设计，全面实施国家种子安全战略。把握新时代中国种业发展战略机遇期，立足"十四五"时期，明确我国种业产业发展的指导思想、总体目标、方向、重点项目和重点工程，突出重点，制定种业发展长期和短期规划并严格落实。二是构建层次鲜明、功能清晰、定位明确、重点突出的种业规划体系，确保全国农业农村发展规划与种业规划有效衔接，中央、地方政府与各级农业农村及乡村振兴规划目标的高度统一和协调一致，形成科学严谨的种业规划体系。三是加快实施现代种业提升工程，按照种业提升规划要求，重点支持种质资源保护利用、育种创新、品种测试、区域育种繁育等环节

的项目建设。加快改善基地基础设施建设，加快推进老区良种繁育基地建设。构建各项目验收评审标准评价指标体系，提高项目实施效果。

（二）加强农作物种质资源保护体系建设

第一，推进第三次全国农作物种质资源普查与收集行动。以中国农业科学院为牵头单位，加快建成现代化、自动化、智能化的国家新作物种质资源库，以小麦、水稻、玉米、大豆等主要农作物为对象，重点攻克并建设高通量、规模化表型及基因型鉴定平台，发掘携带优异基因资源种质材料。定向改良创制优质、抗逆、养分高效利用的新种质。建立基因型－表型数据库，创建种质资源管理与共享平台。开展农业种质资源全面普查、系统检查与抢救性收集活动，加大珍稀、濒危、特有资源和地方品种收集力度，确保资源不流失。

第二，强化农作物种质资源保护体系建设。加强种子库种质资源保护区建设，建立完善农作物种质资源中长期库、种质资源分类分级保护名录、种质资源登记管理制度，健全种质资源保护体系、鉴定评价体系和转化利用体系。在全国粮食主产省建设水稻、小麦、玉米等农作物种质资源保护鉴定圃，实行农业种质资源活体原位保护和异地集中保存。改善农作物种质资源保护鉴定的基础设施和装备条件，提升农作物种质资源保护能力。加强种质资源普查、收集、登记、入库以及财政资金支持形成的种质资源与新品种（系）按要求入库共享。

（三）加快推进种业科技平台建设和建设国家现代农业种业创新中心

加大对国家作物种质资源库、农作物基因资源与基因改良国家重大科学工程、作物分子育种国家工程实验室等科研平台的支持力度。推进国家种业创新实验室、中国农业科学院南繁研究院国家作物表型研究设施等国家级重大科技创新平台建设。谋划作物基因资源国家重点实验室与国家未来小麦设计等重大科技平台和基础设施，强化生物种业的辐射带动作用，做大做强现代生物种业创新链。

　　为提高我国种业核心竞争力，建议由中国农业科学院和北京市政府牵头，在北京市通州区国际种业科技园区创建国家现代种业创新中心，打造国家乃至国际级"种都"。引导北京市中关村核心区生物育种、生物信息、生物制造等方面的创新型企业和高校院所陆续向北京城市副中心和国际种业科技园区聚集。在国家现代种业创新中心部署建立国际先进水平的国家种子实验室体系，建设"国家种业前沿技术中心""国家作物表型研究应用设施"等大型平台。

　　（四）建立国家现代种业专项资金

　　为聚力突破主要粮食作物新品种攻关，设立中央财政和地方财政扶持种业发展资金，重点整合中央和地方年度农业项目资金。

　　第一，设立主要粮食作物新品种攻关专项资金，重点培育优质专用、绿色高效、抗逆性强且适宜机械化的新品种和富硒、富锌、降血糖、降血压、降血脂的功能小麦、功能水稻新品种，使优质强筋小麦、机收粮饲玉米、优质耐盐水稻、高油高蛋白大豆、高油酸花生、优质机采棉花、优质专用甘薯达到国际先进水平。

　　第二，设立农作物生物技术育种研发专项资金。建议科技部和农业农村部设立农作物生物技术育种研发专项资金，加大对农作物生物技术育种体系的研发，以解决农作物遗传基础科学问题阐析为主线，重点突破优异种质形成与演化规律、重要性状协同调控机理、代谢调控网络与合成机制，构筑农作物精准设计育种的遗传理论体系，保障国家种业安全。生物育种最为关键的是基因编辑技术和基因筛选技术，在"十四五"时期取得这一突破，将解决农作物新品种攻关的技术瓶颈和制约因素，发挥具有重要应用价值并具有独立自主知识产权的关键功能基因。综合性优良的粮食作物新种质和新材料，建立主要粮食新品种的基因数据库。构建全基因组选择、转基因、基因编辑、生物组学大数据等新技术为核心的现代高效、精准育种技术新体系。推动我国高校和科研院所研发人员在农作物种质资源材料与育种技术创新上下功夫，促进我国农作物种业的创新。

（五）建立种业全产业链服务体系

种业科研"小作坊"式的组织方式是种业竞争力不强和科研成果转化率低的关键因素。要改变这一局面，应加快构建和完善我国种业全产业链社会化服务与管理体系，提高农业生产要素的集中配置和组织化程度。改善关键环节基础设施条件和优化服务机制，强化种质资源搜集、优质品种选育、种子加工、种子销售等全产业链的集成创新，增强流程规范化；强化多学科技术交叉融合和跨行业、跨领域的多主体合作，强化种子、植物保护、信息化等技术、产品和服务的融合，增强现代种业全过程一体化。探索创新服务模式，用信息化手段实现更大范围内种业上中下游的对接，推动形成区域性、全国性种业全产业链社会化服务平台，打通科技成果落地的"最后一公里"和技术扩散的"最后一道坎"。

（六）逐步建立和完善我国制种业的保险制度

种业具有投入大、环节多、周期长、技术要求复杂等特征，在种质资源保护、研发育种、繁育制种、生产加工、推广销售的各个环节面临较高风险，成为制约我国种子企业和种业发展壮大的重要因素。因此，逐步建立和完善我国制种业的保险制度，围绕种子产业全链条，提供制种保险、植物品种知识产权保险、种子企业责任险等有针对性的种业保险产品，为我国种业和制种发展提供金融风险回避保障。一是加强我国制种保险法制建设，制定和颁布《中华人民共和国种业保险法》，对种业保险的目的、性质、经营原则、组织形式、承保范围、保险费率、保险责任及国家对种业保险的监督管理等重要环节作以规定。二是建立种业保险专项基金。根据权益与负担相一致的原则，种业保险费用应采取多方筹集的方式，包括政府、高等院校、科研院所和种子企业等各个部门，实行种业保险费用负担的多元化。三是国家应对种业保险给予优惠政策。中央财政和地方财政应拿出一定比例资金；将农作物的繁育和制种加入种业保险保障范围，并对种业保险进行必要的补贴。在税赋政策上，种业保险公司应尽量少征或给予免税待遇，同时应允许把种业保险列入种业或制种的生产成本中，通过价格机制将种子企业交纳保险费的一部分转移为消费支出，以增强种子企业对保险费的支付能力，鼓励种子企业积极参保投保。

（七）以电子商务和数字化强化现代种业发展的动力

在信息化和网络化不断普及的背景下，逐步增强互联网与种业发展的融合度，充分利用技术优势和农业数字化转型契机，有效保证种业的高效发展。首先，抓好信息化基础设施和服务能力建设，建立一批种业数字化实践应用基地，为布局智慧型种业提供坚实的基础。其次，将信息技术应用到种业全产业链，建立育种管理与数据分析系统、制种基地远程控制系统、种子标识和追溯系统、种业品种和知识产权保护系统、种子售后服务系统，逐步打造全方位的数字化种业体系。最后，打破传统的种业销售模式，建立电子商务营销渠道，最大程度地减少分销成本，实现种业与农民的对接，使二者建立联系更为紧密的合作关系。

[摘编自《新疆师范大学学报（哲学社会科学版）》2022年第2期]

耕地保护，要数量更要质量

郧文聚，自然资源部国土整治中心研究员

孔祥斌，中国农业大学土地科学与技术学院教授

吴克宁，中国地质大学（北京）土地科学技术学院教授

切实保护耕地是关系国计民生的头等大事。2021 年中央农村工作会议指出，18 亿亩耕地必须实至名归，农田就是农田，而且必须是良田。围绕耕地保护，专家进行了深入探讨。

坚守 18 亿亩耕地红线

主持人(徐向梅)： 我国耕地现状如何？怎样守住 18 亿亩耕地红线？

郧文聚： 我国耕地资源面临严峻形势。整体来看，我国耕地数量大幅减少趋势已持续 30 年。最新国土"三调"（第三次全国土地调查）数据显示，全国耕地 19.18 亿亩。自 2009 年到 2019 年 10 年间我国耕地净减少 1.13 亿亩，年均 1130 万亩。与"二调"相比，年均减少面积甚至略有扩大。

在非农建设占用耕地严格落实占补平衡的情况下，耕地减少的主要原因是农业结构调整和国土绿化。过去 10 年的地类转换中，既有耕地流向林地、园地的情况，也有林地、园地流向耕地的情况，结果是耕地净流向林地 1.12 亿亩，净流向园地 0.63 亿亩。耕地流向园地等农用地情况，"三调"专门对此进行了调查标注，全国共有 8700 多万亩即可恢复为耕地的农用地，还有 1.66 亿亩可以通过工程措施恢复为耕地的农用地。

耕地资源"大换位"，光温水土条件不匹配程度加深。从宏观看，我国耕地资源重心持续向西北、东北转移，光热水搭配更好的南方优质耕地流失速度快，全国耕地资源格局南北对调，南方的粮食产量占全国比重已不足 30%。从微观看，区域耕地资源城乡对调，沿河、沿路、沿村的耕地"种"上了房子、植上了树，补充的耕地进了山、开了荒。

保障粮食安全必须保证 18 亿亩耕地红线不褪色。"18 亿亩耕地红线"的提出由来已久，2006 年"十一五"规划首次提出 18 亿亩耕地保有量的约束性指标，2008 年《全国土地利用总体规划纲要（2006—2020 年）》提出守住 18 亿亩耕地红线，其基本思想是提升耕地生产能力、耕地承载能力。但是，在我国现有耕地中，有相当比例是不稳定耕地，难以改造建设成为高标准农田。坚守耕地红线，不仅要确保 18 亿亩耕地稳定在握，而且要确保耕地红线成色不褪，耕地资源利用效率不降。

打好规划控制、用途管制、建设提升、生态修复组合拳。坚持数量质量并举，用严密的法制完善耕地保护制度。明确耕地内涵，彻底解决耕地保有量、永久基本农田倒挂现象。从规划源头进行耕地保护，守住耕地数量、稳定耕地布局。遵循质量优先、集中连片的基本原则，严格耕地用途管制，明确耕地与其他用地之间的转换规则，提高耕地质量建设水平，完善建后管护机制。构建耕地资源及其利用的监测预警技术体系，及时发现并解决耕地资源源头保护与利用过程中出现的问题。

分区分类施策，建设生态良田、智慧利用农田。对于不同种类耕地质量生态退化应采取不同措施。例如，丘陵山区应统筹耕地保护与生态修复，因地制宜推进坡改梯、农田水利建设、生态退耕等；生态脆弱区、干旱地区应做好土地适宜性评价，对宜耕土地实行保护性开发利用。建立智慧利用农田，基于大数据驱动的耕地系统认知、动态感知、智能决策与知识服务，实现耕地治理体系与治理能力现代化。

加强科技创新。针对不同类型耕地保护利用障碍，亟须采取相应工程措施和物理、化学、生物等综合技术提升耕地生产能力、维护耕地健康水平。我国夏粮主产区秦淮过渡带耕地保护利用长期面临中低产粮田土壤结构差、有机质含量低、耕层水肥保蓄能力弱、易旱易涝不易耕等问题，亟须科技工作者攻克秦淮过渡带振荡型多因子复合障碍、耕地合理利用关键技术，形成技术体系并尽快实施。

实现耕地资源可持续利用

主持人： 我国耕地面临哪些生态问题？如何借鉴国内外经验更好促进我国耕地资源持续利用与保护？

孔祥斌： 目前我国耕地资源面临五大生态问题。

氮、磷和温室气体排放增加突破安全边界。目前，我国成为世界上化肥、农药用量最多的国家，氮肥施用量占全球33%，磷肥施用量占全球36%，单位面积化肥施用量达440公斤，农药施用量达14公斤/公顷。氮肥和磷肥过量使用，导致氮、磷流失严重。2018年，氮、磷流失量分别为821.4万吨、213.8万吨，远超我国氮、磷安全边界48.57万吨和16.19万吨。

黄淮海平原地下水超采严重影响当地发展。我国北方地区，全国20%的水资源需灌溉60%的耕地，引起地下水超采，超采面积近30万平方千米，超采量约170亿立方米。黄淮海平原是我国地下水超采最严重的区域。研究表明浅层地下水以 0.46 ± 0.37 米/年、深层地下水以 1.14 ± 0.58 米/年的速度下降。黄淮海平原灌溉量减少20%至40%，会造成小麦产量减少8.64%至12.36%，玉米产量减少2.30%至3.11%。

东北黑土地退化动摇我国粮食安全的"压舱石"。东北黑土地是我国最重要的粮食主产区和最大的优质商品粮生产基地，但是耕地重心北移和高强度的利用方式加剧东北黑土地退化，导致黑土地"变薄、变瘦、变硬"。黑土耕层平均厚度已由开垦前的80至100厘米下降为20至30厘米。近60年黑土耕作层土壤有机质含量下降了1/3，部分地区下降了50%。东北黑土地是我国旱地土壤有机碳唯一下降的地区，每10年下降0.6至1.4斤/公斤。与自然黑土相比，开垦20年、40年、80年的耕地土壤0至30厘米土层土壤容重分别增加7.59%、34.18%和59.49%，田间持水量分别下降10.74%、27.38%和53.90%。

西北白色地膜污染严重阻碍农作物生产发育。我国地膜使用量由1994年的42.63万吨增加到2020年的238.9万吨，年均增长7.27%，覆盖我国耕地面积66万公顷以上，但地膜回收率大约在60%，导致地膜残留十分严重，残留地膜会影响土壤的吸湿性，阻碍农田土壤水分的运动，同时也会严重抑制农作物生长发育。

重金属污染严重威胁着百姓的饮食安全。2014年发布的《全国土壤污染状况调查公报》显示，全国土壤环境状况总体不容乐观，部分地区土壤污染较重，耕地土壤环境质量堪忧，全国土壤总点位超标率为16.1%，远高于20世纪80年代农田土壤污染率约5%的水平。

国内外有许多耕地资源利用的成功经验。以色列以科技为核心的耕地保护实现了资源的高效利用，并减少了生态风险。修建完善的国家输水系统，并有先进的海水淡化技术；使用滴灌与污水回用技术，克服了畦灌和淋灌造成的土壤板结，提高土壤微生物活性；收集雨水技术，减少土壤侵蚀，仅此一项技术就可以使每公顷小麦产量提高500公斤。

荷兰通过完善城乡土地利用规划和技术型家庭农场实现了农业高质量发展。荷兰有完善的城乡土地利用规划，通过统筹城乡发展，防止城市化对农业用地的大规模侵蚀；建立国家土地储备机构，通过土地收购，进行土地整治，整备后的土地主要通过长期租赁的方式供给农业生产者，用于集中机械化耕作。

我国传统农业生产方式值得借鉴，桑基鱼塘较好地发挥水陆交互作用与边缘效应,协调种养间的经济与生态效益,是一种可持续生态农业的典范。现代农业中,吉林梨树的保护性耕作,通过科研院所重点参与、合作社为载体、政府和企业协同保护性耕作模式,提升了耕地土壤质量。广西龙州"小块并大块"等耕地规模化方式,通过权属调整,将细碎化耕地归并整治,一定程度上解决耕地细碎化问题,推进了规模化经营,减少了农药化肥的投入。

结合国内外经验,建议采取如下措施实现耕地资源可持续利用。

第一,通过耕地保护,实现耕地空间格局优化和生产与生态协同。树立山水林田湖草沙是一个生命共同体、保护耕地就是保护生态的理念,促进耕地红线与生态红线共融。科学评价耕地空间分布,根据各区域耕地分布总体特征,优化耕地空间格局,实现耕地空间的严格管控。进行耕地保护生态治理,调整农作物生产布局,控制利用强度。对已经出现生态问题的耕地,要进行合理休耕轮作;对自然条件较差的边际土地,进行有序退耕;对污染的耕地,要进行污染治理。

第二,通过产权调整,实现耕地资源高效利用。探索不同耕地产权调整模式,通过"一社一田""小块并大块""一户一田"与"一组一田"等耕地规模化方式,以及地方政府提供政策和资金的支持,实现权属调整、土地流转、土地整治工程的有机衔接,解决耕地细碎化问题,建设新型生产单元,达到耕地平整、集中连片、农田基础设施完善、地力提升的综合目标,提高农业机械化水平、降低农业生产成本,提升耕地利用效率,降低生态风险。

第三,创新耕地资源保护与利用治理机制。构建"纵横结合"耕地多功能和永久基本农田生态补偿机制。建立粮食生产生态补贴,进一步加强生产过程中的绿色管控,考核良田良种的生态成效,对耕地利用成效较好的经营者进行附加补贴、对耕地保护成效较好的地方政府进行建设用地指标奖励,鼓励农民进行绿色生产,激发农民和地方政府耕地生态保护动力，稳步落实国家"一控两减三基本"污染防治目标。

同时，构建多元主体耕地资源保护与利用机制。充分激活农民等微观经营主体耕地保护动力，通过土地发展权补偿、粮食生产补贴和生态补偿等，提高耕地经营主体的经济效益。

建设好利用好管护好良田

主持人： 目前我国耕地质量如何？怎样持续提升耕地质量，保证农田"必须是良田"？

吴克宁： 耕地质量调查评价是自然资源管理的重要基础性工作，是摸清耕地质量家底、进行耕地质量红线保护与建设的重要依据。目前，我国相关部门根据不同的管理职能，从不同角度对耕地质量进行评价和管理。

自然资源部基于原国土资源部牵头起草的《农用地质量分等规程》开展耕地质量等别评价工作，实质是反映耕地自然资源禀赋（产能），服务土地资源管理。该体系将全国耕地划分为 12 个一级区、42 个二级区，具体考虑自然因素、利用水平、经济条件等影响因素进行评价并划分耕地质量等别。分等结果按照标准粮 100 公斤的间距划分耕地等别，从优到劣形成 1 至 15 等，等别结果包括自然等、利用等、经济等，全国可比。《2017 中国土地矿产海洋资源统计公报》显示，全国耕地平均质量等别为 9.96 等，中等地占比最大，面积为 106462.40 万亩，占 52.72%；优等地 5848.58 万亩，占 2.90%；高等地 53693.58 万亩，占 26.59%；低等地 35931.40 万亩，占 17.79%。

农业农村部基于原农业部牵头起草的《耕地质量等级》开展耕地质量等级评价工作，实质是反映耕地地力（土壤肥力）水平，服务农业生产。该体系将全国耕地划分为 9 个一级农业区、37 个二级农业区，分区域具体考虑耕地地力、土壤健康状况和田间基础设施等因素，进行评价并划分出耕地等级。结果采用等间距法，从优到劣依次划分为一至十等，等级结果分区可比。《2019年全国耕地质量等级情况公报》显示，全国耕地按平均等级为4.76等，其中一至三等耕地面积为6.32亿亩，占耕地总面积的31.24%；四至六等耕地面积为9.47亿亩，占耕地总面积的46.81%；七至十等耕地面积为4.44亿亩，占耕地总面积的21.95%。

除上述两种上升至政府层面、大规模开展且广泛应用的耕地质量评定标准外，生态环境部牵头编制的《土壤环境质量　农用地土壤污染风险管控标准（试行）》、中国地质调查局牵头编制的《土地质量地球化学评价规范》、国务院第三次全国国土调查领导小组办公室发布的《第三次全国国土调查耕地资源质量分类工作方案》等文件，从耕地土壤污染风险、农耕区地球化学质量状况、耕地自然条件和本底状况等层面开展耕地质量监测与评价工作。

我国耕地质量形势仍旧严峻。从质量来看，耕地高产田仅占耕地总面积的31.24%，中低等级占2/3以上，障碍退化耕地面积占比高达40%，盐碱耕地已达1.14亿亩，超过14%的耕地严重酸化。持续提升耕地质量，确保农田是良田，需要理念创新、技术综合、政策支持。

从概念上理解好"良田"。目前，我国"三大土地资源管理体系"关于耕地质量的内涵不统一、指标不一致、方法技术不相容，制约耕地数量、质量、生态"三位一体"保护监管体系的构建。对比国内已有耕地质量评价体系，对标国外功能性土地管理和土壤健康评价，从土地生产潜力、土壤功能、土壤健康以及农业产能要素维度进行评价监管，建立健全包容完整、科学系统，与国际体系接轨，与管理体制相适应的耕地调查评价技术体系，为建设好、利用好、管护好良田做好基础工作。

　　从技术上建设好"良田"。我国中低产田分布面积最大的区域是东北、华北和长江中下游区域，从南到北各区域障碍类型复杂多样。要以国土空间规划为依据，依托国土整治与生态修复平台，建设高标准农田。通过土地平整工程，归并零散地块、提高田块规整度、增加有效土层厚度，改善立地条件；通过土壤改良工程，改善表层土壤质地、提高有机质含量、抑制土壤盐渍化、调节土壤 pH 值，改善土壤条件；通过灌溉排水工程和田间道路工程，提高灌溉保证率、完善排水条件、提高田块通达度，改善利用条件；通过农田防护与生态环境保持工程，增加农田防护林面积、维持生物多样性，改善生态条件。采取针对性、综合性技术建设打造旱涝保收、高产稳产的优质良田。

　　从政策上管护好"良田"。对于已建设好的良田管理，最关键的是保证其不被破坏。田长制是遏制耕地"非农化"、防止耕地"非粮化"的重要抓手。目前，田长制存在缺少完整权威立法体系、责任制主体权责较分散、监管对象不明晰等问题。未来需要推进构建并筑牢田长制的法律体系；对"非农化""非粮化"行为可能引起的耕地破坏的类型及种植条件破坏程度进行权威认定；利用明确的责任权利归属倒逼主管部门，达到各方主动履行职责的"公共责任制"效果；明晰田长制的监管对象，明确细化各辖区的基本农田与耕地的准确用途，避免监管出现"真空地带"。通过田长制这一"长牙齿"的耕地保护措施，全面提升良田的保护利用水平。

（摘编自《经济日报》2022 年 4 月 13 日，采访整理：徐向梅）

以"大食物观"构建更高层次国家粮食安全保障体系

悠悠万事，吃饭为大。2022 年全国"两会"期间，习近平总书记在看望参加政协会议的农业界、社会福利和社会保障界委员时强调："要树立大食物观，从更好满足人民美好生活需要出发，掌握人民群众食物结构变化趋势，在确保粮食供给的同时，保障肉类、蔬菜、水果、水产品等各类食物有效供给，缺了哪样也不行。"那么，我们该如何理解"大食物观"的深刻含义，怎样才能让百姓餐桌上的食物更加丰富、更有营养？从"粮食观"到"大食物观"，对我们守牢粮食安全底线，夯实国家安全基础，构建更高层次国家粮食安全保障体系，有什么积极意义？要秉持"大食物观"，我们到底还有哪些具体的短板，需要作出哪些改变？本辑所聚焦的就是这些问题。

　　本辑文章认为，"大食物观"，重点是粮食安全，根本是食物安全。传统的"粮食观"主要关注吃得饱，而"大食物观"不仅关注数量充足，更加强调膳食均衡搭配，确保人民健康饮食。为此，要充分体现新发展理念，要因地制宜，全方位、多途径地开发食物资源，构建协调发展的食物生产结构和区域布局；要注重保护生态环境，在挖掘动物、植物、微生物等生物种质资源和森林、海洋食物资源潜力的同时，充分评估资源环境的承载力；要放眼全球，大力拓展国际市场，构建安全稳定的食物供应链。

以"大食物观"统筹粮食安全

刘奇，国务院参事室特约研究员，中央农办、农业农村部乡村振兴专家
咨询委员会委员，清华大学中国农村研究院学术委员会委员

2020 年以来的新冠肺炎疫情，催发了世界各国对粮食安全问题的高度关注。部分地区出现恐慌，部分粮食出口国甚至出台严格的粮食出口管控措施。面对波谲云诡的国际大势，我国应提高警惕，站在"大食物观"的高度，多措并举、全方位保障食物安全供给。

在强调粮食安全的同时，把粮油菜肉蛋奶、鱼虾蟹食用菌及瓜果类等一切有营养、利健康的可食之物，作为一个整体范畴纳入考量并作出全面部署，树立"大农业观""大食物观"，已成为全社会面临的新课题。

多元化保障食物供给

"大食物观"不但要满足对能量摄入的总量需要，还要满足人们日益多元的食物消费需求，必须多向度提升食物保障能力。

不但要保障主食产品供给安全，还要保障副食产品供给安全。当前，我国最大的副食缺口是食用油，植物食用油自给率仅约 30%。随着单边主义、保护主义抬头，国际贸易摩擦及新冠肺炎疫情影响，进口的不确定性激增，需要在稳步提升常规食用油产业发展的同时，下大功夫深入挖掘植物油生产潜能，大力发展豆油、菜油、茶油等草本及木本油料产业。

不但要开发陆地潜力，还要大力开发水资源潜力。我国拥有 18000

公里海岸线和大量的淡水湖泊河流资源，水产养殖潜力巨大。2018 年，我国水产养殖总产量超过 5000 万吨，占全国水产品总产量的比重达 78% 以上，是世界上唯一养殖水产品总量超过捕捞总量的主要渔业国家。海产养殖也积累了丰富的先进技术和经验。应加大力度，全方位挖掘水生食物供给潜力。

不但要考虑人的口粮，还要考虑饲料用粮。近年来，肉蛋奶需求节节攀升，我国城乡居民膳食结构中碳水化合物比例在下降，脂肪供能和优质蛋白质摄入量不断增加。从世界范围看，粮食用于口粮、工业和饲料的消费比例大体已形成 4∶2∶4 的结构。目前，我国口粮自给率超过 100%，但饲料用粮缺口巨大，在我国进口粮食中占比达到 80% 左右。2020 年，大豆进口首次超过 1 亿吨，应在继续推行大豆振兴计划的同时，积极鼓励饲草及菜粕生产，寻求多元化的产品替代。

不但要开发动植物潜力，还要挖掘微生物潜力。动物、植物、微生物在自然界中相互联系，缺一不可，应重构传统农业植物、动物、微生物封闭的"三物"内循环系统，提高农业的绿色化。让动物、植物、微生物"三物"思维的理念深入人心。从逻辑上看，植物是生产者，动物包括人是消费者，微生物是分解还原者，它把动植物的残渣废料包括人畜粪便分解还原再作为植物肥料进行下一轮生产。没有微生物的参与，便没有农业的生态循环。要大力开发微生物产品，如食用菌。

发挥好种子耕地源动力

种子是农业的"芯片""基因"。我国传统种子资源十分丰富，但开发利用极其有限。尤其是与发达国家相比，我国育种工作推进相对较慢：一些仍在大面积推广的粮食品种已经 20 多年没有更新换代；青贮玉米、特色玉米、鲜食玉米的种质基本来源于美国；种猪、奶牛、白羽肉鸡等畜禽品种的优质种质也主要依赖进口。

要全方位加大对种业发展的支持力度，推进种业变革。一方面，建设好种质资源库，将我国传统的种子资源基因保留下来。我国已在中国农科院建有可保存粮棉油果蔬等 340 种作物、50 多万份保存期 50 年以上的种质资源库，同时在青海西宁还有一座复份库，但还远不能适应需求。资料显示，从 1994 年到 2007 年，我国本土猪种市场占有率从 90% 暴跌到只有 2%，来自国外的猪种几乎完全占领了中国老百姓的餐桌，大量本土猪种已经灭绝或者濒临灭绝。曾经被誉为"四川回锅肉标配"的成华猪，2013 年的存栏量仅仅有 100 头左右。

另一方面，推进种业创新，增加对农业创新的政策扶持和资金支持力度，大力发展分子标记、全基因组选择、基因编辑、分子设计等现代生物育种技术，全力推进种源"卡脖子"技术攻关，打好种业翻身仗。

耕地是农业生产的命根子。我国耕地总面积居世界第三，但人均耕地面积不足世界平均水平的 50%，用不到世界 10% 的耕地，养活将近世界 20% 的人口，这是一个伟大的奇迹，但这个奇迹的背后是对地力的大量消耗。延续这个奇迹，耕地的数量不能减少，质量也不能降低。

因此，一定要严守耕地红线，全面落实永久基本农田特殊保护制度，坚决遏制耕地"非农化"，建立保护补偿机制，确保耕地总量不减少、用途不改变。还要持续加大基础设施建设力度，不断改善和提高耕地的质量。要保护好山、水、田、林、湖、草、空气等农业生产的大环境，重建全社会的"生态道德"。尤其要做好高标准农田建设和粮食生产功能区建设工作，真正做到藏粮于地、藏粮于技。

系统思维四措并举

构建"大食物观"，是重大的民生问题，更是重大的政治问题，除了围绕种子、耕地做文章要效益之外，还要有系统思维，多措并举。

积极探索科学生产方式，深挖农业的高效生态潜能。高效生态是未来农业的发展方向。高效就要借鉴现代工业文明的先进技术，生态就要借鉴传统农业文明的精华经验。一是不断提高农业生产科技含量，探索创新无土栽培、水肥一体化、立体种养、工厂化生产、庭园立体生态农业等生产模式。二是强化对农业废弃物的资源化利用，尤其是要提高对秸秆和畜禽粪便的资源综合利用率。三是总结提升一些好的传统生产模式，大力推广套种轮作、立体农业、循环农业等模式，积极发展粮草兼作、农牧结合的种养方式，提高土地利用率。一本被美国农民视为"圣经"的《四千年农夫：中国、朝鲜和日本的永续农业》，记载的就是中国、日本、韩国农民生态循环农业方面的做法和经验。中国农业理应继承发扬，丢弃传统、邯郸学步只会贻误自己。

坚持标准化品牌化路径，提升食物供给质量。食物安全不仅有"量"的需求，还有"质"的要求。当前，我国食物供需的主要矛盾已由总量不足转变为结构性矛盾，城乡居民的需求不只是要买得起、买得到，还要买得如意、买得放心。传统农业生产的不可控性、食品产业大而不强、多而不优和市场信息的不对称等问题，导致我国食物质量安全仍存在诸多隐患，解决这一问题的最有效途径就是发展标准化和品牌化。应不断完善食品标准评价体系，规范推广生产技术，制定以产品标准、试验方法标准、投入品使用准则为主的国家标准体系，支持食品协会提升行业标准，引导有条件的食品企业完善企业标准，推动食品标准体系不断健全。在制度建设方面，更要加大力度制定出台促进农业品牌发展的奖励和保护政策，将品牌的培育和保护纳入法治化轨道，严厉打击假冒伪劣产品，保护品牌形象和利益，集中力量打造一批有竞争力的区域公用品牌和国际知名品牌以及食物产业链链主和价值链链主。

强化流通和预警体系建设，理顺食物供应链。新冠肺炎疫情的严峻考验让我们更加清醒地认识到，食物不但要产得出，还要运得走、供得上。加强政府对农业产业运行的宏观调控力度已成当务之急，完善产、加、购、运、储、销供应链，推动农产品全产业链的深度融合发展，有序搞好搞活国内农产品购销是做好国内大循环这篇大文章的关键。要不断完善预警和农业应急管理体系，运用人工智能、大数据、云计算加大对供应链风险的预测力度，健全应急预案和快速反应机制，构建多部门联合联动的全产业监测体系，持续提高农产品安全风险防范应对能力。

着力人才培养，保障人力支撑。劳动力是唯一具有主观能动性的农业生产要素，是农业生产创新发展的源头和动力。但在现代化进程中，我国农村劳动力大规模转移就业，农业劳动力数量不断减少，而且进城务工的农民多是学历较高的青壮年男性劳动力。国家统计局发布的《2019年农民工监测调查报告》显示，21—50岁的农民工占73.4%，男性农民工占64.9%。大量劳动力的外流导致农业农村出现严重的人才荒，很多地方从事农业生产的都是五六十岁的老人，他们接受新产品新技能的主观能动性弱，很难跟上发展越来越快的农业现代化进程。未来不光要向耕地要食物，还要向江河湖海要食物，向山林草地要食物，而要广泛开发这些领域，需要的是人力资源。鼓励各地内培外引，全面推进人才培养，是保障"大食物"的重中之重。一方面，积极培养农业本土人才。按照现代农业发展的要求，以电大、技校、高职院校等为载体，构建职业教育、继续教育、终身教育、农村社区教育的"四位一体"教育体系，培养一批懂技术、能生产、会管理、善经营、愿服务、留得住的高素质农民。另一方面，建立农业人才回流和引进机制。积极鼓励和引导社会人才和资本流入农村。

统筹利用两个资源

据测算，满足我国食物消费需求，需要有 35 亿亩农作物播种面积，但即使算上复种面积，我国的农作物播种面积也只有 25 亿亩，还有 10 亿亩缺口，因此要保障食物安全，必须充分利用好国际国内两个市场、两种资源。

国内方面，应继续统筹利用耕地、林地、草原、河湖、海洋等资源，拓宽资源利用和食物来源；还要充分发挥市场作用，充分利用市场化手段调控生产，防止生产与价值的脱节。

国际方面，应积极开展交流与合作，通过租赁、购买土地，合作共建等方式全方位开拓国外可利用资源，鼓励农业企业走出去，打通新的食物供给渠道。但在引入外来品种的同时，特别应注意生物安全问题。

《2019 中国生态环境状况公报》显示，全国已发现 660 多种外来入侵物种。其中 71 种对自然生态系统已造成或具有潜在威胁并被列入《中国外来入侵物种名单》。67 个国家级自然保护区外来入侵物种调查结果表明，215 种外来入侵物种已入侵国家级自然保护区，其中 48 种外来入侵物种被列入《中国外来入侵物种名单》。

一定区域内的物种经历成百上千年的竞争、排斥、适应和互利互动，才形成相互依赖又相互制约的稳定平衡。一旦打破平衡，整个生态系统便发生紊乱。在引入新品种之前要充分论证其对生态环境的影响，坚决杜绝可能对本地生态带来负面影响的国外物种。

（摘编自《瞭望》2021 年第 5 期）

以"大食物观"构建粮食安全大格局

罗明忠，华南农业大学经济管理学院执行院长、乡村振兴研究院教授

林玉婵，华南农业大学经济管理学院博士生

民为国基，谷为民命。食物事关国运民生，食物安全是国家安全的重要基础。2022年全国"两会"期间，习近平总书记再次就"三农"工作特别是食物安全发表重要讲话，强调必须把确保重要农产品特别是粮食供给作为首要任务。要树立"大食物观"，从更好满足人民美好生活需要出发，掌握人民群众食物结构变化趋势，在确保粮食供给的同时，保障肉类、蔬菜、水果、水产品等各类食物有效供给，满足人民群众日益多元化的食物消费需求。

一、树立"大食物观"："国之大者"

悠悠万事，吃饭为大。随着生活水平不断提升，人民群众的食物消费结构正逐渐由"吃得饱"向"吃得好、吃得营养、吃得健康、吃得均衡"转型升级，食物需求日益多元化、全面化、均衡化，对"品质、品牌、品味、品位"的食物需求日趋明显。由此，相较于满足以解决温饱问题为主的主粮需求，满足人民群众对肉、蛋、奶、油、果、蔬等非主粮食物的消费需求也十分重要。因而，传统的粮食安全已不能完全满足人民群众对食物的多元化消费需求，亟须树立"大食物观"，从更广阔的视角把握粮食安全，即在保障粮食安全的前提下，进一步保障肉、蛋、奶、油、果、蔬等可食用食品的供给结构安全，强调主粮与其他食物的均衡发展，最大限度地满足人民群众对食物多样性的

消费需求。

"大食物观"，基础是粮食，关键是要促进多元化食物的均衡发展。手中有粮、心中不慌，粮食是社稷之本，是其他食物安全的保障。2022 年中央一号文件再次关注粮食生产和重要农产品供给，明确指出，要把抓好粮食生产和重要农产品供给摆在首要位置，必须稳定全年粮食播种面积和产量。2021 年全年全国粮食总产量 68285 万吨，比 2020 年增加 1336 万吨，增长 2.0%。粮食产量连续 7 年稳定在 1.3 万亿斤以上。这足以表明，与以往任何时期相比，"中国饭碗"端得更牢固。但保障人民群众的粮食安全，不能仅强调主粮安全，还要着眼人民群众日益增长的多元化食物消费需求，关注农林牧副渔业的均衡发展，让"中国饭碗"里装的食物更加丰富、更加可口、更加诱人，让中国人的日子过得更加幸福。

"大食物观"，表象是饭碗，本质是农业现代化发展与生态保护的均衡发展。延续"绿水青山就是金山银山"的理念，坚持创新、协调、绿色、开放、共享的发展理念，"大食物观"紧密联系"食物观""生态观"，将山水林田湖草沙视为大自然生态共同体，强调人类万物共生共存，注重科技研发与运用，关注绿色与协调，促进人与自然和谐、人与社会和谐、人与人和谐。在不破坏生态安全的前提下，面向整个自然生态资源，包括耕地、森林、草原和江河湖海等，全方位开发并获取粮食资源，不仅确保"中国饭碗装中国粮"，而且改变以往仅依靠耕地种植、畜牧养殖的传统粮食来源方式，推动食物来源多元化发展，回应人民群众多样化的食物消费需求，以提高生活质量，促进生态优美，绿色长存。

"大食物观"，重点是粮食安全，根本是食物安全。传统的"粮食观"主要关注吃得饱，而"大食物观"不仅关注数量充足，更加强调膳食均衡搭配，确保人民健康饮食。从"粮食观"到"大食物观"，不仅折射出人民群众对食物"量"和"质"两个方面的追求变化，而且体现了食物供给侧和需求侧两大方面的变化，拓展了传统粮食的边界，引导单一化的粮食生产方式向多元化方式转变，"粮食安全"一词也被拓展成为"食物安全"。同时，"大食物观"的食物多元化需求，能有效分散主粮风险，实现"藏粮于地、藏粮于技"，确保粮食安全，实现粮稳天下安。

二、贯彻"大食物观"：四大挑战

粮安天下，农稳社稷。既往的中国农业演绎了一个经典的成功故事，创造了世界奇迹。中国用世界上不到10%的耕地，生产了世界上25%的粮食，养活了世界上20%的人口；同时，中国农业还做到了产品不断丰富，生产力持续提升，越来越多的劳动力得以从农业中释放出来，输送给非农产业，为中国经济社会持续健康发展作出了贡献。但是，受新冠肺炎疫情防控常态化和国际局势持续动荡等大环境的影响，贯彻"大食物观"，必须应对耕地资源紧缺、供求不平衡、先进生产力与技术匮乏等系列难题与挑战。

首先，粮食生产力约束与耕地资源紧缺并存。当前，粮食生产体系的生产能力已经达到阶段性峰值。以2012—2021年为例，中国粮食产量由61222.6万吨增长至68285万吨，年均增速缓慢。同时，我国耕地资源紧缺，人均耕地面积仅为世界平均水平的40%左右，农户农业种植规模仅相当于欧盟的2.5%，美国的0.25%，土地细碎化较为严重。另外，伴随着城镇化的推进，土地是"硬约束"，或多或少地存在占用耕地从事非农建设的现象，耕地面积面临挤压风险，不利于提高粮食供给水平。

其次，食物供不应求与供给过剩并存。一方面，2020年，中国人均粮食占有量远超人均400公斤的国际粮食安全的标准线。水稻产量为21186万吨，自给自足率高达98%。总体上，中国的粮食安全有保障。同时，小麦、玉米和大豆的供求均存在缺口。2020年，中国大豆进口量首次超过1亿吨，常年占中国进口粮食总量的70%以上。另一方面，高质量农产品供给依旧缺乏。例如，绿色无公害食品需求日益扩大，供需不平衡导致的部分食品价格过高，仍是阻碍人民群众满足高质量食物消费需求的主要难题。要继续顺应市场发展规律，以需求牵引供给，推进高质量农产品发展和食物供给。

再次，农业从业人员数量较多与素质较低并存。2021年中国第一产业增加值83086亿元，比2020年增长7.1%；第一产业从业人员占比在20%以上，绝对数量不少，相对比例不低。但是，农业发展对劳动者的需求，不仅是数量要充足，而且素质水平要跟得上。第三次全国农业普查数据显示，截至2016年底，在全国农业生产经营人员中，35岁及其以下的只有19.17%，55岁以上的却占到33.58%；受教育程度为高中及以上水平生产者仅占8.3%。总体而言，与农业现代化发展要求相比，与农业竞争力和效益提升要求相比，农业从业人员素质还有较大提升空间。

最后，农业科技发展迅速与关键技术不足并存。在农业科技快速发展的同时，中国农业发展面临核心技术"卡脖子"难题，尤其是种业发展的技术难题长期存在。种子是粮食之基，被誉为农业的"芯片"，与发达国家相比，中国的种业技术研发相对不足。特别是蔬菜良种对外依存度较高，只有攻克这些"卡脖子"技术，才能将中国人的饭碗牢牢端在自己手中。种质资源开发利用不足、种业核心技术创新不够、作物种子企业实力不强等问题，威胁着食物安全。

三、践行"大食物观"：五大坚持

践行"大食物观"，要坚持"藏粮于地"，确保粮食安全底线。耕地是粮食生产的命根子，坚持 18 亿亩耕地红线不动摇，采取"长牙齿"的硬措施，禁止挖湖造景、种花卉果木、建养殖场等占用耕地乱象，落实最严格的耕地保护制度，从源头上遏止耕地"非农化"、基本农田"非粮化"。同时，鼓励农民适度扩大种植规模，推进服务规模化，克服农地细碎化弊端，实现"藏粮于地"，确保粮食安全底线。

践行"大食物观"，要坚持"藏粮于技"，提升粮食供给。一方面，农业科技创新是农村农业经济社会发展最重要的驱动力，为粮食安全和食物多样性提供保障。以创新为支撑，加大科技研发，突破农业"卡脖子"难题，有利于从源头保障粮食安全。另一方面，强化农业产业现代化技术配套，推动农业机械化和智能化发展，利用科技释放农业生产力，实现"藏粮于技"，牢牢稳固"中国饭碗"，促进粮食的生产数量与生产质量稳步提升，让良田、良种成为农民致富的"金饭碗"。

践行"大食物观"，要坚持"因地制宜"，盘活自然生态资源。突破固有思维逻辑，不能只是紧盯耕地产出的粮食，必须充分发挥自然生态系统的粮食生产功能，推动生态食品向纵深发展。必须秉持"宜林则林、宜粮则粮、宜经则经、宜牧则牧、宜渔则渔"原则，在确保生态安全的前提下，挖掘动植物、微生物等生物资源，以及森林、海洋食物资源，促进农林牧副渔业均衡发展，形成与人民群众食物消费需求相适应、自然资源环境承载力相匹配的可持续生产方式，构建农牧渔协调发展的食物生产结构与区域布局。同时，践行"大食物观"，必须加大乡村资源的开发，盘活乡村闲置资源，将资源优势转化为发展优势，激发乡村内生活力，推动乡村振兴战略，让农民分享更多增值收益，促进共同富裕。

践行"大食物观"，要坚持供给侧结构性改革，优化食物消费结构。在"大食物观"之下，主粮、副食要两手抓，两手硬。一方面，从过去的主粮需求为主，向更营养、更均衡的多元化食物消费需求转变，进一步合理调整食物生产结构，增加优质农作物种植，减少低端市场的过剩供给，满足中高端市场的有效需求，优化食物供给结构。另一方面，创新绿色化、生态化、优质化、品牌化的经营模式，延伸产业链条，由初加工向深加工发展，以有效保障食物质量，丰富食物类型，提供更多高质量高标准的食物为目标，以提高生产效益与产品附加值为核心，深化落实粮食供给侧结构性改革。

践行"大食物观"，要坚持"高素质农民培育"，推动农业高质量发展。农业对人类的生存始终是必不可少的。农业生产必须增长，并且必须在不进一步损害环境乃至有利于环境改善的前提下增长。而农民素质高低直接决定农业发展。有什么样的农民，就决定了有什么样的农业。践行"大食物观"，必须进一步加强高素质农民培育，提升农民素养，打造一批经济实力强的家庭农场、农民合作社、农业产业化龙头企业等新型农业经营服务主体，推动农产品由"量"向"质"的转变。

（摘编自《深圳特区报》2022 年 4 月 26 日）

要有大食物观、大市场观、大资源观——

补齐粮食安全的三个短板

张红宇，清华大学中国农村研究院副院长

近一段时期，俄乌冲突引发了全球的关注，这当中涉及粮食安全问题。我认为俄乌冲突对我国粮食安全最大的影响，一是对信心的影响，二是传导影响。国际关于粮食安全的标准有三条线：自给率、人均占有水平、粮食储备水平。从这三个指标来讲，中国没问题，我们在这方面扮演了全球的优等生角色。但是，俄乌冲突带给我们的心理压力还是非常明显的。我们曾经讲，中国粮食供需平衡，丰年有余，这是 20 世纪 90 年代作出的判断。现在叫作"粮食供需紧平衡"。在紧平衡的状态下，我们的粮食安全观，重中之重还是数量安全。换句话说，有数量才有结构调整的余地，有数量才有质量提升的余地。所以，在常态化和非常态化的情况下，对粮食安全的掌控也要做到随之而动。在这个前提下，把资源、把相对要素用在确保数量安全上，才能使食谱更加广泛、资源利用更加充分。在这些方面，我们的短板和弱项也是非常明显的。

一是资源短板。资源相对需求，尤其完全满足多元化、多样化的需求和高端优质化的需求，是不足的。现在全部食物已经超过 1/3 依赖进口。因此，要按照中央的要求，粮、棉、油、糖、肉、果、菜这个位序一点都不能变。保生产，一定要山水林田湖草沙，宜牧则牧，宜林则林。但是，宜耕一定要耕，保证资源充分利用。

二是科技短板。我们的科技短板恰好体现在进口占比较大的农产品方面，一个是大豆，一个是玉米。这两个短板短在单产水平很低。全国的大豆单产平均水平260斤左右，也就是130公斤左右。而美国的大豆单产平均是240公斤。我国的玉米单产420公斤，美国的玉米单产770公斤。所以，科技短板应该着重解决大豆和玉米的单产提升。一定要在生物技术上下大力气，做大文章，在这个问题上绝不能被舆论所左右，一定要瞄准主攻方向，不能急于求成，但是也绝不能放缓我们的步伐。

三是经营主体行为短板。粮食生产效益不高，因此，要激发种粮农户的生产积极性。提高劳动生产效率，实行土地三权（所有权、承包权、经营权）分置，经营权有序流转，种10—20亩地粮食不挣钱，种100—200亩绝对挣钱。在工业化、城镇化背景之下，种植结构要调整，资源型农产品要规模化，非资源型农产品的产出，如园艺性产品要集约化。资源性农业要减少劳动力，减少的劳动力到集约化农业、到设施农业中去。从这个角度来讲，要让种粮有积极性，要实行规模经营。除了土地的规模之外，更重要的是服务的规模化。实践反复证明，服务的规模化可以使生产成本降低，亩均效益提升，将来中国在户籍农户家家拥有承包地的情况下，在三权分置的制度安排背景下，形成"家庭传承者兼业＋外来者专业"的农业经营格局是一个大趋势。所以，我认为补经营主体短板就要规模化，粮食生产要规模化，非粮食生产要集约化。同时，构建中国特色的农业支持保护体系，价格要稳住，而且要逐年提升，尤其小麦和水稻更要如此。与此同时，要给予种粮农民真正相关的政策支持。

因此，首先补资源短板，重中之重是实施高标准农田建设。2022年4月召开的中央财经委员会第11次会议讲到完善农田水利设施，加强高标准农田建设。高标准农田建设花 1000 元和 5000 元带来的效果是完全不一样的，在这方面政府要舍得花钱，补资源短板。其次，瞄准大豆和玉米，补科技短板。最后，通过服务和土地的规模经营，激发种粮农民或者从事农业生产农民的生产积极性。

（摘编自《北京日报》2022 年 5 月 16 日）

提升粮食和重要农产品供给保障能力

杜志雄，中国社会科学院农村发展研究所党委书记、副所长

作为人口大国，吃饭问题的极端重要性，意味着我国在任何时候都不能放松粮食和重要农产品的生产供给。到 2020 年，我国粮食总产量已连续 6 年稳定在 1.3 万亿斤以上，实现了历史性的"十七连丰"，各类农产品的供给保障水平不断提升。即使如此，随着我国居民收入水平提升以及农产品消费提挡升级，粮食及主要农产品，特别是优质农产品供需关系仍处于紧平衡状况。由此，2021 年中央一号文件依然把"提升粮食和重要农产品供给保障能力"放在加快推进农业现代化的首要位置，足见中央对粮食安全的战略性思考以及要牢牢把住国家粮食安全主动权的决心。

一、提升粮食和重要农产品供给保障能力仍十分紧要

粮食连续多年的丰产丰收始终与粮食供求紧平衡的格局并存，粮食安全形势并非高枕无忧。这要求我们既要把握好农产品需求侧的变化趋势，也要发现农产品供给侧的短板和不足，更要时刻防范不稳定性不确定性因素的不利影响。

一是经济社会发展引发粮食和重要农产品消费需求升级。我国经济已经从高速增长阶段进入高质量发展阶段，人口增长、居民收入水平提高以及城镇化进程加快，不仅增加了对粮食和重要农产品的总量需求，也对各类农产品的质量提出了更高要求。根据相关预测，2030 年中国粮食消费量将达到 1.6 万亿斤，将给国内粮食生产带来巨大的

压力。同时，随着生活条件的改善，消费者更加关注食品的营养健康，不仅要吃饱吃好，更要吃得健康吃出花样，农产品保数量、保多样、保质量的任务越来越重。

二是粮食和重要农产品的供给能力仍不牢固。地少水缺是我国农业生产的客观约束和主要制约，构成了资源禀赋上的短板，不少地区农业靠天吃饭的问题尚未有效改善。有利于水土资源节约和高效率使用的高标准农田无论在数量上还是质量上，都还有很大的提升空间。先进的科技和适用的装备在农业中的推广应用仍不充分，制约了农业生产效率的提升。以小农户为主的生产格局使农业生产难以实现生产环节的规模经济，削弱了农产品的稳定供给能力。农业优质劳动力脱离粮食等重要农产品生产的趋势仍在继续，农业生产越来越依靠农业生产服务组织。粮食等重要农产品生产资源、条件的上述演化，最终都将转化为生产成本的攀升，而与消费需求的增长速度相比，粮食和重要农产品供给能力的提升速度相对较慢，供需之间的缺口在慢慢拉大。

三是国际形势日益复杂增加了粮食贸易的不确定性。粮食等重要农产品进口是我国调剂国内农产品需求的重要手段，而这一手段发挥作用的前提在于国际形势稳定且能够确保国际贸易有序进行。2020年新冠肺炎疫情暴发后，国际粮食价格出现波动，部分国家限制甚至完全禁止粮食出口。尽管这些国家粮食供应的变化对我国影响并不大，但是它引发的国际农产品市场不确定性风险，让我们不得不去思考这一问题以及国际市场对国内市场负面影响的放大效应。除新冠肺炎疫情外，当前国际贸易摩擦频发，有可能会波及粮食贸易，这要求我们在充分合理地利用好国际市场、加强对粮食供给侧进口端监控的同时，还必须加强国内的粮食和重要农产品生产与供给，以增强应对不确定性的能力。

二、提升粮食和重要农产品供给保障能力要多措并举

适应生产、加工储运和消费的需要，建构起一个能最大限度地发挥资源禀赋潜力、提升资源使用效率、适应各种市场特征的粮食和重要农产品供给体系是农业农村现代化题中应有之义。提升粮食和重要农产品供给保障能力仍离不开政府的支持。在转变观念的同时，要把确保土地和科技装备等要素投入、建设完善的生产经营体系和流通体系、构建起全方位的粮食和主要农产品政策支持和保护体系，统筹考虑、一体推进，使之协同发力。

一是牢固树立粮食等重要农产品供给"多的烦恼优于少的困顿"的观念。粮食和重要农产品具有刚性需求特征，它们也是诱发和放大市场价格波动的基础性产品。更为重要的是，其生产和供给较之其他产业而言，受自然界、市场和生产者意愿调整等因素的影响更大，更加具有偶然性和不可预见性，因而基于效率因素的单一考量，建立一个粮食和重要农产品供需恰好平衡的格局几乎不可能。在充满不确定性的世界贸易格局下，对于一个人口大国而言，中国立足国内资源，尽可能经济、理性地提升粮食和重要农产品供给能力是必要的。粮食等重要农产品多了，一定也会有"多的烦恼"，但对"多的烦恼"的化解一定远易于破解"少的困顿"。

二是要坚决贯彻"藏粮于地"的方针，综合运用"保地、优地和扩地"措施，提升粮食和重要农产品供给保障能力。保护耕地数量、提升耕地质量是确保粮食和重要农产品供给能力的根基。因此，必须采取"长牙齿"的措施，实行最严格的耕地保护制度，像保护大熊猫一样保护耕地。对于一些地区出现的耕地"非粮化"和"非农化"问题要格外重视。应针对问题形成的不同原因采取有效措施加以应对，确保用于粮食和重要农产品生产的耕地不减少。探索统筹利用撂荒地

促进农业生产发展的路径，在发挥政府引导作用的同时，采取更加市场化的激励手段提高农民复耕撂荒地的积极性，从而增加耕地的有效供给，挖掘农产品保供潜力。在保耕地数量的同时，也要提升耕地质量。首先，要加大政策投入力度，支持旱涝保收、高产稳产高标准农田建设，确保2021年建设1亿亩乃至整个"十四五"时期高标准农田建设的目标。其次，要有序推进耕地轮作休耕制度，使耕地得到休养生息，同时要采取多种方式持续提升土壤肥力。最后，要采取宜机化改造等一系列经济和技术措施，将南方宜农丘陵地利用起来，用于保障重要农产品供给能力。

三是要加快农业科技和装备升级，用好技术手段，提升粮食和重要农产品供给保障能力。2020年，我国农业科技进步贡献率超过60%，主要农作物良种基本实现全覆盖，耕、种、收综合机械化率达到71%，农作物化肥农药施用量连续4年减少。在延续以上良好势头的同时，要重视装备升级和农业科技推广工作，强化"藏粮于技"。要促进农艺技术措施运用，特别是要通过打好"种业翻身仗"，强化种子技术等农艺技术的保障作用。同时，要以优化和促进农艺技术和农机技术相结合为着眼点，通过强化农机技术运用提升保障能力。在农机装备升级上，要促进物联网、大数据、移动互联网、智能控制、卫星定位等信息技术在农机装备和农机作业上的应用。在农机装备使用上，要聚焦薄弱环节：一方面，要加强山区丘陵地区的农机装备的推广利用；另一方面，要提高非粮食作物的机械化水平。在农机服务推广上，推进"互联网＋农机作业"，加快推广应用农机作业监测、维修诊断、远程调度等信息化服务平台，实现数据信息互联共享，提高农机作业质量与效率。同时，推动农机服务业态创新，建设一批"全程机械化＋综合农事"服务中心，为周边农户提供全程机械作业、农资统购、技术培训、信息咨询、农产品销售对接等"一站式"综合服务。

四是要加快构建高效的生产经营体系，以培育市场适应能力强、政府政策转化快的新型生产主体为核心，提升粮食和重要农产品供给保障能力。粮食和重要农产品的供给建立在各类农业经营主体有序的生产经营活动基础上，各类主体的生产能力最终决定着农产品的供给能力。因此，必须注重对各类农业经营主体特别是粮食和重要农产品生产主体的培育和发展，构建起高效的生产经营体系。应该抓好家庭农场和农民合作社两类主体，充分发挥前者在农业生产中的家庭经营优势和后者在联结小农户方面的特长，在推进多种形式适度规模经营的同时，提高农业的生产效率。要加快培育一大批规模适度、生产集约、管理先进、效益明显的家庭农场，让它们逐渐发展成为兼具企业家精神和工匠精神，能够对不断变化的市场迅速实施冲击－反应式调整的新型农业生产经营主体。要加快提升农民合作社提供专业化、社会化服务的能力，通过拓宽服务内容、创新服务模式、提高服务效率，将先进的品种、技术、装备更好地传递给小农户，在实现小农户与现代农业发展有机衔接的同时，促进农业生产力的全面提升。

五是建设现代农产品流通体系，打通全产业链条，提升粮食和重要农产品供给保障能力。保障粮食和重要农产品供给，既要有足够的生产能力确保产得出，更要有完善的流通体系确保买得到且买得及时。农产品冷链储藏和运输设施及配套不足始终是制约我国农产品流通质量和效率的主要问题，不仅严重影响生鲜农产品的远距离运输，也增加了产品损耗。在构建以国内大循环为主体、国内国际双循环相互促进的新发展格局下，要以实施乡村建设行动为抓手，优先加快农产品仓储保鲜冷链设施建设。支持乡村产业发展的财政资金要向农产品现代冷链物流建设项目倾斜。尤其在国家统筹推进现代流通体系建设之际，要尽快补齐农产品冷链物流设施短板，完善现代农产品流通体系。同时，要遵照习近平总书记制止餐饮浪费行为的重要指示，提倡"厉行节约、反对浪费"的社会风尚，在农产品流通的终端建立起减少浪费的长效机制。

六是加快建构全方位农业支持和保护政策，用好政策措施和手段，提升粮食和重要农产品供给保障能力。粮食安全和重要农产品保障供应是国家的重大战略，必须建立起与之相适应的政策支持体系。首先，要支持建设国家粮食安全产业带和产粮大县，从宏观层面对保障粮食安全的整体格局进行系统规划，以此为前提，统筹推进农业结构调整，优化农产品种植结构。让粮食安全党政同责、粮食安全省长负责制和"菜篮子"市长负责制发挥重要的保障作用。其次，要提高广大农民种粮积极性，稳定种粮补贴，让种粮有合理收益。对稻谷、小麦的最低收购价政策和玉米、大豆生产者的补贴政策加以完善。再次，要提高农业生产的风险应对能力，主要是发挥农业保险的作用，扩大稻谷、小麦、玉米三大粮食作物完全成本保险和收入保险试点范围，让农业保险帮助农民挑稳"金扁担"，最终实现农产品供给能力的提高。最后，要将上述措施统筹纳入农业支持和保护体系建设中来。要真正优先确保与"提升粮食和重要农产品供给保障能力"相关的财政预算投入，同时在优化预算资金投入方式、提高预算资金使用绩效上下功夫。

（摘编自《中国农村经济》2021年第4期）

守牢粮食安全底线　夯实国家安全基础

宋洪远，华中农业大学乡村振兴研究院院长、湖北省中国特色社会主义
理论体系研究中心华中农业大学分中心研究员
江帆，华中农业大学乡村振兴研究院特约研究员

2022 年中央一号文件明确提出，要牢牢守住保障国家粮食安全这条底线，全力抓好粮食生产和重要农产品供给。2022 年 3 月 6 日，习近平总书记在参加全国政协农业界、社会福利和社会保障界委员联组会时的讲话，深刻阐述了保障粮食和重要农产品供给的重要意义，明确提出保障粮食和重要农产品供给的关键举措，为正确认识和把握粮食与重要农产品供给保障问题指明了方向，是新时代实施国家粮食安全战略的行动指南。

中国的粮食安全形势正处在历史最好时期

"食为政首，粮安天下"。保障国家粮食安全是有效防范和抵御各类风险挑战、推动经济持续发展、保持社会长期稳定的重要基础。党的十八大以来，以习近平同志为核心的党中央立足世情国情农情，把保障国家粮食安全作为治国理政的头等大事，高度重视粮食安全问题，始终把解决好人民吃饭问题作为治国安邦的首要任务，出台实施了一系列重要政策举措，走出了一条中国特色粮食安全之路，实现了从解决温饱问题到全面建成小康社会、从"谁来养活中国"到"中国人的饭碗装中国粮"的历史性变革，粮食安全取得举世瞩目的历史性成就。

2021 年，全国粮食播种面积为 17.64 亿亩，比 2020 年增加 1295

万亩，增长 0.7%，连续两年实现稳定增长；全国粮食作物单产为 387
公斤／亩，比 2020 年增加 4.8 公斤，增长 1.2%；粮食总产量再创新高，
达 13657 亿斤，比 2020 年增加 267 亿斤，增长 2.0%，连续 18 年增产
丰收，连续 7 年保持在 1.3 万亿斤以上。2021 年，我国人均粮食占有
量达 483 公斤，比 2020 年增加 9 公斤，远高于人均 400 公斤的国际安
全标准线；我国谷物自给率始终保持在 95% 以上，保证了谷物的基本
自给。粮食供给总量充足、库存充裕，粮食价格保持基本稳定。事实
表明，中国的粮食安全形势正处在历史最好时期，中国有能力把饭碗
牢牢端在自己手中。

中国既是粮食生产大国，又是粮食消费大国。中国用占世界 9% 的
耕地、6% 的淡水资源，养活了世界近 20% 的人口，不仅有力地保障了
自身的粮食安全，也为世界的粮食安全作出了重要贡献。

保障粮食和重要农产品供给是一个重大战略问题

悠悠万事，吃饭为大。粮食既是人类赖以生存的重要物质基础，
也是人的全面发展的前提条件。粮食和重要农产品供给保障能力的强
弱直接决定着我国经济社会发展的成色和质量，保障粮食和重要农产
品供给是构建新发展格局的安全底线。站在"两个大局"的历史高度，
保障粮食和重要农产品供给是一个重大战略问题，仍面临来自内部和
外部的双重挑战。

从国内看，保障粮食和重要农产品供给面临诸多挑战。一是需求
总量不断增加。2021 年，我国总人口为 14.13 亿人，常住人口城镇化
率为 64.72%。未来一个时期，随着人口增长和城镇化推进，粮食消费
总量将继续增加，粮食需求将保持刚性增长。二是品质要求不断提升。
随着国民收入水平提高和居民膳食结构的变化、食物消费条件和消费
环境的进一步改善，城乡居民更加注重农产品质量安全，对食物品质

的要求不断提升。三是资源环境约束增强。我国人均水资源占有量少、空间分布不均匀，人均耕地数量少、耕地质量有待提高。总体上看，人增地减水紧的趋势难以扭转；农业劳动力短缺与农村人口老龄化问题并存，一定程度上制约了粮食和重要农产品生产；化肥、农药等的过量投入带来一系列环境污染问题，限制了粮食和重要农产品生产的可持续发展。四是农民种粮收益较低。随着农资价格上涨和种粮成本增加，农民的种粮收益空间收窄；粮食作物和经济作物的比较效益存在较大差距，影响了农民的种粮积极性。五是农业自然灾害频发。近年来，我国气象、地质和海洋灾害频发，农业抗灾防灾减灾能力有待提升，制约了农业生产的稳定发展。六是流通运输压力较大。当前，我国粮食生产逐渐向主产区集中，跨区域粮食流通量增加，粮食运输成本和压力加大，市场大幅波动的风险依然存在。

从国际看，保障粮食和重要农产品供给也面临较大挑战。一是新冠肺炎疫情的蔓延给粮食主产国带来了劳动力短缺、农业生产资料供给不足等问题，农业生产动能减弱、粮食加工与运输受限，粮食生产和供应的不稳定性不确定性增加，影响了全球的粮食供给安全。二是国际经济贸易形势复杂。世界贸易保护主义抬头，发达国家和发展中国家利益冲突加剧，严重影响了粮食的国际贸易；一些国家限制农业对外投资，粮食生产、加工、仓储等建设受阻，严重影响了粮食的国际合作；俄乌冲突对全球谷物市场造成冲击，小麦等农产品价格上涨。三是产业链供应链受损。当前，整体低迷的全球经济形势对各国产业造成了实质性损害，粮食产业链供应链局部断裂、运转停滞，严重影响全球运输消费网络的稳定性，使一些国家和地区出现较为严重的粮食供给紊乱与短缺问题。四是极端气候变化影响。全球气候变暖对粮食等作物产量、质量及收成稳定性均产生一定负面影响，长期的温度上升会使海平面升高，造成土地减少、土壤盐渍化、风暴潮灾害加剧等问题。五是贫困和不平等问题突出。2020年全球仍有7亿多人口面临饥饿威胁，近1/3的人口无法获得充足的食物与营养，食物系统正面临前所未有的压力，全球粮食安全形势不容乐观。

深化农业供给侧结构性改革，调整优化农业结构和布局

习近平总书记指出，"在粮食安全这个问题上不能有丝毫麻痹大意"，"要未雨绸缪，始终绷紧粮食安全这根弦"。为此，要切实抓好粮食生产，保障国家粮食安全。一是稳定粮食面积和产量。全面落实粮食安全党政同责，健全完善粮食安全责任制；稳定粮食播种面积，提高产量和品质；主产区要不断提高粮食综合生产能力，主销区要稳定提高粮食自给率，产销平衡区要确保粮食基本自给。二是保护耕地和基本农田。落实"长牙齿"的耕地保护硬措施，实行耕地保护党政同责；不断提高耕地质量，实施高标准农田建设工程和国家黑土地保护工程；加强耕地用途管制，永久基本农田重点用于发展粮食生产。三是加大农业科技支撑力度。大力推进种源关键核心技术攻关，全面实施种业振兴行动方案，实施农机购置与应用补贴政策。四是合理保障农民种粮收益。按照让农民种粮有利可图、让主产区抓粮有积极性的要求，合理制定稻谷、小麦最低收购价，稳定玉米、大豆生产者补贴和稻谷补贴政策，扩大三大粮食作物完全成本保险和种植收入保险覆盖范围；加大产粮大县奖励力度，创新粮食产销区合作机制。五是提升粮食市场调控能力。深化粮食收储制度改革，完善中央储备粮管理体制；健全粮食储备体系，保持合理储备规模；加强粮食监测预警，健全多部门联合分析机制和信息发布平台；开展粮食节约行动，有效降低粮食损耗。

习近平总书记指出，"要树立大食物观"，"开发丰富多样的食物品种，实现各类食物供求平衡"。为此，要保障重要农产品供给，提升居

民食物营养健康水平。一是保障"菜篮子"产品供给。完善落实"菜篮子"市长负责制。健全生猪产业平稳有序发展长效机制，实施《推进肉牛肉羊生产发展五年行动方案》，加强奶源基地建设，稳步发展家禽业；推进水产绿色健康养殖，稳步发展稻渔综合种养、大水面生态渔业和盐碱水养殖；优化近海绿色养殖布局，支持深远海养殖业发展；稳定发展棉花、油料、糖料、蔬菜、茶叶生产，因地制宜发展林果业等特色产业。二是优化种植结构和区域布局。加强水稻、小麦、玉米生产功能区建设，优先支持功能区内目标作物种植，深入实施优质粮食工程，推进国家粮食安全产业带建设；加强大豆、油料等重要农产品生产保护区建设；加强特色经济作物、园艺产品、畜产品、水产品、林特产品优势区建设。三是推动农业绿色发展。提升农业标准化水平，强化农产品质量安全监管；持续推进化肥农药减量增效，循环利用农业废弃物，加强污染耕地治理；强化农业资源保护，统筹山水林田湖草沙系统治理，推动农业农村减排固碳，推进重点区域生态环境保护。四是强化科技创新驱动。开展农业关键核心技术攻关，完善农业科技领域基础研究稳定支持机制，提升农业重大风险防控和产业安全保障能力；加强国家农业科技创新联盟建设，支持农业企业牵头建设农业科技创新联合体或新型研发机构；加强大中型、智能化、复合型农业机械研发应用，加快研发制造适合丘陵山区农业生产的高效专用农机和绿色智能畜牧水产养殖装备；健全农作物全程机械化生产体系，加大对智能、高端、安全农机装备的支持力度，提升我国农机装备水平。五是健全现代农业经营体系。实施家庭农场培育计划和农民合作社规范提升行动，建立健全家庭农场名录管理制度和新型农业经营主体金融保险、用地保障等政策；发展壮大农业专业化社会化服务组织，加快发展农业生产托管服务，开展农业社会化服务创新试点示范。六是提升农业抗风险能力。推动大江大河防洪达标提升，调整和建设蓄滞洪区，完成现有病险水库除险加固；强化农业气象服务，健全动物防疫和农作物病虫害防治体系，发挥农业保险灾后减损作用；实施农产品进口多元化战略，健全农产品进口管理机制，稳定大豆、食糖、棉花、天然橡胶、油料油脂、肉类、乳制品等农产品国际供应链。

（摘编自《光明日报》2022 年 5 月 17 日）

推动"三个转变"，构建国家粮食安全
发展新的格局

刘长全、苑鹏，均为中国社会科学院习近平新时代中国特色社会主义
思想研究中心研究员、中国社会科学院农村发展研究所研究员

粮食安全是国家安全的基本保障、治国理政的头等大事。我国一直突出强调粮食生产在保障粮食安全中的决定性作用，党的十八大以后，形成了"谷物基本自给、口粮绝对安全"新的粮食安全观，进一步强调把"中国人的饭碗牢牢端在自己手中"。目前，我国稻谷、小麦和玉米等口粮的自给率均超过95%，较好实现了"谷物基本自给、口粮绝对安全"的目标。随着城乡居民食物消费结构日趋多元，肉蛋奶等重要农产品的消费需求刚性增长，粮食产加销日趋分离使粮食产业链安全问题日益凸显，需要统筹国内国际两个大局，从"为大国筑底"的战略高度推动"三个转变"，确保重要农产品特别是粮食供给的综合生产能力，提升粮食生产全产业链综合竞争力，努力构建新时代粮食安全发展新的格局。

一、从传统"口粮观"向"大食物观"转变

随着我国全面建成小康社会，开启全面建设社会主义现代化国家新征程，人民对美好生活的向往更加强烈，在食物消费领域日益表现出多样化多层次的需求特征。城乡居民消费需求从过去的"吃得饱""吃得好"，向着现在的"吃得营养""吃得健康"加速转型，食物消费结构呈现口粮消费下降，而肉蛋奶、果蔬、糖油等非主粮食物消费快速

增长的大趋势。因此，对于粮食的认识应顺应新时代居民食物消费不断升级的新变化和新要求，从传统狭义的谷物、豆类和薯类等"口粮观"，拓展到与粮食消费具有直接替代性的肉蛋奶、蔬果油糖茶等重要农产品及食品，树立"大食物观"。

2013年中央经济工作会议提出"坚持数量质量并重，更加注重农产品质量和食品安全"；2015年中央农村工作会议提出，要树立大农业、大食物观念，推动粮经饲统筹、农林牧渔结合、种养加一体、一二三产业融合发展；2016年中央一号文件将树立"大食物观"作为推动农业供给侧结构性改革的重要内容。2022年全国"两会"期间，习近平总书记又一次强调"大食物观"，指出"要树立大食物观，从更好满足人民美好生活需要出发，掌握人民群众食物结构变化趋势，在确保粮食供给的同时，保障肉类、蔬菜、水果、水产品等各类食物有效供给，缺了哪样也不行"。因此，保障国家粮食安全，要顺应新时代的要求，树立"大食物观"。在"大食物观"下，端牢中国人的饭碗，应包括粮食和重要农产品的数量保障、产品质量保障及营养安全保障。其中，粮食和重要农产品供给保障是底线，耕地与水资源安全、食物安全是基本前提，粮食品种结构合理和食物营养健康是发展方向，"三位一体"、缺一不可。

二、从保障口粮供给向保障粮食与重要农产品供给转变

保障食物的用粮需求是我国粮食安全战略的首要任务。从消费结构看，我国每年粮食食用消费约2.5亿吨，饲料消费约2.7亿吨，工业用粮约1.6亿吨。目前，我国农业生产结构调整速度滞后于食物需求结构转变速度，导致农业存在产需偏离的结构性失衡，这是影响我国粮食生产安全的主要矛盾，主要表现为口粮有余与饲料粮短缺并存的状态。

长期以来，我国能量饲料粮与蛋白饲料粮播种面积占农作物总播种面积的比重大幅低于动物源能量与蛋白在膳食总摄入量中的占比。粮饲种植结构与食物需求结构偏离导致口粮过剩与饲料粮短缺并存。据测算，2018—2019 年，我国小麦、稻谷总计结余 5492 万吨，围绕"口粮绝对安全"目标保障的口粮需求量实际上是依据口粮品种的总消费量确定的，不是口粮实际的食用消费需求。随着食物消费结构升级及用途转变，前者可能继续增长，而后者则绝对下降。从实际消费看，口粮性质的食用消费量在稻谷、小麦等口粮品种的总产量和总消费量中的占比都在下降，稻谷食用消费占国内总产量的比重不到 75%，小麦更是低于 70%。如果以实际食用消费量来衡量的口粮需求为标准，口粮与饲料粮的结构性问题更加突出。

从我国当前的粮食品质看，存在低水平的产品同质化现象，不能满足食物消费结构升级的需求变化，表现为普通品种粮食过剩与差异化高品质粮食短缺并存，并成为粮食"高产出、高进口、高库存"现象的重要原因。根据我国海关总署官网数据计算，2021 年我国进口农产品约 1.4 万亿元，净进口农产品 8759 亿元；进口食品近 1.3 万亿元，净进口食品 7840 亿元。其中，进口粮食超过 1.6 亿吨，出口粮食仅331 万吨。城乡居民对优质谷物的新增消费需求中，相当一部分是由进口来满足的。

从空间生产结构看，我国粮食生产布局越来越集中，粮食供销存在偏离。一方面，一些传统粮食产区的供销处于"弱平衡"甚至是不平衡状态，而主销区的供销不平衡状况进一步加剧；另一方面，粮食生产与耕地资源、生产潜力之间存在偏离。2013—2017 年，全国耕地面积减少 0.2%，其中，高产出和中等产出地区耕地减少速度分别是全国平均水平的 1.3 倍和 2.3 倍，低产出地区耕地面积增加 0.2%。全国耕地总量的保持靠的是低单产地区耕地数量的增加，导致粮食生产进一步向比较优势相对低的低单产地区集中的趋势。

种业科技支撑存在短板，优质新品种培育缓慢。以小麦为例，2019 年，全国审定的新品种达到中强筋品质指标的小麦品种只有 18 个，仅占小麦审定品种总量的 1.8%。又如玉米，2017—2019 年审定的适合机收的籽粒品种仅有 24 个，占同期玉米审定品种总量的比例不足 1%。在经济作物领域，尤其是蔬菜大类，存在品种多而不优的问题，高品质蔬菜品种基本依靠进口。畜牧业的白羽肉鸡更是全部依靠进口。养猪业引进国外品种成为养殖企业（户）最优选择，地方品种资源市场占有率不断缩小，目前仅为 2% 左右。其背后反映的是品种选育模式的落后。目前，国际种业进入跨学科、跨领域的融合创新阶段，追求实现杂交技术、生物育种技术、数字育种技术的集成应用，而我国当前仍以专家团队的作坊式为主，集团化的商业化育种体系没有建立起来。高校科研院所育种项目的短周期与育种产业要求的长周期不相适应，研发、育种、产业化脱节，育种体系化、商业化水平低。目前，全国 7372 家持证农作物种子企业中仍以小微企业为主，实现育繁推一体化的企业仅 109 家，仅占 1.5%。此外，种质资源"应保尽保"机制不健全，种质资源精准鉴定和优质基因挖掘不充分，种业知识产权保护存在制度性缺陷，市场监管能力仍待增强。

为保障国家粮食安全，应大力扭转当前农业生产结构调整滞后于农产品需求结构升级导致的错配。在战略层面，适时从保障粮食安全向保障粮食和重要农产品供给安全转变，重点是调整粮食与畜产品、口粮与饲料粮、饲草的生产结构；按照城乡居民食用消费需求标准，合理控制普通口粮的粮食生产规模，同时促进特色品质口粮以及肉、奶及饲料粮、果蔬等重要农产品的生产。要处理好粮食生产"保产量"与"优结构"的关系，从单一强调"保产量"向"保产量"与"优结构"相协调转变，以保障居民消费升级对高品质、差异化粮食及粮食制品的增长性需求。

三、从保障产出端安全向保障全链条系统安全转变

当前，我国粮食加工水平不断提升，粮食产加销环节和空间布局日趋分离，全面提升粮食安全保障水平必须从保障生产供给端安全向保障生产、加工、贸易、流通与消费全链条的系统安全转变，以全面提升粮食安全保障水平，构建国家粮食安全发展新的格局。

以建设国家粮食安全产业带为契机，积极构建以粮食生产主产区为重点的粮食产业链、价值链、供应链三链融合并协调发展的现代粮食产业体系。以发展县域经济为切入点，加快培育粮食产业特色园区，落实把粮食初级产品加工留在产区的具体政策，加强物流、仓储等基础设施及专业交易市场等建设，促进粮食产品精深加工和多元化利用，提升粮食价值增值链条和供应链能力，发展"行业协会＋加工企业＋基地＋服务主体＋农户"的现代生产经营组织体系，打造反哺粮农的合理利益分配机制，构建起促进主产区农民增收、地方政府增税、企业增利的多方共赢长效机制。

通过财政、税收手段不断优化粮食等重要农产品生产的空间布局。鼓励饲料粮优势产区和增产潜力大的地区、畜牧业集中地区优先加快粮饲结构调整，在生产潜力低、生态环境承载力低的地区，加强绿色生产技术的发展与应用，改变潜能过度开发状况；在高潜力地区，加强高标准农田基础设施建设，进一步提高潜力开发水平。

提升种业对粮食安全的保障水平。全面落实《种业振兴行动方案》，加快创新以龙头企业为主体的育繁推一体化的商业化育种模式，继续修订完善专利法，加强对基因技术、人工智能、大数据等新兴领域的

知识产权保护，发挥好知识产权保护对种业原始创新的促进作用。同时强化信息化建设，加强对耕地和水资源存量、耕地用途管制等的科学监管，为落实党政同责机制提供科学支撑。

（摘编自《光明日报》2022 年 5 月 11 日）

牢牢把住"国之大者"粮食安全底线

全国政协农业农村研究智库课题组

全国政协十三届五次会议期间，习近平总书记在看望农业界、社会福利和社会保障界委员并参加联组会时强调，"必须把确保重要农产品特别是粮食供给作为首要任务，把提高农业综合生产能力放在更加突出的位置，把'藏粮于地、藏粮于技'真正落实到位"。这一重要讲话，充分体现了习近平总书记对世情国情农情的深邃把握，高瞻远瞩，具有很强的针对性、前瞻性、指导性。我们必须深刻领会，准确把握，坚决贯彻。

一、学习领会习近平总书记关于粮食安全重要讲话精神的重大意义

悠悠万事，吃饭为大。粮食安全是关系国运民生的"压舱石"，是国家安全的重要基础，是世界和平与发展的重要保障，是构建人类命运共同体的基石。经过多年艰苦卓绝的努力，我国实现了粮食连年丰收、库存充裕、供应充足、市场稳定，粮食安全形势持续向好。同时，当前粮食等重要农产品供求形势仍然复杂严峻，做好稳产保供任务艰巨。习近平总书记在参加全国政协联组会时的重要讲话，从战略和全局高度强调了粮食安全的重要地位，对实施乡村振兴战略中切实抓好粮食生产与供给作出科学部署，立意高远、指导精准。面对新形势，深入学习贯彻习近平总书记这一重要讲话精神，具有重要的历史和现实意义。

一是进一步强化保障国家粮食安全的战略定位，提振了面对复杂局面的底气和信心。洪范八政，食为政首。党的十八大以来，习近平总书记对保障国家粮食安全发表了一系列重要讲话、作出了一系列重要指示，始终把解决好吃饭问题作为治国理政的头等大事。在参加全国政协联组会时，习近平总书记再次强调，"粮食安全是'国之大者'"。"国之大者"是事关全局、事关根本、事关长远、事关党和国家兴衰成败的大政方针和战略部署。粮食安全"国之大者"的战略定位，彰显了习近平总书记高瞻远瞩的历史眼光，面对复杂严峻的国际形势、艰巨繁重的国内改革发展稳定任务，未雨绸缪，始终绷紧粮食安全这根弦的坚定决心，必将凝聚全党全社会重农抓粮的磅礴力量，端牢中国人饭碗的底气更足、信心更坚。

二是进一步坚定保障国家粮食安全的战略定力，增强了发展粮食生产的政治自觉。当前，我国粮食安全总体有保障，粮食连续 18 年取得丰收，产量连续 7 年维持在 1.3 万亿斤以上，人均粮食占有量达到了 483 公斤的历史新高，超过人均 400 公斤的国际粮食安全标准线。但是，供求紧平衡的格局没有改变。我国人多地少水缺，资源环境约束越来越紧，农业技术装备支撑不足，加之一些地方出现耕地"非农化"、基本农田"非粮化"，粮食增面积、提产量的难度越来越大。特别是受 2021 年罕见秋汛影响，超过 1.1 亿亩冬小麦晚播，夺取 2022 年夏粮乃至全年粮食丰收压力巨大。同时，百年变局和世纪疫情相互交织，大国博弈日趋激烈，地缘政治风险持续上升，国际农产品供应链不稳定不确定性因素增加，近期俄乌冲突导致国际粮食市场剧烈波动，向我国传导风险加大，为我们敲响了警钟。面对纷繁复杂的国内外形势，习近平总书记重要讲话精神必将指引全党全社会保持战略定力，增强保障国家粮食安全的政治自觉，坚决扛起维护国家粮食安全的政治责任，在保障粮食等重要农产品供给上体现时代担当。

三是进一步明确保障国家粮食安全的战略部署，为全面提升粮食安全保障水平指明了方向。习近平总书记强调，要始终坚持以我为主、立足国内、确保产能、适度进口、科技支撑，并从压实责任、保护耕地、科技创新、树立"大食物观"等方面，系统阐述了如何保障国家粮食安全，找出粮食安全精准破解之道，打开粮食稳产增产之门，为我们做好当前和今后一个时期的"三农"工作、切实保障国家粮食安全指明了方向，提供了行动指南。必须深入学习习近平总书记重要讲话精神，实施国家粮食安全战略，充分调动政府重农抓粮和农民务农种粮积极性，扎实推进藏粮于地、藏粮于技，紧紧扭住耕地和种子两个要害，全方位、多途径开发食物资源，构建更高质量、更有效率、更可持续的粮食安全保障体系。

二、准确把握新阶段保障国家粮食安全的内涵要义

深入贯彻落实习近平总书记关于粮食安全的重要讲话精神，必须准确把握蕴含其中的核心要义。

第一，始终坚持靠中国人自己养活中国，实施"以我为主、立足国内、确保产能、适度进口、科技支撑"的国家粮食安全战略。我国是人口众多的大国，解决好吃饭问题始终是治国理政的头等大事。无论乡村如何振兴，无论农业如何现代化，为广大人民群众提供充足、安全的食物，以确保大家能够吃得饱、吃得好、吃得健康，始终是农业最基础的功能。新中国成立70多年来，在应对各种压力和挑战的斗争中积累了许多极为宝贵的经验，其中最重要一条就是，粮食安全是国家安全的重要基础，只要始终把中国人的饭碗牢牢端在自己手中，就能赢得战略主动。习近平总书记指出，"只要粮食不出大问题，中国的事就稳得住"。这意味着对于粮食安全既要算好经济账，更要算好政治账、长远账，要把自力更生、独立自主作为解决中国粮食问题的主

基调，始终牢牢把住粮食安全主动权。不能认为进入工业化，吃饭问题就可有可无，更不要指望依靠国际市场来解决中国的粮食问题。正如习近平总书记再三强调的，"在粮食安全这个问题上不能有丝毫麻痹大意"，"手中有粮、心中不慌在任何时候都是真理"，"粮食多一点少一点是战术问题，粮食安全则是战略问题"。要牢记我们在粮食问题上的多次深刻教训，一旦滑坡，恢复难度极大。特别是1999—2003年，我国粮食生产经历重大波动，年产量骤降，花了整整5年时间才扭转连续下降局面。因此，我们要切实增强忧患意识，持之以恒、久久为功，坚持底线思维，做到未雨绸缪、防患未然。

第二，始终坚持扛稳粮食安全责任，各地各部门要全面落实粮食安全党政同责，主产区、主销区、产销平衡区要做到饭碗一起端、责任一起扛。一方面，随着居民收入水平提高、食物消费结构转型升级，我国粮食消费需求仍将继续刚性增长，食物消费峰值还远未到来。另一方面，受制于水土资源禀赋约束，我国粮食高位增产、高位护盘的压力不断加大，粮食稳产保供的能力基础仍不稳固。抓好粮食生产、落实粮食安全责任，一刻也不能停，丝毫也不能松。然而，近年来，我国一些地方出现了粮食生产重视程度下降、抓粮产粮积极性下滑等问题，导致粮食主销区产销缺口不断增加，部分产销平衡区加速向主销区滑落，粮食生产的重任越来越压到主产区省份身上。这种不好的势头，必需坚决地遏制住。从全国来看，13个粮食主产省份中，常年粮食净调出省已减少到仅剩6个，粮食生产越来越向少数省区集中；7个粮食主销区省份和11个粮食产销平衡区省份的粮食平均自给率不断下滑，主要靠内蒙古、吉林、黑龙江、安徽、河南、江西等粮食净调出大省区来补充。但是，主产区抓粮吃亏问题非常突出，不利于粮食持续稳定生产，也不利于区域经济均衡发展。在财政收入层面，吉林、黑龙江、安徽、河南人均地方财政收入低于全国平均水平，更低于11

个产销平衡区平均水平和 7 个主销区平均水平。从这个角度来讲，切实提升粮食生产能力，保障长期可持续的粮食安全，无论中央还是地方，无论主产区、主销区还是产销平衡区，谁也不是旁观者，粮食安全责任要一起扛，绝不能推诿塞责或把希望放在调运和进口上。围绕粮食安全，该负的责任必须扛起来，各地各部门要全面落实粮食安全党政同责，严格粮食安全责任制考核，一个也不能少、一个也不许掉。

第三，始终坚持严守耕地红线，夯实中华民族永续发展根基。耕地红线不能践踏，保护底线不能突破，守住了耕地红线就是守住了安全线。耕地是粮食生产的命根子，土地是粮食生产保供最为重要的资源之一。2021 年公布的第三次全国国土调查数据显示，我国耕地面积 19.2 亿亩，相比 10 年前的第二次全国国土调查时，已经减少了 1.1 亿亩。此外，我国后备耕地资源不足、质量总体不高。全国拥有可开垦耕地 1.22 亿亩。但由于生态保护的要求，通过后备资源开发补充耕地的空间已十分有限。耕地中有约 2/3 是中低产田，高标准基本农田占比有待提高。同时，我国的城镇化率还有很大空间，仍处于城镇化上升阶段，保护耕地的压力依然非常大。必须牢牢守住耕地红线，确保农田就是农田，也必须是良田，既要保证 18 亿亩耕地实至名归，又要努力在 2022 年底前建成 10 亿亩高标准农田。对此，要杜绝在耕地上东折腾一下、西折腾一下的问题发生，绝不允许任何人在耕地保护上搞变通、做手脚。

第四，始终坚持向科技要生产力，推动种业科技自立自强、种源自主可控。保障粮食安全，关键在科技。农业生产机械化，农技水平提升，耕地保护和地力提升，育种能力建设等，凡此种种，都需要向科技要生产力。特别是需要实现种业科技自立自强、种源自主可控，在基础性前沿性研究、种质资源收集保护和开发利用、生物育种产业化等方面下苦功、务实功，推动种业高质量发展。目前，我国农作物良种覆盖率在 96% 以上，自主选育品种面积占比超过 95%。水稻、小麦两大口粮作物品种可以完全自给，但在良种对粮食增产贡献率方面，仍未赶上发达国家的水平。部分粮食品种和其他农作物，如玉米、大豆单产水平相对较低，与世界先进水平相比仍有差距；一些蔬菜品种种子，从国外进口比较多。同时，我国农业生物育种还面临着一系列的挑战，包括关键核心技术原创不足、重大产品迭代升级滞后、生物育种创新活力不足、生物育种组织体系和机制难以适应市场需求、以企业为主体的种业创新能力尚未形成等，导致突破性、创新性品种少，基础性、长期性、战略性研究不足。要充分发挥制度优势，把有为政府和有效市场结合起来，坚持科技创新和体制机制创新双轮驱动，推动种业高质量发展，真正做到"藏粮于地、藏粮于技"，让粮食安全基础更牢靠、更可持续。

第五，始终坚持树立"大食物观"，更好满足人民美好生活需要。随着我国粮食安全保障程度不断提高，人民群众既要"吃得饱"，更要"吃得好""吃得放心""吃得营养健康"。注重膳食营养搭配，从粗到细再到粗，数量从少到多再到少；主食越来越不"主"、副食越来越不"副"，反映的是我国人民生活水平的持续提升。保障好老百姓的"米袋子""菜篮子""油瓶子""肉盘子""奶罐子"，就是要坚持树立"大食物观"，更好地满足人民美好生活需要，顺应人民群众食物结构变化趋势。要拓展食物资源开发途径，既要向耕地要粮食，确保中国人的饭碗主要装中国粮，也要看到 19 亿多亩耕地之外，还有 42 亿多亩林地、3 亿亩园地、近 40 亿亩草地、3.5 亿亩湿地和 1.33 亿公顷大陆架渔场，要面向整个国土资源，挖掘食物开发潜力，紧紧依靠科技创新，推动食物供给由单一生产向多元供给转变，实现各类食物供求平衡，更好满足人民群众日益多元化的食物消费需求。

三、多措并举端稳筑牢中国人的饭碗

立足新发展阶段、贯彻新发展理念、构建新发展格局，抓好粮食安全这个"国之大者"，推动从粮食生产大国向粮食产业强国迈进，要深入贯彻落实习近平总书记在全国政协联组会上的重要讲话精神，重点做好以下几方面工作。

第一，严防死守耕地红线，建立遏制耕地"非农化"、基本农田"非粮化"长效机制，实现耕地保数量、提质量、扩增量、严用途。耕地是保障国家粮食安全的基石，是农村发展和农业现代化的命脉。一是落实最严格的耕地保护制度，加强用途管制，采取"长牙齿"的硬措施，全面压实地方各级党委和政府耕地保护责任，中央要和各地签订耕地保护责任状，严格考核、终身追责。二是加大排查力度，综合运用卫星遥感等现代信息技术，摸清耕地"底数"，定期进行监测评价。三是结合基层实际，分类处置耕地"非农化"和基本农田"非粮化"，调整优化永久基本农田，建立规范耕地占补平衡，避免"占多补少""占优补劣"。四是着力提高耕地内在质量和产出能力，强化耕地污染科学监测，运用适宜的治理措施修复耕地污染，持续推进化肥农药减量增效，促进地力提升。东北黑土地是耕地中的"大熊猫"，是保障我国粮食安全的"压舱石"，要通过规模化、集约化、科技化处理好利用与保护的关系，让黑土地重回绿色和健康。五是积极扩大耕地增量来源，科学利用盐碱地，加快培育推广耐盐碱作物和品种，扩大粮食种植空间；抓紧修订《基本农田保护条例》，因地制宜、分类明确耕地和基本农田用途，强化用途管制各项举措。

第二，深入推动农业科技升级，支撑引领农业产业变革和迭代升级，全面实施种业振兴行动，实现自主创新、安全可靠、高效应用。科技是现代农业的重要引擎，要加强农业科技攻关和推广应用，打好

种业翻身仗。一要加强农业基础研究，特别是在生物合成、基因编辑、人工智能等基础性、颠覆性、关键共性和前沿引领技术方面，要加大稳定支持力度，奋力抢占现代农业科技发展制高点。二要推进农业科技体制改革，进一步优化科研绩效考评机制，实行重大产出导向、重大任务牵引和分类科学评价，进一步建立健全成果转化奖励激励机制和协同创新机制，深化产学研融合创新和多元协同育人，促进农业技术创新与乡村振兴、农业农村现代化的需求精准对接。三要大力推动新农科力量建设，更加重视营造良好创新生态，大力培养使用战略科学家，努力造就一批具有世界影响力的农业科技领军人才，面向高水平现代农业培育一支信念坚定、素质优良、数量充裕、本领高强的创新人才队伍。四要开展种源"卡脖子"技术攻关，围绕优质水稻、优质小麦、玉米、大豆、白羽肉鸡、生猪等核心种源，加强种质资源收集、保护和开发利用，科学调配优势资源，推进种业领域国家重大创新平台建设，加强基础性前沿性研究，加快生物育种产业化步伐。五要建立健全商业化育种体系，完善品种审定和知识产权保护制度。要全方位实施国家种子安全战略，营造稳定的种业市场环境，培育种业龙头企业，建设国家生物种业技术创新中心、国家现代种业产业园和国际种业大数据中心，以创新链建设为抓手，推动我国种业高质量发展。

第三，全面树立"大食物观"，积极推进农业供给侧结构性改革，在实现人与自然和谐相处的基础上，实现品种多样、来源广泛、布局适宜、供求平衡。树立"大食物观"的本质是促进农业可持续发展，使农、林、牧、渔等产业与自然和谐共生。强化农业产业现代化技术配套，推动设施农业、植物工厂规模化发展，突破农业时空和资源的物理瓶颈，拓展农产品生产来源，实现均衡供应。因地制宜，立足国土资源禀赋，开拓和丰富"饮食地图"，优化食物生产体系，构建粮经饲、种养加、农牧渔协调发展的食物生产结构和区域布局，避免盲目种养和同质化重复竞争。从传统农作物和畜禽资源向更丰富的生物资源拓展，向植物、动物和微生物要热量、要蛋白，扭转部分品类供过于求，少数品种过度依赖进口结构性失衡的局面。做到食物开发与生态环境保护并重，注重保护生态环境，在挖掘动物、植物、微生物等生物种质资源和森林、海洋食物资源潜力的同时，必须充分评估资源环境的承载力，保障山水林田湖草沙的生态安全，少排污，多增"绿"，实现绿色低碳转型、资源永续利用。大力拓展国际市场，构建安全稳定的进口食物供应链，形成协调利用国内、国际两个市场、两种资源的食物有效供给和多元化进口的大格局。更好满足人民群众日益多元化的食物消费需求，推动实现全民营养健康，坚持发展为了人民、发展依靠人民、发展成果由人民共享。

第四，不断提高国家粮食安全治理效能，促进粮食安全治理体系和治理能力现代化，推进立法修规，强化责任落实和监督考核，厉行节约、杜绝浪费，实现上下贯通、横向协调、内外循环互动。国家粮食安全治理的思路，既要"开"增产保供之"源"，也要"节"铺张浪费之"流"。一要以良法促善治。在健全国家法律制度体系中，应更加重视推动粮食安全保障立法，完善国家粮食安全保障法律法规体系，强化执法督查和监管体制。二要落实党政同责。把粮食安全作为事关全局、事关长远的"一把手"工程，党委和政府一起放在心上、抓在手上、扛在肩上、落在行动上。要进一步制定和完善规范化、可操作的举措，配套制定考核办法和"长牙齿"的硬措施，引导各地形成重视粮食安全的决策和行动自觉，持续提升粮食安全保障能力和水平。三要加强节粮减损工作。从产购储加销全链条协同发力，推进粮食全产业链节粮减损，尤其要狠刹食物浪费之风，从餐桌抓起、从每个人做起，树立节约观，坚决制止餐饮浪费行为。四要积极参与全球粮农治理。推动打造建立全球粮食安全合作治理的新平台、新机制，积极参与和引领全国农业贸易与投资规则的制定，有效嵌入世界粮食产业链、价值链、供应链，着力打造全球粮食安全命运共同体。

第五，保护和调动种粮农民的积极性，解决好"谁来种地"的问题，通过一、二、三产业融合延长产业链，拓展粮食产加销增值空间，让农民在价值链上分享更多增值收益。种粮的收益是决定农民愿不愿意种粮、愿意种多少粮的关键因素。只有政策的"底"托得牢、市场之"手"用得好，让农民种粮有支持、卖粮有保障，得到实实在在的利益，农民种粮积极性才能真正被调动，大国粮仓才能越筑越牢。一是打好价格、补贴、保险"三位一体"扶持政策"组合拳"。稳定和加强种粮农民补贴，继续改革完善最低收购价政策，深化粮食收储调控相关制度改革，促进粮食顺畅高效流通，扩大完全成本和收入保险范围。二是创新粮食生产经营模式，变一家一户的"单打独斗"为"抱团致富"。支持各类新型农业经营主体多种粮、种好粮。三是加快发展市场化、多元化农业社会化服务。逐步让科学、精准、高效、轻简的生产技术进村、入户、到田。以提高单产、改善品质、降低物耗、增加收益为导向，打通服务种粮农户"最后一公里"，通过订单粮食、土地托管、土地流转等方式，让农民种地更加省心、省钱、省力。四是促进三产融合，延伸产业链和价值链，完善利益联结机制，提升粮农产业化经营积极性及分红收益。重点培育各类粮油专业合作组织，加强粮油生产基地建设，积极探索和推动"龙头企业＋专业协会＋农户""公司＋粮油购销企业＋农户"等多种形式的利益联结机制，切实增强粮农参与度和获益能力。五是加快建设国家粮食安全产业带，推动稳产与增收互促共进。注重粮食生产、流通、加工、收储、贸易、消费的全产业链布局，在稳定粮食种植面积和产量的同时，更加强调就地收储和加工流通，重点发挥粮食加工转化引擎作用，粮头食尾，接一连三，融合发展，打造粮食产业集群，提升粮食产业链价值，让主产区和粮农分享更多收益，破解"越产粮越穷困"的难题，不断夯实国家粮食安全基础。

（摘编自《人民论坛》2022 年第 7 期）

编后记

自新冠肺炎疫情蔓延全球以来，特别是俄乌冲突爆发以来，世界粮食价格不断飙升，有国际组织甚至发出"人类或将面临'二战后最大的粮食危机'"的警示。作为全球人口最多的国家，中国的粮食安全问题一直为党和政府极大重视。自疫情以来，习近平总书记作出一系列有关粮食安全的重要指示，并强调，中国人的饭碗任何时候都要牢牢端在自己手中，饭碗主要装中国粮。

为了明晰全球粮食危机的国际大背景，明确我国当前的粮食安全战略，特别要看到我国粮食安全的内部矛盾和外部风险相互交织，国内外环境条件发生的深刻变化，我们编写了《全球粮食危机：人口大国如何应对》一书。

本书中，我们编选了很多著名专家学者的文章。在编选过程当中，我们通过各种途径，获得了很多专家学者的大力支持，得到了文章授权。但由于时间紧急，尚未与个别文章的作者取得联系。在此，谨表歉意，同时向所有文章作者表示衷心感谢。希望尚未与我们取得联系的作者主动联系我们（联系信箱：bjfubo@163.com），我们奉上样书和稿酬。

编者

2022 年 8 月

图书在版编目（CIP）数据

全球粮食危机：人口大国如何应对 / 魏礼群主编 . 一北京：东方出版社，2022.9
ISBN 978-7-5207-2934-5

Ⅰ . ①全… Ⅱ . ①魏… Ⅲ . ①粮食危机－研究－世界 Ⅳ . ① F316.11

中国版本图书馆 CIP 数据核字（2022）第 144888 号

全球粮食危机：人口大国如何应对
（QUANQIU LIANGSHI WEIJI RENKOU DAGUO RUHE YINGDUI）

主　　编：魏礼群
责任编辑：陈钟华　孔祥丹
责任校对：曾庆全
出　　版：东方出版社
发　　行：人民东方出版传媒有限公司
地　　址：北京市西城区北三环中路 6 号
邮　　编：100120
印　　刷：环球东方（北京）印务有限公司
版　　次：2022 年 9 月第 1 版
印　　次：2022 年 9 月北京第 1 次印刷
开　　本：710 毫米 ×1000 毫米　1/16
印　　张：20
字　　数：246 千字
书　　号：ISBN 978-7-5207-2934-5
定　　价：69.00 元
发行电话：（010）85924663　85924644　85924641

版权所有，违者必究

如有印装质量问题，我社负责调换，请拨打电话：（010）85924725